21世纪心理学专业前沿丛书

职业健康心理学

宋国萍　汪　默　著

东南大学出版社
·南京·

内容提要

职业健康心理学是一门跨学科的科学,主要涉及组织心理学、工效心理学、健康心理学等,主要从实践中产生,研究同职业有关的人的健康及绩效问题。

本书对职业健康心理学问题进行了较细致的分析与探讨,在参照国外文献和国外研究最新进展的基础上,结合著者讲课和在企业服务的经验,既讲求书籍的科学性、系统性、理论性、知识性,又讲求操作性和应用性。同时在书中还穿插了一些实例、心理小测验、知识要点等材料,增加书籍的生动性和趣味性。

全书共12章,分为三部分:第一部分为概念篇(第1~2章),简要论述了职业健康心理学的历史、特点、定义、目标等,职业健康心理学研究的基本原理、方法技术、研究思路等问题;第二部分问题篇(第3~9章),主要介绍职业健康心理学研究的问题,内容包括工作应激源、轮班工作、工作－家庭平衡、要求－控制模型、情感劳动、工作安全、工作倦怠综合征等;第三部分干预篇(第10~12章),介绍职业健康心理学的解决之路,内容包括职场压力干预、员工帮助计划(EAP)、就业能力等。

本书既可作高校职业健康心理相关专业的教材,同时对于企业管理者、人力资源从业者、管理咨询公司的从业者等具有指导和参考价值。

图书在版编目(CIP)数据

职业健康心理学 / 宋国萍,汪默著. —南京:东南大学出版社,2010.7 (2023.1重印)
ISNB 978-7-5641-2186-0

Ⅰ.①职… Ⅱ.①宋…②汪… Ⅲ.①职业－应用心理学 Ⅳ.①C913.2

中国版本图书馆 CIP 数据核字(2010)第 068919 号

职业健康心理学

ZhiYe JianKang XinLiXue

著　　者	宋国萍　汪　默
责任编辑	张　煦
文字编辑	郭　吉
出 版 人	白云飞
出版发行	东南大学出版社
地　　址	南京市四牌楼2号　邮编210096
经　　销	全国各地新华书店
印　　刷	广东虎彩云印刷有限公司
开　　本	700mm×1000mm　1/16
印　　张	15.25
字　　数	316千字
版　　次	2010年7月第1版　2023年1月第2次印刷
书　　号	ISBN 978-7-5641-2186-0
定　　价	29.00元

(凡因印装质量问题,可直接向东南大学出版社读者服务部调换。电话:025－83792328)

前　言

职业健康心理学诞生的近 20 年来，相关的理论研究非常丰富，涉及的学科范围较广。我国在这个领域中有很多学者进行了大量研究，但是鉴于目前国内尚未有相关的专著，因此同美国马里兰大学的汪默教授共同编写《职业健康心理学》一书。

本书在撰写过程中针对性阐释职业健康心理学研究方面的研究成果，重视基本理论背景介绍，并结合职场心理健康的实践经验加以诠释。本书吸纳了国内外有价值的研究成果，突出地关注职场中暴露出的个人及组织层面的心理健康问题，详述目前对职场心理健康现状的理论研究成果，集中体现了目前研究的理论性、前沿性和基础性。在文字上，力求简洁、概念明确、引文翔实，使用图表概括以避免模糊的文字赘述。

全书由宋国萍、汪默策划并执笔，孟睿、孙蓉蓉、李俊楠、胡连新编写其中部分章节，最后由宋国萍进行多次校对和修改，最终统稿并定稿。在本书的编辑中，得到了来自各方面的支持，并参阅了近年来国内外的大量文献，我们由衷的感谢大家，同时感谢文中引用的国内外文献的作者，感谢大家为我们提供丰富的指导和精神上的鼓励。

《职业健康心理学》主要供全日制高等院校心理学专业和社会学、管理学等相关专业、自学心理学专业的读者使用，也可作为爱好职业健康心理学的大学生、研究生、职业心理健康的实践者学习参考之用。在阅读时建议各位读者持批判性的思维方式，能够结合职场心理健康的实际需要和实际情况，反思，并参考相关课题的最新研究成果，希望我们的抛砖真正引出职业健康心理学新的研究成果和应用操作。

编一本好教材是推进职业健康心理学的研究和应用的基础性重要工作，也是艰难的教育教学科研课题。本书仅是作为职业健康心理学的首部教材，抛砖引玉，期望着各位致力于职业心理健康理论研究和关注职场心理健康的实践的专家提出批评建议，以便在今后的职业健康心理学理论和应用研究方面得到完善，为培养职业健康心理学方面的人才发挥作用。

作为国内本专业的第一本教材，时间紧迫、能力有限，不当之处，望多多指教。

编　者

目　　录

第一部分　概　念　篇

第1章　职业健康心理学 ……………………………………………… （3）
　　第一节　职业健康心理学的定义 …………………………………… （4）
　　第二节　职业健康心理学研究历史 ………………………………… （5）
　　第三节　职业健康心理学的现状 …………………………………… （13）

第2章　职业健康心理学研究方法 …………………………………… （16）
　　第一节　职业健康心理学的测量方法 ……………………………… （17）
　　第二节　职业健康心理学的研究设计 ……………………………… （19）
　　第三节　职业健康心理学的统计方法 ……………………………… （23）
　　第四节　职业健康心理学研究的因变量 …………………………… （29）

第二部分　问　题　篇

第3章　工作应激源 …………………………………………………… （45）
　　第一节　工作应激来源 ……………………………………………… （46）
　　第二节　工作应激源的研究 ………………………………………… （56）

第4章　轮班工作 ……………………………………………………… （65）
　　第一节　轮班工作研究的理论框架 ………………………………… （66）
　　第二节　轮班工作对健康的影响 …………………………………… （68）
　　第三节　关于轮班工作耐受性的研究 ……………………………… （73）
　　第四节　对轮班工作的干预 ………………………………………… （75）
　　第五节　结论 ………………………………………………………… （79）

第5章　工作家庭平衡问题 …………………………………………… （82）
　　第一节　什么是工作家庭平衡 ……………………………………… （82）

第二节　工作家庭平衡的相关理论 …………………………………… (83)
   第三节　工作家庭冲突的相关因素和结果 ……………………………… (88)
   第四节　如何促进工作家庭平衡 ………………………………………… (92)
   第五节　小结 ……………………………………………………………… (93)

第6章　要求—控制模型 ……………………………………………………… (96)
   第一节　基本定义和机制 ………………………………………………… (97)
   第二节　决策自主度的测评 ……………………………………………… (100)
   第三节　决策自主度与健康的联系 ……………………………………… (101)
   第四节　控制力与健康关系背后的机制 ………………………………… (105)
   第五节　提高控制力和健康的组织干预策略机制 ……………………… (107)

第7章　情感劳动 ……………………………………………………………… (109)
   第一节　情感劳动概述 …………………………………………………… (109)
   第二节　情感劳动的策略类型 …………………………………………… (115)
   第三节　情感劳动的主要作用 …………………………………………… (119)
   第四节　情感劳动的相关因素 …………………………………………… (125)
   第五节　情感劳动的相关理论 …………………………………………… (132)
   第六节　应用 ……………………………………………………………… (134)

第8章　工作安全 ……………………………………………………………… (137)
   第一节　安全氛围(Safety Climate) …………………………………… (137)
   第二节　安全氛围的测量 ………………………………………………… (145)
   第三节　安全氛围的研究界限 …………………………………………… (147)
   第四节　总结 ……………………………………………………………… (148)

第9章　工作倦怠综合征 ……………………………………………………… (151)
   第一节　绪论 ……………………………………………………………… (151)
   第二节　工作倦怠的测量和诊断 ………………………………………… (157)
   第三节　工作倦怠的前因变量及后因变量 ……………………………… (160)
   第四节　工作倦怠的干预 ………………………………………………… (163)
   第五节　工作投入：一种新的研究视角 ………………………………… (165)

第三部分　干　预　篇

第10章　职场压力干预 ……………………………………………………… (169)
   第一节　工作压力源 ……………………………………………………… (170)
   第二节　对工作应激源的调查和管理 …………………………………… (178)

第三节　工作压力管理策略 ……………………………………(182)
   第四节　干预项目推广 ……………………………………………(186)

第11章　员工帮助计划(EAP) ……………………………………(188)
   第一节　EAP 历史与定义 ………………………………………(188)
   第二节　日益凸显的 EAP 需求 …………………………………(194)
   第三节　EAP 实施与评估 ………………………………………(199)
   第四节　EAP 未来发展 …………………………………………(207)

第12章　就业能力 …………………………………………………(210)
   第一节　基本概念 …………………………………………………(210)
   第二节　就业能力的研究 …………………………………………(213)

参考文献 ………………………………………………………………(219)

第一部分

概念篇

第1章　职业健康心理学

职业健康心理学(Occupational Health Psychology, OHP)与心理科学的其他领域和分支(如发展心理学、生理心理学和社会心理学)相比是一个非常年轻的分支,其产生是社会和经济发展的需要和产物。当个体和组织健康越来越引起社会、企业和个体关注时,职业健康心理学就诞生了。

职业健康心理学运用心理学的理论、原则和研究方法,结合心理学相关分支领域,与公共卫生、职业医学、社会学、管理学、经济学、法律学、人类工效学等学科密切联系,为创造一个安全健康的职业环境和提升从业者的工作品质而服务。为促进工作者和组织两方面的健康成长作出积极的贡献。

事实上,很多职业健康心理学家都不是从一开始就从事这个领域的研究的。对现有的美国职业健康心理学会(Society for Occupational Health Psychology; www.sohp-online.org)的正式会员(均拥有博士学位)进行统计,发现绝大多数的会员(超过80%)接受的是工业和组织心理学(Industrial-Organizational Psychology)专业的博士训练,大约10%接受的是健康心理学(Health Psychology)和临床心理学(Clinical Psychology)的博士训练,还有10%接受的是工效学(Human Factors)、环境卫生学(Environmental Health)等其他方向的博士训练(Wang, 2008)。这说明职业健康心理学作为一个专业分支的形成还是最近若干年的事。但是,人们对职业健康心理学相关的现象和知识的关注以前就有。20世纪以来,工作场所的政策制度,工作流程,监管机制,以及领导力如何对员工的身体和心理产生影响一直是大众所关注的问题,而这种关注可以溯源到19世纪的工业革命。自那以后,人们逐渐认识到工作中这些隐性方面的重要性以及它们对员工健康的影响力。

在这章里,我们首先要定义职业健康心理学,界定它作为一个学科的研究范畴和研究任务。然后我们要回顾历史上对职业健康心理学的出现和发展产生重大影响的文献和事件,对这门学科的基础及其发展作一个全面的分析。鉴于一个学科的诞生一般有两个标志:出现专门的学术杂志以及相对应的学术组织和会议,我们在本章中将介绍职业健康心理学在这些领域的现状。同时,在我们的回顾中会穿插介绍一些对职业健康心理学的发展具有重要影响的组织机构。另外,在回顾重要研究的时候,我们还会介绍那些对于职业健康心理学的创立作出显著贡献的研究者们。

本章的宗旨在于关注学者—观点—事件—机构之间的相互影响对职业健康心理学发展的推动作用,以期为这门学科未来的发展提供一些借鉴和建议。

第一节　职业健康心理学的定义

一、概念

2005年5月和8月之间,在美国心理学会的职业健康心理学讨论网(APA-OHP Listserve)上,由建立美国职业健康心理学会(SOHP)的筹备工作引发了对职业健康心理学定义的一次广泛讨论。在成立这样一个专业组织的筹备过程中,从事职业健康心理学研究的学者们不可避免地需要统一他们对职业健康心理学的定义。在考虑了各方意见之后,SOHP的筹备与执行委员会决定将职业健康心理学定义为"以提高工作生活质量,促进员工安全、健康和幸福为研究目的的心理学与职业健康科学的交叉学科"。同时,在对该定义的解释中,SOHP指出"职业健康心理学是以行为科学和职业健康科学为基础的,囊括来自心理学、公共卫生学、组织科学、工效学及其他很多相关学科的知识和研究方法"。

以上SOHP的定义和对定义的解释将职业健康心理学作为一个学科的研究范畴和研究任务阐述得比较清楚。

首先,这个学科的研究范畴具有学科多样性、交叉性、开放性,横跨微观(生理水平)和宏观(社会水平)的研究。这是由这个学科的研究任务决定的——"提高工作生活质量,促进员工安全、健康和幸福"可以从多个学科的研究角度入手,涵盖多个水平上对现象的平行解释。

其次,这个定义反映了该研究领域对工作条件和工作环境的重视。对"职业"的强调就是将研究的范畴集中在与工作相关的因素上。在实际研究中,职业因素往往被作为自变量和调节变量来考虑,而很少成为因变量。对"健康"的强调则反映了该领域研究最多关注的因变量——健康相关的行为和疾病(即这个学科的研究任务)。生理和心理两个方面的健康指标都经常被用来作为职业健康心理学研究的因变量。

再次,我们要理清职业健康心理学这个学科名称中"心理学"的含义。在2005年的讨论中,一个具有代表性的、并获得一致同意的观点是:我们称这个学科为心理学,并不单单因为这个学科内研究的因变量包括心理健康,而是因为这个学科主要以心理学的理论框架来指导对行为和健康的研究,着重考虑心理学机制(包括个人特质、动机水平、角色冲突、认知决策等)对生理或心理健康的影响。这也是为什么我们能够将职业健康心理学与其他学科,如公共卫生学、工业卫生学,区分开来的重要原因。

最后,职业健康心理学非常强调对研究结果的应用。将研究成果迅速转化到工作场所的实际应用中是这个学科的重要特征。

二、主要研究领域

在上世纪90年代,美国心理学会以及美国职业健康研究所合作进行了一系列研究,提出了职业健康心理学的研究领域,主要包括如下几个方面:

1. 职业安全和健康的调查。
2. 工作应激的理论及机制。
3. 职业应激、职业安全和职业病的组织因素研究。
4. 应激工作环境的后果,包括身体和心理健康问题,以及社会及经济后果。
5. 组织干预(例如:工作重新设计等)和系列计划(例如:员工帮助计划、工作家庭平衡计划等)的研究,从而减少职业应激、疾病和伤害。
6. 公共/职业健康和流行病学研究方法和实践。

第二节 职业健康心理学研究历史

一、早期历史

最早推动职业健康心理学研究的是两份重要文献。19世纪中叶,恩格斯(Friedrich Engels)发表了《英国工人阶级状况》(*The Condition of the Working Class in England*;1845/1987)一书。在书中,他从很多不同方面详细地描述了工人身体和心理上存在的健康问题。他相信这些问题的源头存在于工作组织当中,并且与社会环境和物质环境相关联。这本书为职业健康心理学研究提供了最早的推动力。接着,马克思(Karl Marx)撰写了《资本论》(1867/1999)。他在这本书的第一卷中描述了工业资本主义剥削劳工的残酷手段,特别是洞见了在资本主义经济体制下,由于分工的细化,工作场所也不断细分,导致工人不可避免地像商品一样被分散到不同的地方,丧失对自身自主权的控制。抛去这两本书中意识形态的部分不论,光是他们关于工作组织模式影响工人健康的阐述就对其后欧洲学者们对劳资关系的研究产生了巨大的影响。这个影响我们在下文还会提到。

还有一份重要的文献则来自于一位中国学者。费孝通于1939年出版了他的英文社会学著作《江村经济:中国农民的生活》。这是一本描述中国农民的消费、生产、分配和交易等体系的书,是根据对中国东部、太湖东南岸开弦弓村的实地考察写成的。它旨在说明这一经济体系与特定地理环境的关系,以及与这个社区的社会结构的关系。虽然不是作者的写作重点,但是在这本书中作者大量阐述了传统农耕社会劳作习惯和经济生态对人们健康的潜在影响,特别是农业劳作对人们社会关系的影响以及其后续的心理效应。这份文献的重要性在于它的关注人群不是工业人口,而是农业人口,因此显示了职业健康心理学应用的普遍性。也就是说,关键的不是工作的组织形式或是技术水平,而是工作本身的内容以及工作的环境。

二、职业健康心理学的产生

在这些文献的影响下,20世纪中叶,二次世界大战后,伴随着人本主义思潮的兴起,从心理学角度对健康与工作之间关系本质的进一步研究出现在北欧和美国的学术刊物中。此时,多个学科的发展促成了职业健康心理学这个新学科的产生。在某种意义上,职业健康心理学是医学、心理学、社会学、管理学交叉的产物。只有当这些基础学科发展到了一定的地步,它们才会产生交叉以揭示复杂的生活和环境现象。需要指出的是,不管在过去还是现在,在职业健康心理学研究上的投入往往与对员工健康的关注程度联系在一起。这也是为什么不同的社会体制对推动职业健康心理学研究的动机不同。在欧洲国家(尤其是北欧的高福利国家)和加拿大,职业健康心理学的研究一直以来都处于比较领先的位置。这些国家推动职业健康心理学研究不遗余力,因为其社会体制和法律规章强调对个人健康的关注。而在美国,相当长的一段时间内(几乎直到80年代末、90年代初),职业健康心理学只是作为工业卫生学(Industrial Hygiene)的附庸而出现,因为企业对利润的追求往往凌驾于对员工健康的关注之上。但是随着医疗保健服务的日趋昂贵,美国医疗保健体系的漏洞越来越多的暴露,最近这种现象有了很大的改观。大部分企业都开始认同关注和促进员工健康对企业来说有着重要的近期效应(医疗保险费用的显著下降)和远期效应(降低离职率和提高长期工作效率)。这种观念的改变对职业健康心理学作为一门学科的发展产生了重大的影响:大量的工业组织心理学家开始介入职业健康心理学的研究。他们带来了先进的社会科学研究方法和统计手段,强调了对心理现象准确测量的重要性,同时还引入了对工作内容和工作组织大量先进的科学认识和理论,从而将整个学科的研究水平推上了一个新台阶。到目前为止,职业健康心理学的研究已经从以前的欧洲(特别是北欧)一枝独秀,变成了欧美分庭抗礼。在很多应用领域里(比如安全管理、降低家庭—工作冲突等),美国甚至已经走在欧洲的前面。这与美国将科研成果迅速转化到应用领域的能力和机制也不无关系。

当然,以上关于欧美研究的比较还是比较笼统的。下面我们分别回顾职业健康心理学在欧洲和美国的发展历程,以期给读者提供一个比较详细的职业健康心理学发展的背景和对照。

三、欧洲职业健康心理学的发展

欧洲早期职业健康心理学的研究(主要在英国)的一大贡献是证明了科学管

理(即泰勒主义)的潜在危险。比如来自英国伦敦的研究者 Trist 和 Bamforth(1951)发现,忽视煤矿工人在工作设计中的心理感受会对安全产生负面影响。Trist(一位精神病学家)和 Bamforth(一位有过 18 年经验的矿工)非常详尽地描述了一个采矿方法的改变带来的心理影响和社会结果。他们探索了健康与矿工工作效率之间的关系,提出工作系统内的社会结构是影响这个关系的一个重要因素。他们发现,当矿工的工作从一个完整的、具备技能多样性的任务转变为一个机械化的、分裂的、高度依存于他人工作结果的工作任务时,矿工们表现出了一些以前没有过的心理症状,例如强烈的焦虑、愤怒及抑郁。Trist 和 Bamforth 总结道,如果不能使工人重新感受到工作任务的完整性和灵活性,这些问题将很难解决。这个研究的理论意义在于它揭示了虽然我们可以通过分割工作任务来提高员工的机械效率(即泰勒主义的做法),工作任务本身的特性会限制这些机械效率的优化程度,甚至带来对员工心理的副作用。这个研究的结果说明如果工作内容不能满足员工心理需要,那么相应的员工健康就会受到损害。

同时,在北欧开始出现了很多关于职业健康心理学的来自各个学科的交叉观点。比如 Trist 和他来自伦敦的同事 Fred Emery 与挪威研究者 Einar Thorsrud(Thorsrud 被认为是挪威的职业健康心理学的奠基人)合作,对员工授权的心理作用进行了系统的研究。他们提出的心理工作需求理论影响和激发了丹麦和瑞典的很多相关学者的后续研究和探索(Thorsrud & Emery,1970)。社会学家 Sverre Lysgard 关于工人集体意识(workers' collectives,1961)的文章也具有广泛的影响,甚至在一定程度上影响了后来学者对组织文化和组织氛围的认识。在挪威,Holger Ursin 带领了一支独立的研究队伍,发表了很多与工作压力相关的心理生理机制的研究(Ursin,Baade & Levine,1978;Ursin,1980)。在芬兰,对于工作设计影响心理健康的研究具有长期的传统。例如,芬兰职业健康研究所(The Finnish Institute of Occupational Health)的心理学家在 20 世纪 50 年代拜访了 Trist 和他伦敦的同事并与他们共事,从而受到来自美国、德国和英国不同研究流派和研究方法的熏陶。1974 年,芬兰 UPM Kymmene 造纸厂雇用了第一个工业领域的职业健康心理学家,标志着职业健康心理学的作用获得了企业管理层的认识。在丹麦,研究者们也广泛地研究了工作条件对员工心理的影响以及相关的干预方法。值得一提的是职业健康心理学在丹麦被称为工作环境心理学(work environmental psychology),由此可见其在研究中对环境因素的强调。

20 世纪 70 年代末,Robert Karasek 的两篇文章给职业健康心理学带来了非常重要的影响。这些工作证明了把泰勒主义用在工作设计中是不可行的。其中第一篇文章是 Karasek(1979)对工作需求、工作决策权和心理健康的论文,第二篇是他研究这些因素对于心血管疾病风险影响的论文(Karasek,Baker,Marxer,Ahlbom & Theorell,1981)。其后,Karasek 还和 Theorell 共同编撰了《健康的工作》(*Healthy Work*,1990)一书。有意思的是,工作需求—控制理论(job demand-

control theory)的历史重要性在对其进行求证的过程中并没有体现出来,而是在后来当大量研究开始关注可能影响员工身心健康的工作因素时才体现出来。在《健康的工作》一书出版后的 10 年里,研究不断发现那些影响员工身心健康的因素与那些和工作绩效相关的因素是一致的,从而印证了 Karasek 在早期两篇文章中的观点(例如 Parker & Wall,1998;Wall,Corbett,Martin,Clegg & Jackson,1990)。

回到之前提到的社会体制和价值观对职业健康心理学研究的影响,Karasek 和 Theorell 的工作并不是空中楼阁,而是对北欧关于工作设计和健康研究传统的直接传承。在北欧国家,传统的工业组织心理学研究领域,如人事选拔、绩效评估等,都由于工人运动和强大的工会而受到批评而没有获得广泛的发展和应用,但是关于工作改革和工人幸福感的研究和实践却遍地开花。这种研究取向的直接结果就是很多从心理及心理生理学角度探讨工作—健康关系的先驱性研究都出现在斯堪的纳维亚半岛国家,如瑞典和挪威。Karasek 和 Theorell 曾经分别工作于瑞典的两个研究所。这两个研究所都对早期职业健康心理学的发展起到了重要推动作用,其主要带头人包括斯德哥尔摩大学的心理学家 Bertil Gardell 和斯德哥尔摩卡罗林斯卡研究所(Karolinska Institute in Stockholm)的医生 Lennart Levi。

Gardell 被公认为是欧洲工作和组织心理学(Work and Organizational Psychology)的奠基人,他自 1960 年代起在斯德哥尔摩大学做教授,研究工作内容的革新。他详细地描述了工作如何导致员工的敌意和社会退缩行为,发表了大量关于技术、自主性、参与性和心理健康之间关系的研究论文(例如 Gardell,1971,1977)。他还发表了大量关于工作改革研究和社会变革研究的论文(Gardell & Gustavsen,1980)。在一系列实证研究中,他和其他瑞典的研究者(例如 Gunnar Aronsson & Gunn Johansson)在 20 世纪 70 到 80 年代发现并提出缺乏对工作控制的工作任务、单调的工作任务、不完整的工作任务都会对员工健康带来负面的影响(例如 Johansson,Aronsson & Lindstrom,1978)。员工参与和员工对工作控制程度的重要性在这些研究调查中体现得非常清楚。以这些研究为基础,Aronsson(1987)编写了一本阐述工作心理学中的控制(control)和应对(coping)的学术著作。Gardell 的很多观点在他去世前后都得到了他的同事以及其他瑞典研究者的进一步发扬。Marianne Frankenhaeuser 是其中之一,她是最先探索工作条件与疾病之间关系的心理生理机制的研究者之一。她和她的同事研究了与低控制感、单一活动、快节奏工作等多种环境条件相关联的神经内分泌学的变化(Frankenhaeuser & Gardell,1976;Frankenhaeuser,Lundberg & Forsman,1980;Frankenhaeuser & Johansson,1986),并发现了一些支持 Gardell 观点的结果。

与 Gardell 同时期,斯德哥尔摩的内科医生 Lennart Levi 创建了他自己的压力应激实验室,成为卡罗林斯卡研究所的一部分。他曾与蒙特利尔的 Hans Selye 一起工作,最初的工作重点主要放在与压力相关的生理实验研究上。后来,他逐渐转向多学科交叉的研究手段，在60年代开始与心理学家和社会学家合作开展了大量的研究。他与 Aubrey Kagan 对工作条件及其与多种健康指标的联系的研究与上文提到的 Marianne Frankenhaeuser 的研究相映成辉。Levi 还研究了与压力条件相关联的心理生理机制。他的发现使学者们认识到从心理社会层面来研究工作环境对员工健康的影响十分重要。他还指出对员工健康的测量和认识应该从系统论的角度出发，关注多个水平的指标和变量。从今天看来，在当时这些社会病理学观点尚未被医学界广泛接受的背景下提出这些认识和理论指向，是非常难能可贵的(Levi,1971)。Levi 于1981年建立了心理社会因素与健康研究所，这是一个与卡罗林斯卡研究所联合的独立政府机构，Levi 任第一任所长。

传承 Gardell 和 Levi 研究传统的 Tores Theorell 曾是 Levi 的一个年轻同事。他最早受的是临床心脏病学训练，起初的兴趣主要集中在生活事件对心血管疾病发病率的影响上。他与 Karasek 和卡罗林斯卡研究所的其他同事一起延续和发展了 Levi 在工作压力和疾病关系领域的研究。1996年 Levi 退休，Theorell 接任了心理社会因素与健康研究所的所长职务。他研究工作的一个重要部分是与 Michael Marmot 等进行的关于工作条件和心血管疾病的纵向研究（即 The Whitehall Study）。Marmot 和 Theorell 在职业健康心理学家中最先提出，心理社会工作环境的差异可能是社会不同阶层冠心病发病率存在差异的主要原因之一(Marmot & Theorell,1988)。近年来欧洲在这个领域的研究仍然领先于美国，就是因为欧洲的社会政治环境更利于进行大范围的健康普查和健康干预。同时也与大部分欧洲职业健康心理学学者的临床研究背景有关。相比之下，目前美国这个领域的学者大部分来自于工业和组织心理学的训练背景，生理指标往往不是他们优先关注的重点。这也就导致了欧美之间研究侧重点不同的结果，美国的职业心理学学者的研究普遍保持对临床医学的独立性，因此他们对行为和心理学指标更感兴趣。

四、美国职业健康心理学的发展

尽管20世纪与职业健康心理学相关的发展从员工的角度来看大部分是积极的，但在美国，与职业健康心理学相关的早期重要事件之一却与此相反。这就是泰勒(Frederick Taylor)的《科学管理原则》(*Principles of Scientific Management*,1911)一书的出版。这部书在20世纪初期直到中叶都引起了广泛的关注。泰勒本来是一家机器店的工头，他提出工作中的低生产效率部分主要是管理层对工作过程忽视的结果。这种管理的忽视使得工人有机会欺骗管理者，从而根据他们自己的喜好控制工作过程，决定工作速度。泰勒认为要提高工作效率，就需要仔细分析、简化、细化、标准化工人的工作任务，从而把工人对工作的影响力消除。从实践结果看，使用泰勒的科学管理原则来设计工作往往减少了完成一项工作任务所需要的技能，并且消除了工人对工作任务的控制力和自主性。在当时，这些原则对于很多管理者具有经济意义（特别是当流水线开始普及时），对整个资本主义工业世界的管理模式都产生了重要的影响。"科学管理原则"的出现是职业健康心理学诞生时期的一个重要事件，因为该原则具有两个内在假设：第一，作为工业工程方法的先驱，科学管理原则把"对工作的考虑"(thinking about work)与真正的"干工作"(doing work)剥离开来。具体来讲，该原则把"对工作考虑"的职能赋予了工业工程师，让他们专门为其他员工进行工作设计，而其他员工只负责执行并完成分配给他们的工作任务。在这个意义上，科学管理代表了劳动分工、技能细化的第一次努力。第二，科学管理原则假设员工的个体自发情绪会干扰生产工作，它要求对员工情绪的考虑或关注应该被排除。可是事实上，正如前文在对欧洲职业健康心理学发展的回顾中提到的，现有的职业健康心理学的知识积累和研究成果完全揭示了与这两个假设相反的机制和现象。

美国在职业健康心理学方面的其他研究，特别是 20 世纪 20 年代在位于霍桑的西屋电气公司（Western Electric Company at Hawthorne）进行的一系列实验研究（Mayo, 1933; Roethlisberger & Dickson, 1939）对很多国家的职业健康心理学研究都产生了影响。这些研究采用泰勒主义的理论框架，试图探索不同的工作条件（例如照明亮度、工资、休息时间等）与生产效率之间的关系。但是实验结果表明，任何改变都能使得生产效率提高。研究者们最后总结出当员工得到特别关注，认为他们是研究的焦点，并猜测研究者的调查目标时，他们的工作行为就会受到影响。很明显，员工的知觉和感受对他们的工作效率来说非常重要，这与泰勒主义强调的把情绪因素从工作场所移除的论调恰好相反。这一系列实验发现的效应后来被称为"霍桑效应"。其重要意义在于让人们认识到人际关系的重要性，让研究者们开始关注工作的社会层面、心理层面以及文化层面。尽管泰勒原则可能对于管理者具有经济意义，但是人们逐渐认识到科学管理并不会必然提高生产效率；相反，科学管理方法经常导致员工对工作抱消极态度，并产生身心健康问题。之后美国的两个针对员工身心健康问题的研究证实了这一点（Chinoy, 1955; Kornhauser, 1965）。

在霍桑效应的研究之后，职业健康心理学的研究在美国出现了两个重要的理论发展。这两个理论发展来自于两种完全不同的研究路线。第一种观点来自人格与临床心理学，Abraham Maslow 于 1943 年发表了他的自我实现理论。20 多年以后，他把该理论应用于工作组织领域（1965）。虽然 Maslow 的理论贡献并非只针对于职业健康心理学领域，但是他明确地提出了只有那些心理健康的人才能被激发工作的动机，而压抑的环境，包括工作环境，都会抑制人们发挥他们的最大潜力。这个观点对于推进职业健康心理学研究中人本主义的思想起到了非常积极的作用。

20 世纪美国职业健康心理学的另一个重要理论发展是工作设计理论的出现。Frederick Herzberg（1966）是最初提出工作条件影响工作绩效和员工心理健康的研究者之一。他认为,工作动机和工作满意度能够通过改善人们的工作条件得到提高。比如,管理者可以通过以下手段来改善员工的工作动机:增加技能的运用和提供更多的挑战来丰富工作内容,对员工的工作给予认可等。尽管 Herzberg 的一些研究后来受到了很多方法学上的质疑,他关于丰富工作内容的基本观点却很实用,而且他的想法也推动了对这个问题的大量研究。Hackman 和 Oldham (1976,1980)在 Herzberg 研究的基础上提出了一个更为具体的工作特征模型,激发了人们对于工作设计这个研究题目的热情。非常有意思的是,工作设计的直接目标虽然是增强工作动机和提高工作满意度,但是其隐性的目标则是促进绩效的增长。这也是为什么工作特征理论和工作设计在管理咨询中被大量运用。由于学术界价值观的差异,这类绩效相关的隐性目标在欧洲的职业健康心理学研究中就不是很重要。

在职业健康心理学和社会心理学发展的早期,很多其他的重要理论贡献都源自于密歇根大学。1948 年,Rensis Likert 在密歇根大学建立了社会研究所,这是社会科学的跨学科研究在美国的第一个研究所。它的一些早期重要贡献包括 Quinn & Staines(1977)的"作质量调查"和 House(1981)的工作压力和社会支持的研究。密歇根学派(例如 Caplan,Cobb,French,van Harrison & Pinneau,1975;Kahn,Wolfe,Quinn,Snoek & Rosenthal,1964;Katz & Kahn,1966)的这些早期理论贡献在欧洲也被广泛传播。即使到了最近,社会研究所还一直影响职业健康心理学相关研究领域的发展,例如它对失业和影响再就业因素问题的研究(例如 Caplan,Vinoker,Price & van Ryn,1989;Kessler,Turner & House,1987;Vinokur,Schul,Vuori & Price,2000)。

五、其他重要机构

在上面的回顾中,还有一些重要的政府机构和研究机构我们没有提到,但是它们也在职业健康心理学的发展过程中发挥了重要作用。下面做一些简单介绍。美国国家职业安全和健康研究所(The U.S. National Institute for Occupational Safety and Health;NIOSH)对 20 世纪 90 年代以来职业健康心理学研究的发展起到了重要的推动作用。NIOSH 是在美国疾病防治中心(Center of Disease Control)下的一个研究机构,主要从事关于工作条件和工作环境的研究,关注那些可能对员工的身心健康造成危害的工作条件和工作环境。NIOSH 的另一个任务是为避免工作场所出现工伤事故提供干预建议并宣传相关的知识。NIOSH 在职业健康心理学领域的主要贡献存在于三个方面。第一,Sauter,Murphy and Hurrell (1990)发表了一篇文章,在对研究者、工业实践者、政策制定者深入访谈的基础上,他们提出了一个提高和保护员工心理健康和幸福感的综合性的国家策略。第二,NIOSH 与全美心理学会(American Psychological Association;APA)达成合作协议,对美国职业健康心理学的研究生培训提供培训基金(包括给研究生的全额奖学金、该专业的教学经费和会议资助等）。近年来，共有12所美国大学获得了该基金。这些经济支持推动了职业健康心理学领域的教学体系的建设，对这个学科的知识构架进行了有益的整合。第三，NIOSH和APA于20世纪90年代开始联合主办以"工作、压力和健康"（Work, Stress and Health）为主题的大型国际会议，近来逐渐演变为固定的双年会。参加会议的人数和国家数量在过去20年内增加了大约十倍，在2008年的会议上，来自45个国家的学者参加了会议。这个会议的举办为加强职业健康心理学的影响和推动该学科在国际上的交流起到了重要的作用。

在英国，至少3个独立的研究机构对职业健康心理学的早期发展作出了重要的贡献。诺丁汉大学的工作、健康和组织研究所（The Institute of Work, Health & Organizations; I-WHO）自20世纪70年代初期，就一直把职业健康心理学作为一个独立的学科展开研究。在Tom Cox的带领下，该机构为本领域的研究发展作出了杰出的贡献，特别是其对于工作压力（Cox, 1978）和工作场所暴力行为（Cox & Leather, 1994）的研究。Cox早期的研究重点多放在精神生理过程上，这个过程可能在各种环境因素对健康影响中起到中介作用。他后来的研究以交易理论（transactional theory）为基础，强调人们对环境作出反应的过程中认知过程和知觉过程的重要性。Cox还和他的同事采用风险管理范式对组织进行干预，进一步把理论应用于工作场所的实际干预中（Cox, Griffiths & Rial-Gonzalez, 2000）。他们认同北欧学者对于设计、预防及系统水平而非个体水平分析的重视。I-WHO也是职业健康心理学领域研究生教育的先锋。1996年，它建立了世界上第一个完全致力于职业健康心理学研究的硕士研究生学位。由于Tom Cox对这个学科的突出贡献，他于2008年3月被授予了职业健康心理学会的职业成就奖。

在英国以工作和组织心理学为主要研究课题的机构中，谢菲尔德大学的工作心理学研究所（The Institute for Work Psychology at Sheffield）是存在时间最长、最有声望的研究机构之一。它对职业健康心理学的主要贡献在于探讨工作、幸福感和绩效之间的关系（Warr, 1999），例如Peter Warr提出的维他命模型以及他对工作—幸福感—失业之间关系的研究（Warr, 1987）。该机构比较突出的研究还有Toby Wall对于工作再设计的本质和效果的研究（Wall, 1982）。我们在以后的很多章节内都会引述他们的研究发现。曼彻斯特大学的科学与技术研究所（University of Manchester Institute for Science and Technology; UMIST）的研究人员对职业健康心理学的研究也有很大的推动作用。但是，他们的最大的贡献是推动了大量相关期刊的发行，从而促进了职业健康心理学领域的进步，例如组织行为学期刊（Journal of Organizational Behavior）。

在欧洲上世纪70到80年代还有很多相关研究机构为职业健康心理学的发展作出了贡献，但是很多都没有得到应有的重视。主要是由于这些研究大部分发表在非英文期刊上，不利于在国际上的交流和传播。尽管如此，当中的一部分研究者的影响力还是毋庸置疑的，例如 Winfried Hacker 与他在德国德累斯顿的同事们在工作条件和压力的心理生理机制方面所做的早期研究（Hacker，1978；Hacker & Richter，1980）。

第三节 职业健康心理学的现状

一、学术期刊

近二十年来，职业健康心理学最鼓舞人心的发展就是拥有了自己的专业期刊。与欧洲职业健康心理学的学术传承对应的是《工作与压力》（Work & Stress），与美国职业健康心理学的学术传承对应的是《职业健康心理学期刊》（Journal of Occupational Health Psychology）。《工作与压力》最早是由诺丁汉大学的 Tom Cox 主编的，1987 年开始发行。《职业健康心理学期刊》于 1996 年开始由全美心理学会发行，第一任主编（1996—2000）是 James Campbell Quick，第二任主编（2001—2005）是 Julian Barling，现任主编（2006—2010）是 Lois Tetrick。全都是职业健康心理学发展史上为这个学科作出杰出贡献的人物。尽管这两个学术期刊的历史还比较短，但是都已经具有相当的影响力。目前《工作与压力》的影响因子在所有的管理学和应用心理学期刊中稳居前 10 名（2007 年排名第 7），《职业健康心理学期刊》虽然直到 2006 年才开始有影响因子的计算，但也已经排在前 20 名以内（2007 年排名第 17）。这些期刊的表现都说明职业健康心理学作为一个新兴的学科开始得到广泛的重视。这两个学术期刊为研究者和实践者的交流，以及相关知识的流通提供了一个平台。这样的两个国际性期刊的发行进一步证明了职业健康心理学已经发展成为一个独立的学科。

值得一提的是，职业健康心理学家的研究还经常在管理学和应用心理学的顶级期刊上发表。比如 2007 年在这些领域影响因子排名第一、第二和第三的《管理学会期刊》（Academy of Management Journal）、《应用心理学期刊》（Journal of Applied Psychology）和《人事心理学》（Personnel Psychology）都各有一到两名职业健康心理学领域的专家担任副主编评审相关的稿件。职业健康心理学方面的研究也开始获得一些重要的研究奖项，比如 Wang（2007）关于退休与心理健康关系的研究获得了管理学会（Academy of Management）人力资源分会的年度学术成就奖。这些都说明职业健康心理学的研究已经走向成熟，并被主流的管理和应用心理学的研究所接纳。

二、学术组织和会议

有专业针对性的学术性组织和实践组织的出现为职业健康心理学发展为一

个成熟的学科分支提供了进一步的证据。欧洲职业健康心理学会（The European Academy of OHP）组建于 1997 年，最初的发起人除了 Tom Cox 以外，还有来自英国的 Amanda Griffiths，瑞典的 Sten-Olof Brenner, Curt Johansson, Clemens Weikert，丹麦的 Einar Baldrussen 等，都是欧洲各国相关研究的带头人。该组织的目的是推动职业健康心理学在研究、实践和教育上的发展，《工作与压力》杂志是该学会的会刊。它于 1999 年在瑞典召开了第一次学术会议，并逐渐成为欧洲参加人数最多的职业健康心理学学术会议。最近这个会议与 NIOSH 和 APA 主办的"工作、压力和健康"大会相协调，两个会议将从 2009 年开始间隔召开，保证了每年都在美国或欧洲有一个全球性的职业健康心理学会议。

在美国与欧洲职业健康心理学会相对应的学术组织是美国职业健康心理学会（Society for Occupational Health Psychology）。前面提到了它正式成立于 2005 年，第一任主席是工作—家庭冲突研究专家 Leslie Hammer，第二任主席是员工安全研究专家 Peter Chen，现任主席是工作压力耐受性的研究专家 Robert Sinclair。在过去三年里该学会的会员人数每年都翻一番。APA 发行的《职业心理学期刊》是这个学会的会刊。同时，该协会还加入到了与 NIOSH 和 APA 的协作中，成为"工作、压力和健康"大会新的主办组织。从长远的目标看，美国职业健康心理学会吸收的工业组织心理学和工效学背景的成员较多，在研究成果的应用转化上可以起到非常重要的作用。该协会与欧洲职业健康心理学会的关系也日趋紧密，共同致力于建立专业相关的国际认证和培训体系。

三、对政府相关立法的推动

衡量职业健康心理学发展是否成熟的一个终极标准是：它的一些核心原则（例如，员工自主性和员工参与的重要性）是否被政府立法机构采纳并为各个国家的雇主提供建议。下面介绍一些成功的例子。

首先进行类似立法的国家是瑞典。它于 1978 年颁布《瑞典工作环境法案》（*The Swedish Work Environment Act*），该法案规定，不论从生理学角度还是心理学角度，工作方法、设备、工具材料等应该适应人的需要。1977 年颁布的《瑞典联合决定法案》（*Sweden's Act of Co-determination*）则从工作设计、生产方法和工作环境等多方面影响了工人的生产活动，给予了工人在主要决策和规划过程中的更多参与权（Gardell & Johansson, 1981）。1989 年，欧盟委员会（European Commission）发表了"欧盟委员会关于促进员工安全和健康的法案框架协议"（Council Framework Directive on the Introduction of Measures to Encourage Improvements in the Safety and Health of Workers at Work; European Commission, 1989）。在这个协议中，欧盟的各个成员国都被要求在 1992 年之前将该协议的主要内容落实到本国的具体立法中，比如雇主应该评估所有可能威胁员工健康的主要风险，雇主应该向员工或者员工的代表咨询所有可能影响他们健康和安全的因素。在英国,这些要求中的一部分已经付诸实施,那些尚未实施的要求则被合并为《工作中健康和安全管理守则》(*Management of Health & Safety at Work Regulations*;1992,1999)。例如,在1999年该守则的《实行条例》(*Approved Code of Practice for these Regulations*)中明确规定,雇主应该增加员工对其所负责工作的控制力,他们应该调整工作条件使其适应个体的需要。同时,当雇主对工作和工作场所进行设计时,必须向那些会受到影响的员工咨询他们的意见。在美国,国家职业安全和健康研究所也建议雇主在进行与员工的工作或任务相关的决策时,为员工提供参与相关决策制定的机会(Sauter et al.,1990)。

职业健康心理学还是一个新的研究领域,我们希望以上的概括可以为读者提供一个关于它历史的简短介绍。值得一提的是,在20世纪初期,工作主要由管理者根据他们的利益来进行设计。但现在,我们越来越多地看到在工作设计中对员工的身心健康进行保护的意愿。如果这样的进步能够在21世纪持续下去,职业健康心理学将大展拳脚,为人类生活的进步和发展作出更有意义、影响深远的贡献。

第2章 职业健康心理学研究方法

在前一章里我们已经提到，职业健康心理学作为一个学科，它的研究范畴具有学科多样性、交叉性和开放性，横跨微观（生理水平）和宏观（社会水平）的研究。由于研究范畴的广泛性，职业健康心理学的研究方法极为丰富多样。在本章有限的篇幅中，我们无法对所有的研究方法一一介绍。但是，我们希望通过对各项最有代表性的方法的介绍，使读者对职业健康心理学研究的逻辑脉络和复杂性有所体会。

在这章中，我们将职业健康心理学的研究方法归类为三个部分加以介绍。第一部分探讨职业健康心理学中与测量有关的问题。第二部分探讨职业健康心理学的研究设计。第三部分探讨职业健康心理学常用的统计方法。每部分又分若干小节，探讨具体的相关问题。这样三部分的划分，主要是为了便于与实际研究中的方法学问题相结合进行说明。不同的心理学分支往往还有其他的分类系统。比如 Breakwell(2000)指出，心理学研究方法可以根据四个不同维度划分：(1) 根据研究材料的种类；(2) 根据资料收集的方法；(3) 根据资料收集的次数和时间间隔；(4) 根据资料分析技术的不同。本章中测量方面的综述和分类与 Breakwell 的第一和第二种分类方法相一致，研究设计方面的综述和分类与其第三种分类方法相一致，统计方法方面的综述和分类与其第四种分类方法相一致。总的来说，这样的行文结构是由职业健康心理学研究方法的多样性决定的。在实际研究中，研究者需要同时谨慎考虑这三个部分相关的研究策略，才能顺利完成研究以回答他们的研究问题。比如说，一个希望考察员工满意度与安全生产之间关系的研究者，需要首先决定如何测量员工满意度和安全生产，然后明确是两个变量同时测量，还是分别测量，或是多次间隔测量。最后，研究者需要选取与研究设计匹配的统计方法来获取研究结果。这三个环节中的任何一个出现问题，都将导致最后的结果无法明确解释（即研究的内部效度问题）和无法推广（即研究的外部效度问题）。

第一节 职业健康心理学的测量方法

一、测量目的

要探讨职业健康心理学的测量方法,首先要明确心理学测量的目的。心理学测量的目的在于对于所测量的心理变量,获取具有信度和效度的度量指标。信度指的是测量结果的可信性。对同一个物体,用同一把尺子,如果每次测出的物体长度都不一样,误差范围很大,那我们就说这把尺子没有信度,它的测量结果不可信。效度指的是我们的测量在多大程度上反映了我们希望测量的心理变量。如果我们希望测量一个物体的质量,但是用的是一把测长度的尺子,那么即使每次这把尺子都给我们相同的测量结果(即具有高信度),这样的测量也没有效度。因为我们希望测的是质量而不是长度。信度和效度的问题自科学心理学诞生之日起就贯穿于心理学研究之中,解决好这两个问题是保证心理学研究能获得有意义结果的关键之一。

与基础科学(如物理学)不同的是,心理学的测量经常没有客观的绝对度量单位(如米作为长度的单位,千克作为质量的单位,秒作为时间的单位等)。所以,在心理学研究中,绝大多数情况下,我们测量的是心理变量的相对指标,大部分是以感觉和知觉为基础的。比如我们可以设定一个人对某一价值观(如自由)的重视程度为一个态度单位(即重视值为1),那么这个人对其他价值观的重视程度都可以用这个态度单位来衡量。如果这个人估计自己对"道德"的重视程度是对"自由"的2倍,"道德"的重视值就是2。由于没有绝对的度量标准,这个相对指标的信度和效度一般需要通过间接的方式来确认。比如说,测量的信度一般都要通过重复测量并比较测量结果来得出。如果多次测量的结果误差在很小的范围内,或者多次测量并不使某一心理学指标在样本内的排序发生位置变化,那么我们就说这样的测量是有信度的。

对测量效度的衡量一般包括考察内容效度(content validity)、会聚效度(convergent validity)和区分效度(divergent validity)。内容效度指的是由对这种心理现象较为熟悉的专家对测量的内容能否反映该心理现象进行评定。如果专家一致认为测量的内容可以反映要测的心理现象,那么我们就说这种测量具有较高的内容效度。会聚效度指的是考察所使用的测量与其他测量同样心理现象的指标间的关联程度。如果关联程度高,那么我们就说这种测量具有较高的汇聚效度。区分效度指的是考察所使用的测量与测量其他不同心理现象的指标间的关联程度。如果关联程度低,我们就说这种测量具有较高的区分效度,可以明显地与无关变量相区别。需要指出的是,这些效度的衡量方法没有高下之分,都是为测量提供效度证据的手段。理想的职业健康心理学测量应该同时具备这三方面的效度证据。

二、心理指标与生理指标

在职业健康心理学的研究中,有一些变量是可以同时通过心理和生理指标来测量的。这些变量包括压力感受和抑郁等。比如说,员工的压力感受可以通过使用压力感受量表来测量,也可以通过测量员工的肾上腺素分泌或血压来测量。同样,员工的抑郁程度可以通过使用临床量表来测量,也可以通过记录睡眠的生理学指标来测量。一般来说,生理指标对这些变量的变化比较敏感,也不会受被测者的主观偏见影响。但是生理指标的测量结果往往只能反映变量在较短的一个时间段内的值。要进行长期推论,就需要对生理指标多次重复测量。这不仅仅在程序上比较复杂,也会导致较高的费用。与生理指标不同,心理指标一般可以比较稳定地反映被测者的主观体验。因此,如果测量目的是了解被测者在当前时间点上变量的状态,那么使用生理指标是首选。但是,如果测量目的是对被测者的长期状态进行推论,那么使用心理指标就会比较合适。

虽然以上指标选择的逻辑看似简单,但是它对研究结果推论具有重要的影响。比如说,如果一项研究要考察某个工作环节对员工压力的影响,那么最好的测量方法应该是测量员工在进行这个工作环节时的血压,或这个工作环节结束后的肾上腺素水平。如果一项研究要考察工作压力对员工生活满意度的影响,那么使用心理指标测量员工工作压力的一般状态就更为合适。如果这两项研究交换指标,那么在统计分析时很可能不会发现任何效应,因为指标本身的特点与研究问题不匹配。

三、主观指标与客观指标

在职业健康心理学的研究和实践中,经常会同时用到主观和客观测量指标。主观指标往往包括自评(self rating)和他评(other rating)。客观指标则包括生理指标和客观记录(objective record)。关于生理指标我们在上面的小节里已经讨论过了。客观记录指的是客观存在的计量数据,比如说代表业绩指标的销售额,代表员工离职倾向的缺勤率,以及员工出错率和次品率等。与主观指标相比,客观记录的好处是具有较高的信度,不容易被评估者的主观偏见所影响。但是,客观记录也有其问题。比如说客观记录的指标范围一般都比较窄,往往会有以偏概全的可能。以销售额为例,很明显这只能作为业绩指标的一个方面,并不能反映出员工的整体敬业水平,因为销售额往往会根据市场的地理位置、经济好坏波动,而不完全由员工的努力水平决定。相对而言,使用主观指标往往可以有意识地引导评估者作出基于全面印象的评估。另外,心理学变量如人格特质、态度、主观感受等往往只能用主观指标来测量。

主观指标在职业健康心理学中的使用主要包括两种形式：平均评分和分布评分。平均评分指评估者回顾受评者在所要测量的心理现象或行为上的表现，并对其给出总体评价。分布评分则先将受评者可能的表现分类（如低、中、高），然后由评估者评估受评者在各方面表现所占的百分比。虽然分布评分较平均评分操作更为复杂，但它却有以下优点：(1)由于分布评分与人类认知编码的过程一致，因此具有较高的准确性，不容易受极端情况的影响；(2)分布评分可以考察心理现象或行为的变异性；(3)分布评分能提供更详细的信息，以区别受评者之间的细微差异。虽然分布评分的研究刚起步不久，但它将研究者的注意力集中到预测个体内的心理现象和行为的变异性上，很有可能在不久的将来引起重大的理论突破。

四、静态指标与动态指标

职业健康心理学指标选取要考虑的另一个问题是指标的动态性质。传统的指标测量往往只是在一个时间点上进行采样。可是，如果要比较不同时间点上的指标，就会出现很多问题。其中最重要的问题在于，如何保证同一指标在不同时间点上具有可比性。研究表明很多职业健康心理学的指标并不是静态不变的。比如说，随着员工对工作内容的熟悉以及对工作知识的逐渐掌握，心理指标对实际压力源（stressor）的反映程度会逐渐减弱，而生理指标对实际压力源的差异则会变得更加敏感。在这种情况下，以压力源量表得分作为指标可能更能反映新员工体验到的压力源差异，但却未必能够反映熟练工之间的压力源差异。这种指标有效性的动态变化直接影响职业健康心理学的研究结论，所以需要研究者特别重视指标的选取。目前有关动态指标的研究强调应用统计手段（如使用下文会具体介绍的潜在成长曲线模型等），建立指标随时间变化的动态模型，并找出分别影响指标中稳定因素和变化因素的变量（Tisak & Tisak, 2000）。另一个观点则是考察变量指标的结构成分随时间的变化，以建立包括不同时间点的完整预测模型（Bennett, Lance & Woehr, 2006）。

第二节 职业健康心理学的研究设计

在本节内，我们将介绍四种职业健康心理学的常见研究设计。它们包括质化研究法（qualitative research method）、实验设计（experimental design）、准实验设计（quasi-experimental design）以及问卷调查法（survey research design）。

一、质化研究法

质化研究法是一种以归纳法（inductive approach）为逻辑基础的研究方法。它通常针对研究者感兴趣的个体或群体心理现象、行为和互动进行系统的观察、资料收集和分析理解。它的主要目的是对研究者感兴趣的现象提供具体的、系统的描述，为进一步理解该现象及其发展脉络奠定基础(Levy, 2006)。质化研究方法对初步认识新现象，以及推测其影响因素并发展理论模型以深入研究有着极为重要的意义。质化研究还往往是为现象提供定义(definition)的基本手段。

质化研究法的起点是确定研究问题。与定量研究不同的是，质化研究的研究问题往往比较笼统、比较粗略。这是由于质化研究往往针对比较新的或者比较缺乏研究的现象。因此，质化研究的主要目的不在于探讨变量间的因果关系，而在于准确描述和定义所研究的现象。比如说，职业健康心理学家可能对领导行为对员工职业健康的影响感兴趣。但是在探讨两者之间可能的因果关系之前，研究者需要首先确定所考察的领导行为的范围。在这种研究情境下，质化研究者在资料收集前不太可能有具体的研究假设。同时，在研究过程中，研究者关心的研究问题也可能随所收集的资料发生变化。比如说在观察领导行为的时候，研究者可能会发现员工与领导的互动特点可能会比领导行为与员工的职业健康联系更紧密。这时，研究者的研究重点可能就会转向定义员工与领导的互动特点，而不再聚焦于领导行为。

在确定质化研究的研究问题后，研究者必须选择合适的研究场所，以及适当的资料来源。在这方面，质化研究往往强调研究的生态效度(ecological validity)，即研究在多大程度上可以反映真实的日常生活。相应的，质化研究的数据收集常常依赖于现场观察和访谈。现场观察指的是研究者在尽量不影响研究对象的前提下，对感兴趣的现象进行直接的记录。这种记录可以通过笔记、录像、录音等多种形式来获得。如果研究者选用现场观察法，那就需要注意与研究对象建立和保持良好的关系，不然很难持续稳定地收集资料。职业健康心理学中一个使用观察法的例子是科罗拉多州立大学的安全生产研究。在这个研究项目中，研究者参加建筑工会定期举行的安全讨论会，记录讨论会上人们的议题和争论，然后总结主题，归纳与安全生产相关的职业健康心理学变量。

与现场观察法不同，访谈法往往包含与研究对象互动的过程。根据访谈内容的标准化程度，用访谈法收集数据可以分为结构化访谈、半结构化访谈和自由式访谈。结构化访谈的特点是访谈问题是事先设计好的，在访谈过程中提问者不会对受访者进行超出访谈问题外的追问。自由式访谈与结构化访谈完全相反，不预设访谈的具体问题，而是鼓励受访者根据研究主题自由发表意见，并根据这些意见提出问题，由受访者提供具体的例子和生活体验，将受访者需要表达的意思和思考脉络具体化。半结构化访谈吸取结构化访谈和自由式访谈的优点，事先准备访谈提纲，但是以开放性问题为主，可以诱导受访者自由表达自己的看法，同时鼓励追问，可以灵活地改变访谈问题的内容和访谈程序。访谈法经常是发展职业健康心理学量表测量工具的第一步。

由于职业健康心理学的一个重要应用领域是在组织团队中，焦点小组讨论也是常用的质化研究的资料收集方法。一般来说,在进行焦点小组讨论时,研究者将一组研究对象集中起来,针对事先准备的问题,让研究对象进行小组讨论。焦点小组讨论的优点在于可以准确了解团队互动的真实情况,激发对研究主题更深入的探讨和认识,同时也可以降低受访者在个别访谈时可能体会到的压力。在很多时候,焦点小组讨论的内容往往与个体讨论的内容一致,但是对问题理解的角度却丰富得多,也就更具有生态效度。

与定量研究不同,质化研究的资料分析往往可以影响资料收集的趋势。这是由质化研究的不确定性决定的。由于一开始的研究问题往往比较笼统和粗略,对资料的初步分析通常会帮助决定下一步资料收集的方向和重点。质化研究的资料分析主要通过归纳资料的主要内容和重复出现的主题来进行,需要经历对资料编码和重组的过程。通常由主要的研究者对获取的资料进行独立的阅读分析,然后通过团队讨论的方式对资料内容的范围、中心概念和类别的达成共识。在根据这些共识对资料编码后,还需要由对研究内容不熟悉的研究者来确定编码结果的准确性。一般来说,对编码结果的统计往往是质化研究者获得研究结论的依据。比如,职业健康心理学家可以通过对访谈中出现的各种领导—员工互动方式分类及统计其频率,识别与员工职业健康联系较为紧密的领导—员工互动方式。

需要强调的是,质化研究法并不排斥统计分析的运用。在分析质化材料的各个环节都需要使用到统计分析,比如说最基本的编码频率计算和排序。很多时候使用统计手段也可以使得质化研究的过程更科学,比如说可以通过计算编码者的编码一致性来考察编码过程的信度。但是质化研究的一些缺点是无法通过统计手段来消除的。这包括样本的代表性(质化研究通常使用小样本),研究者的主观看法和期待,以及研究材料的片面性。因此,在开始质化研究之前,进行充分、全面的准备是尤为重要的。

二、实验设计

实验设计被认为是内部效度最高的研究设计方法。这是因为研究者在实验设计的研究结果之上往往可以清楚地进行因果推论。这个优点是由实验设计的三大要点决定的。首先,实验设计包含对自变量的操纵和对无关变量的控制。也就是说,如果因变量中的变化或差异只可能是由自变量的变化所引起的。其次,实验设计通常包括控制组来比较对实验组自变量操纵的结果,这就排除了环境因素可能对实验结果的影响。第三,实验设计使用随机分派的原则来将被试分组,这样被试间的个体特点在各组内的期望是一样的,就排除了个体差异可能对实验结果的影响。

在职业健康心理学中,要进行实验设计往往比较困难,因为职业健康心理学的研究对象、现象和其发生的场所往往在职业环境中,很难直接在实验室内考察。

但是如果能够将研究问题有效地抽象化,则实验设计的研究方法还是可以使用的。如果研究者关心的是安全生产规则的公平性对安全生产行为的影响,采用实验设计,研究者可以将员工随机分派入三个组:一组是控制组,没有任何安全生产规则;一组是低公平性组,所采用的安全生产规则非常不人性化、一般员工很难达到其要求;还有一组是高公平性组,采用的安全生产规则与实际的情况比较一致,没有过分要求。在实验中采取的实验任务应当尽量与工作任务接近,包含实际工作任务中所有重要的行为元素。这样的话,就可以考察安全生产规则的组间差异对实验任务中安全生产行为的影响。

三、准实验设计

准实验设计通常指的是无法满足随机分派条件的实验设计(Levy,2006)。也就是说,缺乏对被试间的个体特点的控制。因为被试的个体特点是固有的、不能直接操纵的,所以当人口学变量是研究的自变量时,这样的研究通常都是采用准实验设计。比如说职业健康心理学家关心年龄和性别对生活压力感受的影响。可是年龄和性别都不是可以由研究者操纵的,既无法通过随机分配把年轻人分到老年组,也无法通过随机分配把男性分到女性组。所以,根据年龄和性别的分组往往不能排除相关的社会经验、社会角色对因变量的影响。

在职业健康心理学研究中,准实验设计还往往出现在考察部门间和职业间差异的研究中。很明显,研究者不具备将员工随机分配到不同部门或者职业的能力。但是,并不能说这样的实验设计就不具备内在效度,因为这样的自然分组的确反映了差异可能出现的情况。如果在研究中需要排除部门间或职业间差异造成的影响,一个比较合适的办法是进行统计控制,用统计手段将这些组间差异排除出去。

四、问卷调查法

职业健康心理学最常用的研究设计是问卷调查。这种设计通常不涉及对自变量的操纵和分组,而是直接考察变量间个体差异的关联程度,并进行推论。比如说,研究者关心员工人格外向性与心理抗压能力的关系。采用问卷调查法,可以进行代表性取样,然后让样本填写测查他们外向性人格和心理抗压能力的问卷。在获得每个人外向性人格和心理抗压能力得分后,计算它们的相关,由此获得的相关系数就代表这两个变量之间的关联程度。

问卷调查法的主要缺点在于其所获得的关联程度并不能作为因果推论的依据,因为不存在对自变量的操纵。最近使用问卷调查法的研究多采用纵向设计来加强因果推论的可行性。也就是说将假设的自变量与因变量在两个测量时间点同时测量。这样,当使用第一次测量的自变量预测第二次测量的因变量时,可以控制第一次测量的因变量的值以确认第一和第二次测量间因变量的变化是由自变量引起的。同时,还可以考察反向因果关系,即看第二次测量的自变量是不是与第一次测量的因变量相关。逻辑上来说,如果因果关系成立,由于时间上的先后顺序,它们的相关系数应该不显著大于0。如果它们的相关系数显著大于0,那么说明这两个变量可能是互相动态影响,而不是单向的因果关系。在职业健康心理学研究中,变量间的相互动态影响可能是最普遍观察到的现象(Gorgievski-Duijvesteijn, Bakker, Schaufeli & van der Heijden, 2005),所以我们推荐研究者使用纵向设计来进行问卷调查。

第三节 职业健康心理学的统计方法

一、概述

由于职业健康心理学研究范畴的广泛性,该领域的研究往往需要考察多层次变量,时间因素,以及潜在人群的影响。这些研究问题往往不能通过传统心理学统计方法,如方差分析(即 ANOVA)或回归分析来解决。比如说,一个研究者需要考察工厂安全生产制度对员工安全生产行为的影响。这里的自变量在工厂的层次上,因变量在员工个体的层次上,而个体员工是分布在工厂中的。我们就说在这个研究中个体是依存于工厂的。因此,在统计分析的时候,我们必须控制这样的依存性(即在同一个工厂工作的员工可能受一些共同因素的影响)。这就需要我们使用多层线性模型(Hierarchical linear modeling, HLM)来分析数据。职业健康心理学往往还考虑变量随时间的变化。比如说,研究者会关心员工心理健康随他们在某一工作岗位上工作年限的变化。研究者往往需要同时考察这种变化的趋势(即变量值是上升还是下降)和速度(即变化的快慢)。另外,研究者还会希望找出可以预测个体变化起点和变化速度的变量。这样的研究目的是无法用传统方法,如重复测量方差分析(Repeated-Measure ANOVA)来达到的,因此就需要使用潜在成长曲线模型(Latent Growth curve Modeling, LGM)来分析数据。另外,人群的复杂性也是职业健康心理学的关注要点。当我们对总体进行取样分析的时候,我们往往需要考虑我们的取样实际上包括了多个人群的样本,比如男性和女性,老年人和青年人,高收入人群与低收入人群等。这些人群对职业健康心理学变量的影响,往往不是由控制一两个人口学变量可以涵盖的,而是一组变量共同作用的结果。比如说,过去的研究发现在美国人中,医疗保险对职业健康的影响程度在低收入的黑人女性人群中比其他人群更加强。因此,这类研究的目的就是辨识潜在人群对变量关系的影响,并找出能够预测潜在人群的变量。这就需要使用潜在分组技术(Latent Class Procedure)来分析数据。以下我们就详细介绍这三种统计方法。对于有兴趣的读者,如果希望进一步研究的话,我们也提供相关的参考文献。

二、多层线性模型

多层线性模型是一种基于回归的统计模型。不同于简单回归（simple regression）或多元回归（multiple regression），多层线性模型的优点在于它在多个变量层次（比如个体层次、部门层次、公司层次）上都可以同时进行对应的回归预测。由于这些变量层次是由下向上逐级嵌套的，应用多层线性模型就可以解决多层次变量测量间的依存性问题。以下我们具体介绍包含两个层次的多层线性模型。一般的研究不太会同时测量多于两个层次的变量，所以这类模型的应用范围最为广泛。一般来说，这类模型的第一层是个体水平。在第一层的回归方程中考察个体水平上变量间的关系，比如估计员工工作量（workload）对其工作压力（work stress）的影响，采用 Raudenbush 和 Bryk（2002）的符号系统，第一层方程是：

$$工作压力_{ij} = \pi_{0i} + \pi_{1i} 工作量_{ij} + e_{ij} \qquad (1)$$

这里的下标 i 代表的是员工所在的部门，下标 j 代表员工个体，e_{ij} 代表了对员工工作压力预测的误差项。这样，在第一层方程中，工作压力与工作量的线性关系由估计 π_{0i} 和 π_{1i} 来确定，其中 π_{0i} 是该线性关系的截距，而 π_{1i} 是该线性关系的斜率。与传统回归分析不同的是，在多层线性模型中，截距和斜率都可以是随机参数（random coefficient），而不是固定的参数。这就好比我们把每个部门的员工都当作一个样本，然后对每个样本都估计方程（1）。这样，有的样本中方程（1）的参数会比较大，有的样本中方程（1）的参数会比较小。这就构成了样本参数的分布。具有样本分布的随机参数有自己的分布参数，如平均数和方差，所以它们都可以作为因变量在第二层的线性回归方程中被高层级（如部门级）的自变量预测。比如说，如果我们想要考察各部门领导对员工的支持程度对员工工作量和工作压力之间关系的影响，我们就可以构建以下的第二层方程：

$$\pi_{0i} = \gamma_{00} + \gamma_{01} 领导支持度 + r_{0i} \qquad (2)$$
$$\pi_{1i} = \gamma_{10} + \gamma_{11} 领导支持度 + r_{1i} \qquad (3)$$

这里，部门领导支持度对员工工作量和工作压力之间关系的影响由方程（3）中的参数 γ_{11} 来代表，它的估计值和统计显著性可以告诉我们部门层级上的变量对第一层考察的线性关系的影响。所以，对参数 γ_{11} 的考察往往也被称为对跨层级调节效应（cross-level moderation effect）的考察。在这个例子里，跨层级的调节变量是部门领导对员工的支持度，如果参数 γ_{11} 显著小于 0，那么说明领导支持度越高，工作量与工作压力之间的关系就越弱，这就是我们经常说的缓冲作用（buffer effect）。在以上的方程（2）中，参数 γ_{01} 代表在控制了个体水平上工作量差异的影响后，部门领导支持度对员工工作压力的直接影响（即跨层级主效应；cross-level main effect）。如果参数 γ_{01} 显著小于 0，那说明在控制了个体水平上工作量的差异后，部门领导对员工越是支持，员工的工作压力就越小。在方程（2）和方程（3）中，r_{0i} 和

r_{1i}代表了对随机参数预测的误差项。在不包括第二层自变量(即领导支持度)的情况下,如果它们的方差显著大于0,说明样本的工作压力平均值(即截距)和工作量和工作压力之间关系(即斜率)都受员工所在部门的影响。在包括第二层自变量的情况下,如果它们的方差为0(或不显著大于0),则说明第一层线性方程中截距和斜率的随机分布是可以完全由第二层的预测变量所预测的。

由于职业健康心理学具有系统性的研究特点,研究者往往不仅仅关心个体层面的变量关系,也关心个体所处的环境之间(班组、部门、公司、社会制度等)差异对个体职业健康的影响。使用多层线性模型可以帮助研究者准确地估计这类环境影响,并考察它们对个体职业健康的跨层级主效应和对个体层面变量关系的跨层级调节效应。目前比较流行的多层线性模型统计软件主要是 HLM。它有友好的用户界面,同时可以方便的从普通的统计软件包例如 SPSS 和 SAS 输入数据。Ruandenbush 和 Bryk(2002)的书对多层线性模型有极好的、全面的介绍。还有一些以职业健康心理学和管理心理学为背景的文章可供参考(例如,Hofmann,1997;Hofmann, Griffin & Gavin, 2000)。

三、潜在成长曲线模型

潜在成长曲线模型是一种被用于研究时间变化对变量影响的重要统计工具。在发展、老化和组织管理心理学的相关文献中有众多应用潜在成长曲线模型的重要研究。例如,Chan, Ramey, Ramey 和 Schmitt(2000)的研究使用潜在成长曲线模型来研究儿童社会技能的个体内变化和这些变化在家庭和学校情境中的个体间差异。Tisak 和 Tisak(2000)的研究使用潜在曲线和潜在状态—特质模型对两个组织承诺的测量指标进行了动态信度分析。Wang(2007)使用潜在成长曲线模型描述了员工退休前一年到退休后六、七年间心理健康程度的变化,并考察了影响这些变化的预测变量。与这些研究一样,职业健康心理学也关心研究变量随时间在个体内的变化,以及这些个体变化趋势在个体间的差异。因此,潜在成长曲线模型是职业健康心理学使用的一种重要统计手段。使用该统计方法的 Gorgievski-Duijvesteijin, Bakker, Schaufeli 和 van der Heijden(2005)的研究就曾获得职业健康心理学期刊(*Journal of Occupational Health Psychology*)颁发的最佳研究奖。

潜在成长曲线模型可以被看做是结构方程模型(Structural Equation Modeling)的一个特例(Hser, Shen, Chou, Messer & Anglin, 2001)。因此,它与结构方程模型具有同样的前提假设(例如,正态性,独立性和方差齐性)。潜在成长曲线模型还可以被视为是重复测量方差分析的延伸(Meredith & Tisak, 1990; Tisak & Tisak, 2000)。在重复测量方差分析中,随时间的变化是通过对组平均值的分析来评估的。因此,在重复测量方差分析设计中,随时间的变化被认为以同样的方式在每个人身上发生,尽管事实上个体差异肯定会存在。然而,与重复测量方差分析不同,潜在成长曲线模型分析通过同时考虑成长因子(Growth Factors)的均值和方差提供了组和个体变化轨迹的信息。在这种统计分析中,因子均值是组层面上的参数,方差则代表了随时间变化趋势的离散性。这种同时考虑组和个体层面跨时间变化的特点使得潜在成长曲线模型与其他各种评估跨时间演变的统计模型相比,获得了更广泛的应用。

前面我们提到潜在成长曲线模型是结构方程模型的特例。更具体的来说,它是验证性因子分析的特例。因此,潜在成长曲线模型能够根据对所感兴趣的变量如何发展或者变化的假设以不同的方式构建和检验模型。通过使用由两个或以上代表重复测量数据的因子构建的多个验证性因子分析,潜在成长曲线模型能够模拟线性的和更高层级的跨时间变化。在最简单的情况下,只有两个因子被纳入潜在成长曲线模型。一个因子代表截距,一个因子代表斜率。通过纳入两个因子,所假定的随时间的变化过程可以是一个线性过程,也可以是一个具有不规则变化轨迹的过程。当研究者更感兴趣的是考察更复杂的随时间变化的方式时,这个模型可以通过包括多个因子来构建。例如,在三因子的潜在成长曲线模型中,变化可以被描述成是随时间的二次方演变的函数(即具有顶点的曲线)。在本章里,我们只讨论二因子的潜在成长曲线模型。对多于两个因子的复杂模型,感兴趣的读者可以参考 Duncan,Duncan,Li,Strycker 和 Alpert(2002)的文章。

二因子潜在成长曲线模型用截距因子(intercept factor)和斜率因子(slope factor)来拟合重复测量数据。图 2-1 描述了对一个变量的四次重复测量进行拟合的二因子潜在成长曲线模型。变量 Y1,Y2,Y3 和 Y4 代表对同一个变量的四次测量。在进行潜在成长曲线模型拟合时,包括至少三次的重复测量数据是很重要的,因为对一个变量只测两次是不足以确定该变量的变化趋势的。以下对图 2-1

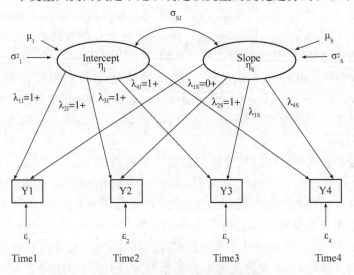

图 2-1 二因子潜在成长曲线模型

进行举例说明。假设我们的研究问题是考察退休人员在退休前后对生活压力知觉的变化，Y1对应于退休人员在退休一年前感受到的生活压力，Y2对应于退休人员在退休时的生活压力，Y3对应于退休一年后的生活压力，Y4对应于退休两年后的生活压力。

在图2-1的二因子潜在成长曲线模型中，截距因子代表在变化起点时（即退休一年前）退休人员的生活压力状态。由于四次重复测量都是以第一次为起点的，所以它们在截距因子上的载荷（λ_{1I}—λ_{4I}）都被固定为1，也就是说，对于每个退休人员，他/她的起点状态都是一定的。这个截距因子有两个参数：截距平均数（μ_I）和截距方差（σ_I^2）。截距平均数指的是所有退休人员起点状态的均值，它的值告诉我们退休人员作为一个总体在起点状态时生活压力的高低。截距方差指的是退休人员起点状态的个体差异，它的显著性告诉我们在多大程度上不同的退休人员在变化起点时会有不同的对生活压力的感受。

斜率因子代表退休人员生活压力状态变化的速度。为了便于估计变化速度，第一次测量（Y1）和第二次测量（Y2）之间的差异往往被固定为衡量变化速度的单位。这就是为什么Y1在斜率因子上的负荷（λ_{1S}）是0，而Y2在斜率因子上的负荷（λ_{2S}）是1。这个因子负荷的差异代表了变化单位的选取。第三（Y3）和第四次（Y4）测量在斜率因子上的负荷通常可以不作限制地自由估计。这种情况下，到第三和第四次测量时的变化量（相对于变化起点而言）可以由模型拟合得出的对应因子负荷与斜率平均数的乘积来表示。但是，如果研究者想要验证的是随时间变化的线性模型，那么四次测量相对应的斜率因子负荷应该设置为[1,2,3,4]，即随时间变化线性增长。斜率因子也有两个参数：斜率平均数（μ_S）和斜率方差（σ_S^2）。斜率平均数指的是所有退休人员生活压力感受变化的平均速度，它的值告诉我们退休人员作为一个总体在生活压力感受变化的快慢。斜率方差指的是退休人员生活压力变化速度的个体差异，它的显著性告诉我们在多大程度上不同的退休人员会有不同生活压力感受变化速度。截距因子和斜率因子的协方差（σ_{SI}）可以告诉我们变化起点和变化速度的关联程度。将它标准化，我们可以获得变化起点和变化速度的相关系数。

当截距方差和斜率方差显著时，研究者就可以用个体水平上的变量来预测在截距和斜率中的个体差异。比如说，研究者可以考察退休人员退休前的工作特点对他们生活压力感受的变化趋势的影响。可以假设退休前工作压力较大的员工在变化起点的生活压力感受会高于退休前工作压力较小的员工。同时，也可以预期退休前工作压力较大的员工在退休过程中生活压力感受减弱的速度会高于退休前工作压力较小的员工，因为从压力大的工作退休对员工来说是一种解脱。这类预测一般可以通过在潜在成长曲线模型中加入以截距因子和斜率因子为因变量的回归方程来完成。

潜在成长曲线模型可以使用任何当前市场上流行的结构方程模型软件来估

计。这类软件包括 EQS(Bentler & Wu,1995),LISREL(Joreskog & Sorbom, 1993),和 Mplus(Muthén & Muthén,2008)。这些软件在用户界面的友好程度上有所差异,在具体的模型构造和参数估计方面也各有所长,因此研究者们需要根据需要作出选择。有一些参考文献详细说明了潜在成长曲线模型的程序,包括这一技术的最新发展。有兴趣的读者可以参考 Chan(1998),Willett 和 Sayer (1999),Wang 和 Bodner(2007)。

四、潜在分组技术

潜在分组技术指的是一组以辨识潜在人群为目的的统计手段。这类统计手段包括潜在分组分析(Latent Class/Profile Analysis)、潜在混合模型(Latent Mixture Modeling)、潜在转换分析(Latent Transition Analysis)和成长混合模型(Growth Mixture Modeling)。虽然这些分析技术的侧重点不同,但是它们都试图通过对人群进行划分来解释观察到的个体差异。在本章中我们以成长混合模型为例子来对潜在分组技术的特点加以说明。这种技术基于上文提到的潜在成长曲线模型,主要用来辨识总体中存在的对应于不同潜在人群的变量随时间变化曲线(Wang & Bodner,2007)。

借用上文的研究情境,在使用成长混合模型分析退休人员生活压力状态变化的时候,我们的研究假设是存在多个退休人员的潜在人群,每个人群都对应于不同的潜在成长曲线。由于这些人群是潜在的,而不是可以直接观测到的,对他们的辨识就需要基于辨识不同的潜在成长曲线。假设存在一个潜在的分组潜变量(latent class variable)c,它的值代表每个退休人员所在的潜在的人群。同时,假设存在 K 个潜在人群。那么对于每个退休人员 i 来说,他/她的 c 值可能是从 1 到 K 的任意值。在这种情况下,成长混合模型可以同时对每个潜在人群都估计一条潜在成长曲线。使用潜在成长曲线模型的标识系统,对于在 K 潜在人群中的某个退休人员 i,他/她的生活压力感受变化在时间点 t 可以表达为以下的方程组:

$$Y_{Kit} = \eta_{IKi} + \eta_{SKi} \lambda_{SKt} + \varepsilon_{Kit} \tag{4}$$

$$\eta_{IKi} = \mu_{IK} + \zeta_{IKi} \tag{5}$$

$$\eta_{SKi} = \mu_{SK} + \zeta_{SKi} \tag{6}$$

这里,ε 代表测量误差(measurement error),ζ_{IKi} 的方差就是 K 潜在人群的截距方差(σ^2_{IK}),而 ζ_{SKi} 的方差就是 K 潜在人群的斜率方差(σ^2_{SK})。从方程(4)的下标我们可以清楚地看出潜在成长曲线模型中的所有因子负荷(即 λ_{SKt})和测量误差(ε_{Kit})都可以随个体所在的潜在人群而变化。再看方程(5)和(6),不同潜在人群对应的潜在成长曲线也可以有不同的截距平均数(μ_{IK})和斜率平均数(μ_{SK}),以及不同的截距方差和斜率方差。通过对混合成长模型的估计,每个潜在人群中的这些参数都可以被确定。相应地,每个潜在人群的成长曲线也可以被勾画出来。

以上的混合成长模型还可以被进一步延伸来估计协变量或预测变量对每个

人群变化曲线的影响。假设我们要考察退休前工作压力(即预测变量 x)对退休人员潜在人群辨识的预测力,我们可以用它来预测潜在分组变量 c。这可以通过使用多重 Logistic 回归(multinomial logistic regression)来完成(Wang & Bodner, 2007)。需要强调的是,这样的模型延伸对职业健康心理学的研究非常有意义。辨识不同的潜在人群,并对其进行预测,可以帮助职业健康心理学家理解这些潜在人群形成的原因,并可以针对不同的潜在人群设计不同的干预手段。同时,辨识不同的潜在人群也可以帮助考察不同理论的适用范围。往往某个职业健康心理学理论可能适用于一个潜在人群,但不适用于另一个。采用潜在分组技术,我们就可以探讨如何将多个理论相结合来解释职业健康心理学现象。

目前潜在分组技术最为完善的应用统计软件是 Mplus(Muthén & Muthén, 2008)。使用它几乎可以进行所有种类的潜在分组分析。它特有的数量积分(Numeric Integration)的估计手段在处理潜在分组变量和估计分组概率时有特别高的计算效率。关于潜在分组技术,一些重要的参考文献包括:Magidson 和 Vermunt(2004),Muthen(2003 和 2004),以及 Wang 和 Bodner(2007)。

第四节 职业健康心理学研究的因变量

职业健康心理学的终极目标是健康的职场。具体来说,是一个个体能够发挥潜能,卓越绩效,工作满意度高,并能带来幸福人生的职场。那么,在职业健康心理学研究中的因变量主要涉及组织和个体,这主要包括如下几个方面。

一、个体健康

在健康心理学中,健康相关行为是指个体或群体的与健康和疾病有关的行为,一般可分为促进健康的行为和危害健康的行为。在职业健康心理学中,我们把促进健康职场的行为称为促进健康的行为。

个体健康通常指多个方面,身体健康、心理健康以及与周围环境相协调。随着积极心理学对职业健康心理学研究的影响,在职业健康心理学中,个体健康通常除了在个体的身体、心理方面的健康,还指在组织中是否能够适应,并发挥自己的最大潜能,积极实现个体的最大价值。

在研究中,通常通过心理健康水平、工作满意度、组织承诺、组织公民行为等进行评估。

(一)工作满意度

1. 定义

工作满意度是员工对比自己期望获得的收益与实际获得收益时产生的心理感受,通常是由内外部工作因素组成的一个多维结构。工作满意度是组织成员所拥有的对其工作的一种特殊类型的态度和对工作的一种情感反应。当然,这些收益可能指多个方面,例如:薪酬、升迁、自主权、培训机会等。这些收益的重要性具有个体化意义,也就是不同的人对这些因素的要求不同,因此,工作满意度可能也会有所不同。

事实上,很多研究表明,工作满意度是进一步工作表现的中介变量,例如,旷工、工作投入度等等。

2. 影响因素

(1) 薪水。是得到的经济报酬的量,以及得到的报酬与组织中其他成员相比被看做是公正的程度。

(2) 升迁机会。升迁机会是在组织中得到提升的可能性,对工作满意度有多种影响。这是因为晋升有多种形式,伴随着不同的奖励。例如,培训学习的机会,以及更换工作类型的可能性等。对于大多数人来说,一个正性的工作环境、增长才干和拓展技能基础的机会变得比晋升机会更重要。

(3) 上级的支持。就是上级提供技术帮助和行为支持的能力。影响工作满意度的上级管理的风格有两个维度:一是员工中心性,可以通过上级对于员工的个人关注程度来测量。员工中心性通常是由诸如考察员工工作情况,给出建议来帮助员工,在公务层面上与相关个人的沟通等方面表现出来的;另一个是参与和影响,也就是说管理者允许其下属参与一些会影响下属工作的决策。在大多数情况下,都会带来高的工作满意度。

(4) 和谐的团队。团队也会对工作满意度产生影响。对于员工个体来说,友好的、合作的同事或者团体成员带来了一定的工作满意度。工作团队,能够为个体的员工提供支持、安慰、建议和帮助。一个好的工作团队使工作变得愉快。

(5) 工作条件。工作条件对工作满意度也有一定的影响。如果工作条件好(例如洁净、吸引人的环境),人们会发现比较易于开展工作。如果工作条件很差(例如燥热、嘈杂的环境),人们会发现要做好事情很困难。

3. 维度

工作满意度的维度是指工作满意度的若干关键构成,例如:薪酬、管理水平等。Friedlander(1963)从社会环境和员工的心理动机出发,认为社会及技术环境因素、自我实现因素、被人承认的因素是工作满意度的组成维度。Rice(1991)认为工作满意度有12个主要构成因素:薪酬、工作时间、交流时间、提拔机会、与同事的交流、与客户的接触、学习新技能的机会、决策权、物质需要的满足、精神需要的满足、与管理人员的联系以及员工对工作时间的控制感。

我国学者俞文钊(1996)通过对128名合资企业的员工进行研究发现影响员工总体工作满意度的因素主要有7个:个人因素、领导因素、工作特性、工作条件、福利待遇、报酬工资、同事关系。邢占军通过对国有大中型企业职工的研究表明工作满意度主要由物资满意度、社会关系满意度、自身状况满意度、家庭生活满意度、社会变革满意度等五个维度构成。中科院心理研究所的卢嘉、时堪(2001)认为我国企业员工的工作满意度包括五个因素：领导行为、管理措施、工作回报、工作协作、工作本身。

4. 测评

对工作满意度的测评包括多个方面：整体满意度以及对工作满意度若干因素的评估，如薪酬、升迁、管理、激励制度、培训机会等。

对工作满意度的测量方法有单一整体评估法(Single Global Rating)和工作要素总和评分法(Summation Score)，这两种手段是使用最广泛的。

单一整体评估法：单一整体评估法只要求被调查者回答对工作的总体感受，如"把所有的因素考虑在内，你对自己的工作满意吗？"许多研究表明，这种方法比较简单明了，因为满意度的内涵太广，单一整体评估法成了一种包容性更广的测量办法。这种方法因只有总体得分，因此无法对企业存在的具体问题进行诊断，不利于管理者改进工作。

工作要素总和评分法：工作要素总和评分法强调用多种要素评价员工工作满意度。这种方法将工作满意度划分为多个维度进行调查，通常是通过员工对薪酬、晋升、管理、工作本身和公司群体的满意度等级评定，得出企业员工满意度的结果。

一些研究使用的测量，既评估了整体满意度，又评估了某些构成工作满意度的特定方面。针对工作满意度某个方面的测量能更好地反映工作条件等因素，而对整体满意度的评估则有利于反映个体对特定项目的反应差异。

由于问卷测量法最易于施测与衡量，所以衡量工作满意度大多采用问卷测量法进行。国外常用量表主要有以下几种：

(1) 工作描述指数(Job Descriptive Index，JDI)。1969年由Smith等心理学家设计编制。共72个题目，包括5个部分：对工作自身的满意度、报酬、晋升、管理和同事。每一部分由9个或18个项目组成，每一个项目都有具体分值，将这些方面的满意度评价合并为一个对工作满意度的综合测评。

其特点是简明扼要，通用性强，适合了解员工对自己工作的总体评价与态度。

(2) 明尼苏达工作满意度调查表(Minnesota Satisfaction Questionnative，MSQ)。由明尼苏达大学Weiss等人设计，包括100个题目，可测量工作人员对20个工作方面的满意度及一般满意度。分为长式量表(21个量表)和短式量表(3个分量表)。

短式量表包括：内在满意度、外在满意度和一般满意度3个分量表。

长式量表主要维度有：能力使用(ability utilization)、成就(achievement)、行动(action)、进取(advancement)、权威(authority)、公司政策和实施(company policies and practices)、补偿(compensation)、同事(coworkers)、创造性(creativity)、独立性(independence)、道德价值(moral values)、赏识(recognition)、责任(responsibility)、安全感(security)、社会服务(social services)、社会地位(social status)、人际关系管理(supervision-human relations)、技术管理(supervision technical)、多样性(variety)和工作条件(working condition)。其中有20个题目又可以组成一个独立地反映整体工作满意度的量表，即缩减版，其中的12道题目能独立地衡量内在工作满意度(对工作任务本身性质的感受)，以及8道测量外在工作满意度(对各种外部的工作情景的感受)。

(3) 工作诊断调查(Job Diagnostic Survey,JDS)。由Hackman和Oldham于1974年编制，测量了整体满意度和特定方面的工作满意度。整体工作满意度包括三个维度，即整体满意度(5道题)、内部工作动机(6道题)、成长满意度(4道题)。合并成为工作满意度的单一测量维度。也可用于对工作稳定性、补偿、同事和上级等方面满意度的测量。

(4) 其他

其他测评问卷还包括整体工作满意度量表(Overal Job Satisfaction)、预期对比下的工作满意度量表(Job Satisfaction Relative to Expectations)、工作知觉量表(Job Perception Scale)等。

(二) 组织承诺

1. 定义

组织承诺概念最早是由Becker提出的，他把组织承诺看成是员工随着其对组织投入的增加而不得不继续留在该组织的一种心理现象。

目前人们对组织承诺的定义大概有三种趋势：组织承诺体现了一种对组织的情感倾向；对离开组织造成损失的认知；对组织应负的道德责任。

因此，其定义也有很多种，组织承诺是一种将个人认同与组织联系在一起的态度和倾向性；组织承诺是一种组织目标和其成员目标趋于一致的过程；组织承诺是一种对某个特定组织的投入；组织承诺是员工感知的与持续的组织参与行为的奖励；组织承诺是与离职相联系的损失，是为了满足组织目标而行事的常规压力。

Mowday等认为组织承诺是对组织的目标和价值观有着强烈的信任感和认同感，愿意为组织的利益付出大量的努力，对维持组织中的人员关系有着强烈的期望。

2. 构成

主要包括3个方面：情感承诺(affective commitment)、持续承诺(continuous commitment)、规范承诺(normative commitment)。

情感承诺是一个员工对组织的喜爱程度，包括对组织的认同和投入度。一个有较高情感承诺的员工会持续高效为组织工作，因为这是他个人的意愿。

持续承诺是指认识到离开组织带来的损失。员工把对自己而言最重要的东西与组织联系在一起，因此他们必须要和组织在一起，他们有着共同的利益。

规范承诺体现了基于义务职责而持续工作的认识。基于规范承诺的员工会认为他们应该和组织在一起。

3. 组织承诺形成的模型

组织承诺形成的三阶段模型:第一阶段为初步判断阶段,通过比较企业现状与员工期望确定最初的情感方向;第二阶段是比较结果的归因,即对第一阶段的比较结果进行分析和解释;第三阶段是根据第二阶段的归因确定是否维持现有关系。

4. 影响因素及其影响

(1) 组织因素,主要包括组织支持、管理制度、激励制度、公平性、管理层对新观点和新思想的接纳程度、集体工作精神等。

(2) 工作因素,包括工作的挑战性、职位的明确度、工作的有趣性、目标难度等。

(3) 员工个人因素,包括人格、性别、家庭收入、年龄、工龄、受教育程度以及工作经历等。

随着对组织承诺研究的逐步展开,研究者们还将有承诺的影响因素与组织承诺的具体成分结合起来。

组织承诺对员工工作行为有多方面的影响,主要体现在工作绩效、工作转换意向、出勤率、迟到率、工作投入等方面。

组织承诺的具体成分不同,对员工行为的影响也不同。如感情承诺与工作变换及工作变换意向相关性最为显著。组织承诺对员工的影响强度要视条件而定,如组织承诺对员工工作变换行为的影响受职业发展阶段和时间间隔的影响。根据年龄定义职业发展阶段,对年轻人,时间间隔越短,影响越大;对年老的人,时间间隔越长,影响越大。与此相类似的,奖励形式不同、条件不同,承诺与工作绩效之间的相关性也不同。例如,工资和工作绩效的关系越密切,继续承诺和绩效的相关性就越强;角色期望越明确、冲突越少,情感承诺和绩效就越相关。

5. 测量

在进行组织承诺测量时,主要有三个方面的问题:承诺的基础、承诺的表现和承诺的焦点,即员工向谁承诺。另外,一些问卷从组织承诺的结构出发,了解组织承诺的不同维度。

(1) 组织承诺问卷(Organizational Commitment Questionnaire,OCQ)。1979年由 Mowday 等人编制,通过15个题目描述总体组织承诺,是一个广为使用的问卷。

(2) 情感、规范与连续承诺(Affective, Normative and Continuous Commitment)。由 Meyer 和 Allen 于1997年编制。描述了三种类型的组织承诺。情感承诺(ACS)测量了员工对所在组织的情感依恋、认同和投入度。规范承诺(NCS)反映了基于组织社会化对员工带来的压力。连续承诺(CCS)是员工对离开组织带来损失的认知。

(三) 组织公民行为

1. 定义

Katz(1964)指出,组织的正常运行需要员工表现出三种类型的行为:① 员工愿意留在组织内为组织工作;② 员工应该完成自己岗位的工作任务;③ 员工能够做出超越规定的主动创新行为。前两种类型的员工行为是保障组织正常运转的基本条件,第三种行为对组织绩效有重要影响,是高效率运转的组织中常见的。

而最具有影响力的莫过于奥根(Organ)于1983年作出的定义,他把组织公民行为的概念定义为:组织成员自愿做出的行为,这些行为没有得到正式的报酬系统直接而明确的认可,但从整体上有助于提高组织的效能。可见,组织公民行为具有三个特征:① 它是一种角色外行为,即不是工作角色所要求的行为;② 它不在组织正式的赏罚标准之内;③ 它对组织的整体效能具有积极作用。

2. 维度

Organ(1988)较早提出了组织公民行为的五维结构:① 责任意识,由超越于出席、遵守制度、休息等方面最低要求限度的行为构成;② 运动员精神,为了工作而愿意忍受不便或做出个人利益的牺牲而毫无抱怨及消极怠工的行为;③ 文明礼貌,为了避免不利于同事关系的问题发生,而愿意主动采取行动的行为;④ 利他行为,愿意主动帮助组织中其他人的行为;⑤ 公民美德,一种积极参与和自觉关心组织各项活动的行为。

Podsakoff等人通过对以往文献的归纳和总结,将之分为七个维度:帮助行为、运动员精神、对组织忠诚、对组织服从、个体主动性、公民美德和自我发展。

香港科技大学的樊景立等(2004)根据中国传统文化中强调集体主义等特征研究提出台湾文化背景下,组织公民行为的六个扩展维度:自我学习(通过自学增长知识,提高技能);参与社会公益活动(员工参加公益活动或社区服务活动);保护和节约公司资源(包括节约公司资源,运用个人资源去帮助所在的公司,保护公司免受灾害);保持工作场所清洁而付出额外的努力;员工为了建立和维护工作场所中的人际和谐而采取的行动;员工服从社会普遍道德规范。

在研究本土文化后,有人指出中国人的组织公民行为有五大特点:重人际和谐;重劳动品质;强调保护公共资源;重视社会本位性;非绝对化的个人首创性。

3. 影响因素

(1) 个体特征。主要包括员工的态度、特质变量、个体的角色知觉等。员工满意度、组织承诺、公平感、知觉到的领导支持和组织公民行为的相关都达到显著水平。也有研究显示,员工对领导的信任、组织承诺对组织公民行为有显著的影响,其中员工对领导的信任与总体组织公民行为有密切关系。

在个性特点方面,大五人格测验的有关研究表明,宜人性及严谨性与组织公民行为具有正相关,而神经质与组织公民行为则呈现负相关。

对于个体的角色知觉,角色模糊、角色冲突和员工热情、文明礼貌和运动员精神显著负相关,但与责任感和公民道德不相关。

(2) 工作特征。研究表明,任务反馈和任务内部满足性与组织公民行为存在显著正相关,而任务程序化和常规化与之呈负相关。

(3) 组织特征。组织特征包括组织凝聚力、组织支持、组织结构和组织权力距离等内容。

组织凝聚力使得组织成员间彼此关心、彼此信任和相互合作,组织成员间关系和谐融洽,因而易出现利他主义、组织遵从等组织公民行为。

知觉到的组织支持会使组织成员产生对组织的认可和个人的成就意识,进而出现运动员精神、组织忠诚和责任意识等组织公民行为。

组织结构正规化、近的组织权力距离使得组织成员之间、上下级之间权责明确、关系融洽,这种组织环境有利于组织成员组织公民行为的形成与出现;而组织僵化、过分集权则会导致组织成员的不满和交易心理,会阻碍组织成员组织公民行为的出现。

此外,还有很多研究进一步为组织责任与组织公民行为之间的联系提供了实证支持,组织为员工提供的发展空间与组织公民行为正相关。

(4) 领导行为。领导行为对组织公民行为的影响最大,员工满意度、组织承诺、公平感和组织公民行为呈正相关关系。

领导行为主要包括两种类型,即核心变革型领导行为和交易型领导行为。

核心变革型领导行为是一种领导向组织成员灌输思想和道德价值观,并激励组织成员的过程。在这一过程中,领导除了引导组织成员完成各项工作外,常以其个人魅力,通过对下属的激励、启发、关怀来变革组织成员的工作态度、信念和价值观,使他们为了组织利益而超越个人利益,更加投入于工作中。这种领导方式可使组织成员产生更大的归属感,满足组织成员高层次的需求,获得高生产率和低离职率。变革型领导行为鼓励组织成员从全新和多种不同角度解决问题,同时促进组织成员的自我发展,而组织成员出于对领导的承诺,从发自内心的工作动机出发,根据自身的发展水平及目标实现和任务完成的潜在意义,会加倍努力工作,最终导致组织成员超越个人利益的局限,出现组织公民行为。

交易型领导行为的基本假设为:领导—组织成员间的关系是以二者一系列的交换和隐含的契约为基础。这种领导行为是以奖励或惩罚的方式领导组织成员的,组织成员完成工作任务便给予承诺的奖励,反之则给予预定的惩罚,整个领导过程就像一场交易。在交易型领导行为下,只要领导和组织成员发现交易是互利的,那么这种交易关系就将会维持下去,组织成员也将努力达到预期目标,进而促进交易双方达到预定或协商好的绩效水平。因此,在交易型领导行为中,奖励性的行为与组织公民行为呈正相关,而惩罚性的行为与组织公民行为呈负相关。

4. 作用

(1) 自觉维护整个组织的正常运行，减少矛盾和冲突。

(2) 促进同事和管理人员工作效率的提高，有效地协调团队成员和组织之间的关系。

(3) 创建良好的企业文化，增强组织吸引和留住优秀人才的能力。

(4) 完善公平机制。

5. 测量

对组织公民行为的测量必须要考虑到使某项活动看起来能满足工作的要求或扮演不同工作角色时可能会有的行为这些问题。角色内行为包括遵守规则和程序、按时完成工作等。角色外行为主要包括主动承担责任等支援行为。在测量中也主要考虑了角色内行为和角色外行为的评估。

一般而言，组织公民行为可以通过自我报告和他人（上司或同事）报告来完成，但二者相关度较低。

通常通过对他人的报告结果取平均值，从而获得对研究对象的行为评估。当然，在使用均值之前，我们需要通过组内相关的方法检验他人的反应模式。

(1) 组织公民行为问卷（Organizational Citizenship Behavior, 1995）。由 Moorman 和 Blakely 编制，通过 19 个题目从 4 个维度来描述组织公民行为：人际帮助（利他行为）、个体主动性（为改善个体或团队的绩效，主动挑战，并鼓励参与而作出的个人努力）、个人努力（对制度和程序规则的坚持，重视工作质量，和超越责任制的行为）、忠诚支持（对组织坚定不移的信念、对组织利益的包围、为组织的名誉和利益作出的贡献）。

(2) 中国组织公民行为量表（Chinese Organizational Citizenship Scale）。由 Farh 于 1997 年编制。通过 20 个题目从五个维度描述了中国社会背景下的组织公民行为：公司认同（员工为保护公司名誉、改善公司的运作情况而提出建议的意愿）、同事间的利他行为（员工帮助他人解决问题和分担工作任务的意愿）、个人主动性（员工希望在参与度、服从制度、工作努力度等方面的行为高于组织期望的意愿）、人际协调（员工避免追求个人权利和利益的意愿）、保护公司资源（避免和反对别人去做一些诸如滥用公司政策和资源以为己用的行为）。

(四) 个人健康

1. 基本概念

职业健康心理学同样关注员工的个人健康问题，当然，健康是医学中非常重要的概念。1947 年，世界卫生组织提出了三维的健康定义，即健康是一种心理、生理、社会适应（well-being）的完满状态，而不是没有疾病和虚弱。同时，指出心理健康的标志是：① 身体、智力、情绪十分协调；② 适应环境，人际关系中彼此能谦让；③ 有幸福感；④ 在职业工作中，能充分发挥自己的能力，过着有效率的生活。

而在1989年,世界卫生组织有关健康的最新定义是:"生理、心理、社会适应和道德品质的良好状态",这是对健康较为全面、科学和完整的定义,也就是说衡量一个人是否健康,必须从生理、心理行为和社会适应等因素去分析。

1991年,Hrylinsky和Hoadley认为健康应有7个维度,即:

(1) 生理维度(physical dimension),个体的器官组织结构和生理功能特征,如体重、视力、听力、体能、免疫力、康复能力等。

(2) 情绪维度(emotional dimension),主要指心理应激能力、灵活性、问题解决能力、意志力以及基本情绪特征。例如,职业场合中,各种应激事件可能导致焦虑情绪往往是应激时间后最常出现的情绪反应。尽管,工作应激条件下,适度的焦虑可以提高人的警觉水平,伴随焦虑产生的交感神经系统的激活可提高人对工作环境的适应和应对能力,是一种保护反应。但是如果焦虑过度或者不适当就会成为有害的心理反应。

(3) 思维维度(intellectual dimension),指个体处理信息,并根据自己的价值观和信念对信息判断的能力,对于形成生活、工作、经验和个体发展有重要作用。

(4) 社会维度(social dimension),个体在人际交往、社会适应、生活行为社会化和取得社会支持的能力。

(5) 精神维度(spiritualdimensions),指个体的信仰、信念、信心和信任,信仰是指宗教信仰、道德、伦理,是健康的支柱;健康信念是健康保持的支柱;信心是克服困难、促进健康的动力;而信任包括自信和对他人的信任,是保持健康心态的基础。

(6) 职业维度(occupational dimension),指个体对职业的满意度,与健康直接相关。

(7) 环境维度(environmental dimension),家庭、社区、学校、工作单位、城市、国家、国际、战争、地震、环境污染等对人体健康也会产生影响。

2. 健康行为

健康行为(health behavior)是指人们进行的保持和促进健康和避免疾病的行动,主要包括健康锻炼、合理饮食、定期查体、戒烟限酒。而人们的健康状况会进一步影响人们从事健康行为的类型和动机。

健康相关行为(health-related behavior)是指个体或群体的与健康和疾病有关的行为,主要包括促进健康的行为和危害健康的行为两类。危害健康的行为主要包括:日常危害健康行为、致病性行为模式、不良生活习惯和不良病感行为。

高水平应激可能会使员工的危害健康的行为增多,还可能增加员工发生意外事故、遭受意外伤害的可能性。

3. 心理健康

心理健康是指各类心理活动正常、关系协调、内容与现实一致和人格处在相对稳定的状态。

目前,一般认为心理健康有十条标准:
(1) 具有充分的适应力;
(2) 能充分地了解自己,并对自己的能力作出适度的评价;
(3) 生活的目标切合实际;
(4) 不脱离现实环境;
(5) 能保持人格的完整与和谐;
(6) 善于从经验中学习;
(7) 能保持良好的人际关系;
(8) 能适度地发泄情绪和控制情绪;
(9) 在不违背集体利益的前提下,能有限度地发挥个性;
(10) 在不违背社会规范的前提下,能恰当地满足个人的基本需求。

4. 心身疾病

工作应激从两个方面影响员工的身体健康。首先,应激影响与健康有关的行为,如饮酒、吸烟和睡眠;其次,应激使个体的生理系统产生变化,损坏人的免疫系统。

心身疾病指那些主要或完全地由心理社会因素引起,与情绪有关而主要呈现为身体的躯体疾病。即指心理社会因素在疾病发生、发展、治疗和预防过程中起重要作用的一类躯体器质性疾病。当然,工作应激最为极端和严重的后果是猝死、自杀和过劳死。

其范围主要包括:
(1) 心血管系统:原发性高血压、偏头痛、心绞痛、累诺氏病、心动过速。
(2) 胃肠系统:消化性溃疡、溃疡性结肠炎、神经性厌食症。
(3) 泌尿生殖系统:排尿障碍、阳痿、阴冷、月经失调或痛经。
(4) 内分泌系统:甲状腺机能障碍、糖尿病。
(5) 呼吸系统:支气管哮喘、过度唤起综合征、慢性呃逆。
(6) 皮肤:荨麻疹、斑秃、神经性皮炎。
(7) 肌肉和骨骼系统:周身疼痛症、类风湿性关节炎。

心身疾病的诊断除了采集病史和体格检查之外,还应在心身疾病有关理论指导下,结合病史通过晤谈和相关心理测验对病人的心理社会因素作出评估,按以下标准作出诊断:
(1) 有确切、具体的躯体病变存在。暂未发现病变者须有相对固定而局限的躯体症状。
(2) 发病前有明确的心理社会因素存在。
(3) 病情的缓解和加剧与情绪因素密切相关。
(4) 一定的个性特征成为对某些疾病的易感因素。

除了个人心因性疾病外,还有群体心因性疾病。群体心因性疾病也叫生产线癔病,是指同工作压力有关但没有生理根源的传染性集体心理失调,发病突然而且传播广泛,尤其在生产流水线上的工人中广泛存在,表现为头晕、恶心、肌肉无力、呼吸困难等生理症状。

群体心因性疾病与噪音、照明不足、气温剧变、难闻的气味等工作条件造成的生理压力有关,也与工作单调、人际关系摩擦和社会隔绝有关。

5. 测量

目前的评估采用心理测评问卷、访谈,以及医疗情况文献了解等方法。常用的测评问卷包括:总体心理健康的测评、情绪与情感测评、社会支持测评以及应对方式测评等。

二、组织健康

组织健康研究源于人们对工作压力对员工健康产生的影响的研究,进而扩展到具有更广泛意义的组织健康研究。它通过强调个人和组织构面的整合,拓展了以往在工作压力方面的研究。

(一) 概念

对组织健康概念的界定可以分为两大类:一类是把组织健康视为状态变量,另一类是把组织健康视为过程变量。

1. 状态变量的组织健康

他们选取标准的不同最能体现组织健康研究的阶段性特征,说组织健康是状态的,抓住了组织健康的结果表征。

Clark 认为,组织健康是指组织成员自觉按照组织中未明确规定却非常一致的行为方式工作,组织成员将这些视为正常的事情来做,因为这些行为方式允许组织的所有层级按照两个基本但不相同的要求即维持现状和促进发展来行动。这个概念强调了组织规范或员工与组织价值观匹配的重要性,也承认组织各层次(个人、群体和组织整体)追求其需要满足的合法性。但在新时代背景下,不考虑合法性和道德性的组织追求不能称为健康的组织。

Nadkarni 和 Lovey 提出了一个较为完整的概念,组织健康是指组织同时高度满足了 6 个主要标准的整体状态,这 6 个标准是:平衡组织主要目标、创造归属感、最小化熵、创造满意顾客、组织成长、与环境和谐。

Zwetsloot 和 Pot 认为组织健康与企业社会责任是紧密联系的,健康的组织不仅要有成功的财务,还要有健康的员工和健康的环境。

2. 过程变量的组织健康

Bennis 对 Maslow 曾针锋相对地指出没有任何单一时间切点的组织表现足以有效反映组织健康,组织健康是组织不断应对的过程。说组织健康是过程的,强调了组织健康的持续性和内在实现机制。

French 等(1982)认为组织健康,或缺乏健康,也许可以从其对确保人员与环境的正确匹配方面所给予的关注上得到反映。即组织健康是人员与环境的正确匹配。这种环境部分包括工作需求、工作支持与约束,以及有助于员工压力水平降低和心理健康水平提高的个人自尊。而组织中的个人健康表现为员工的主观满意和客观健康。这个概念突出了组织中人与环境匹配对组织健康的重要性,但又忽视组织自身能力对组织健康的重要性。

Lyden 和 Hlingele (2000)指出,组织健康不仅包括企业有效运营的能力,还包括成长和发展的能力,但这个概念没有考虑组织对环境的适应性。

Corbett(2004)也明确指出组织健康在于企业领导人理解存在于员工、顾客和股东间的动态关系和平衡。

Miles 和 Fairman 与时勘认为:组织健康是指一个组织能正常运作、注重内部发展能力的提升,并有效、充分地应付环境变化、开展合理变革。这个概念兼顾了组织能力和环境适应性,但在当代背景下,还应考虑组织个体健康及组织应承担的社会责任和遵循的社会道德。

3. 综合概念

两类概念各有侧重,都有可取性,当然组织健康是运行机制,同时也有结果表征,既是过程也是状态:促使组织健康的内在运行机制和过程,导致了组织健康的结果,这些结果通常要通过一些可测量的状态指标来反映。

另外,"组织健康"的概念必须放在特定的时代背景中,当做文化或社会模式的表现来看待,组织健康的内涵会随着时代的发展而发展,随着社会文化背景的不同而不同。

因此,综合各学者的研究,结合中国当前社会经济转型和构建和谐社会的时代背景,组织健康定义为:组织能正常有效地开展经营管理并具有持续成长和发展能力的状态,既注重内部发展能力的提升,又能有效适应外部环境变化,从而实现企业的经济效益和可持续发展、员工工作满意度高与客观健康以及良好的社会效益。这个概念同时兼顾企业、员工和社会三方收益。

(二) 特点

1. 适应环境。组织健康首先表现为对环境的适应。企业组织是动态变化系统中相互关联融合的一个有机体系。随着外部环境的改变,健康的组织应有能力持续自我健康的内在健康状态,因此必须具有能够有效管理并良好地适应环境变化的能力。

2. 自我调节。健康的组织能透过自我监控、测量或评估,持续通过政策或方案,促进员工幸福和组织健康。组织健康是一个组织的内部存在与一种形势或环境的内部存在两者之间的正常互动,用适应和灵活来保持组织与内外压力的平衡是组织生存与健康的关键。

3. 学习创新。健康的组织应具有不断学习创新的能力,以适应技术、市场等内外部环境的变化。

4. 持续成长。组织健康应具有长期持续成长性，不能为短期利益而牺牲组织的长远发展。长期健康的企业将在经济上受到投资者的尊敬，内部得到有识之士的信赖，外部又有顾客和社区的信任。因此，一个长期健康的企业必须决定同时对绩效标准（客户满意度、收益和成本、市场份额）以及员工满意度进行关注。

5. 组织、员工与社会多赢。应同时关注不同层次的利益，包括个体、团体与组织，以及外部环境。也即，健康的组织必须同时包含有活力、有士气、可持续发展的组织，还应有健康、热情而满意的成员。自觉维护生态环境、参与环境保护、协同创造和谐社会。Verschoor就把组织自觉承担环境责任和个人责任作为组织健康的一个重要标准。

（三）组织健康的维度

1. 借鉴个人健康维度

组织如同个人一样，也有健康状态好坏之分，组织健康具有个人健康类似的健康维度。Bennett，Cook和Pelletiier认为组织健康具有社会、生理、情感、精神以及心理等维度。而Barrett则进行了更细致的划分，把人体健康维度与组织健康进行了一一对应。他把组织健康分为机体健康（财务）、情感健康（生产力、品质、人际关系、组织忠诚）、心理健康（绩效有关的学习、内在成长的学习）和精神健康（价值远景实现、凝聚、社会参与、社会责任）。

2. 根据组织健康的表现

Lyden和Klingele从组织不健康的症状反推组织健康的表现，认为组织不健康的症状有利润不断减少，生产率不断下降，缺勤率不断增加，开放的沟通遇到障碍，各种决策均由组织高层作出，员工缺乏组织认同感，员工不在乎组织的声誉，存在不道德行为，缺少设定的目标，对员工缺乏指导，缺乏培训与发展计划，员工间缺乏信任等。这些症状背后隐含的问题是组织不健康。

因此，Lyden和Klingele在分析组织不健康症状和组织健康表现的基础上，把组织健康划分为11个维度：沟通、分享和参与、忠诚和承诺、士气、组织声誉、道德规范、绩效认知、目标一致、领导、培训与发展、资源利用。

（四）测量

目前有关组织健康的概念和理论正在研究中，尽管通过定性研究已经取得了很多进展，但是由于组织健康量表的开发和测量还处于起步阶段，目前仍旧缺乏成熟的量表。

第二部分

问题篇

第3章 工作应激源

在现代社会中,由于竞争激烈、科技发展迅速、社会体制不断变化,每一个工作着的人都感觉到不同程度的压力,同工作有关的压力是我们这个社会最为重要的问题之一。

对工作压力的研究表明压力对工作者的健康造成很大损害,大约50%~80%的疾病都是心理躯体疾病或同压力有关的疾病。在美国,每年同工作压力有关的心理问题的花费就高达数亿美元。1/3的美国人曾经由于工作压力的原因而认真考虑过辞职等。研究报告表明,自我压力报告大的工作同医疗索赔和费用呈正相关。除了对身体的伤害,在企业中,过度的工作压力会造成工作满意度下降、烦躁、焦虑、忧虑,动机减弱,以及工作效率降低,合作性差,缺勤,频繁跳槽,错误和意外事件增加等等各种反应。由于工作压力对个人和企业而言有不容忽视的影响,因此越来越引起企业管理者的重视。在某企业第一营销事业部,由于工作场所主要在海外,有其特殊性,压力状况更为严重,其影响方式是隐蔽和微妙的。

压力是我们对环境中过度的,通常是不愉快的、难以处理的形势做出反应时的内心感受和体验。一般情况下,我们能够处理各种压力,控制情绪,消除紧张和焦虑。但是,对于另一些人或者在另一种情况下,压力就可能使人出现各种各样的问题。

在充满市场竞争的现代社会,如何通过有效的压力管理帮助员工很好地应对压力,正在成为管理者需要重视的问题。企业的压力管理主要从工作压力来源,员工压力反应,以及员工的自身特点这三个方面入手,通过调整与减少压力来源并帮助员工改变自身,来促使员工更好地应对压力,降低压力反应。据此,我们首先需要了解员工目前的工作压力究竟有多大,目前的疲劳程度有多高,主要的压力来源有哪些等等。

根据目前有关工作压力的有关理论,工作压力对人发生作用的模式可能在于:压力源——认知评价——表现——病理生理改变——心身疾病。在本章中,我们将以一个企业为例来说明工作应激源的情况,主要包括:工作应激来源和工作应激研究。

第一节　工作应激来源

一、定义

应激(sress)是一种反应模式,当应激事件打破了个体的平衡和负荷能力,或者超过了个人对自己的预期及能力,就会产生压力反应,这些应激事件统称为应激源。工作应激源(work stressor)又称工作紧张源,是指工作场合中对个体的适应能力进行挑战,促进个体产生压力反应的因素。

二、工作应激源的分类

(一)根据事件对个体的影响,将工作应激源分为:

1. 正性生活事件(positive events),指对个体的身心健康具有积极作用的事件,也有人把这称为好应激源(eustressor),而这也是近来积极心理学研究所关注的。

2. 负性生活事件(negative events),指对个体产生消极作用的不愉快事件。

(二)根据事件的主客观性,可将工作应激源分为:

1. 客观事件(objective events),即不以人们的主观意志为转移,他人也能明显体验到的事件,包括金融危机,或者危机处理人员所经历的危机事件等。这些事件能引起强烈的急性精神创伤或是延缓应激反应,即创伤后应激障碍(Post Traumatic Stress Disorder,PTSD)。

2. 主观事件(subjective events),以个体主观因素为主的事件,主要在于个体的认知上,不同的人可能感受不同。但这种划分是相对的,很多事件既具有客观性又具有主观性。

(三)根据应激事件发生的急慢,可以分为急性应激事件(acute events)和慢性应激事件(chronic events)。

(四)根据个体对应激源的感受,可以分为挑战性应激和障碍性应激。障碍性应激引起挫折感,挑战性应激则具有激励作用。

三、工作应激源的内容

工作应激源包括了环境因素、组织因素和个人因素三部分。是否出现压力表现及表现程度同很多因素有关,主要包括:认知评价和人格特征、社会支持、应付方式、行为方式等。其表现主要有三方面,包括行为、情绪和生理改变。如果应激源持续存在,则可能进一步通过神经内分泌系统、免疫系统等表现为病理生理改变,从而可能最终导致心身疾病的发生。

(一) 环境因素

1. 社会环境

从大的社会环境而言,快速发展的中国经济等使每个人在感受到经济发展的同时也感受到了生存和发展的巨大压力。

2. 行业环境

从行业环境而言,行业内的竞争,由于涉及生存问题和经济保障,每个人或多或少都受到影响。

3. 新技术和知识发展的要求

另外,技术和知识的不断更新,新技术革新使一个员工的技术和经验在很短的时间内过时,需要每个人必须不停学习,每个人都感受到了紧迫性。而不时的进修和技能培训,以及新技术的不断产生都会给员工带来压力,尤其是那些技术密集型企业。

新技术的引进还会带来很多的改变,例如管理和监控方面的问题。另外,新技术的引进意味着工作越来越高效率地完成,对员工的要求也会越来越大,压力也就会越来越大。

4. 工作的物理环境

工作的物理环境主要是指工作场所温度、烟雾、湿度、噪音、危险性、不舒服性,是不是有较多的体力要求,上班距离是否很远等。我们所处的环境,都可能会影响到我们的心情和精神状态。

不同的工作,其工作条件差别很大。因此工作条件包括的范围十分广泛,但引起员工应激反应的通常是指基本的工作条件。昏暗、刺眼、闪烁的光线,极端温度和天气状况,噪音环境,不协调的颜色配置,空气、化学、光线的污染等都是常见的工作条件应激刺激。

除此之外,密闭的工作环境、常年不能见到阳光,目前广泛存在的空调环境以及长期面对电脑等的电离辐射等都成为新的工作应激条件。工效学家指出,常年面对电脑工作,还可能导致肩颈及腰背部疼痛等问题,并有可能导致视力以及头痛、头晕等问题。除此,现代办公环境中的打印机、扫描仪、传真机等也有可能导致空气污染。复印机、传真机感光过度会产生含有甲醇、异丁烯酸盐的气味,导致皮疹、头疼和呼吸困难,油墨和墨粉的挥发能减少空气中的臭氧含量。

另外,还有一些工作本身就会比较危险,某些工作导致事故的可能性就比较大。例如,电力工作、煤矿、毒气和化学辐射等,都有可能导致严重的人员伤亡和财产损失。在这些部门工作本身就工作应激水平就较高。

有些工作本身是直接面对社会的,如出租车司机、家政服务员、娱乐场所、酒店和超市职员等,他们可能是抢劫、斗殴、身体和口头攻击等社会暴力的受害者。这也是客观存在的工作应激源。

另外一些高风险的职业包括警察、消防员、战士以及急救员等,他们对工作缺乏控制力,几乎不能对工作中发生的变化过程有所影响,而经常处于急性应激之中。

(二) 组织因素

主要包括:工作任务要求;角色要求;人际关系要求;组织结构界定和组织领导作风和组织变革。

1. 工作任务要求

主要指一些与个人从事的工作有关的因素。

(1) 工作类型或者状况:不同类型的工作,其基本要求可能不同,例如,某些工作可能会要求频繁出差,使其不能够很好地照顾家人。由于职业类型的不同,某些工种的工作比其他工作有更高的压力水平。

涉及对人的生命、财产、重大任务负责的工作更具应激性。空中管制人员必须在工作过程中保持高度的注意力,否则就可能出现航空事故;医务人员必须经常处于应激状态中,处理各种紧急状况,没有正常的生活和工作;警察、消防人员、武警等人员的工作可能经常处于危险之中等。

还有一些工作需要进行倒班或轮换,这些工作需要员工不停地调整生物节律,就有可能导致工作效率和心理、生理的问题,甚至可能导致家庭关系问题。工作轮换目前已经成为了一个常见的应激源。例如:护士、变电所的工作人员等。这很容易让人产生抑郁、焦虑和迷茫的负面情绪。

(2) 勤务及行政人员的工作效率:指勤务人员是否够用,勤务及行政人员的工作效率,勤务及人事部门之间的协调等。

在工作场合,勤务及行政人员的低效率已经成为很多职场人士除了工作本身应激以外,更可能带来厌倦和烦躁感的一大原因。

(3) 工作的自主性和多样性:是指工作上独立、自由、能自行安排工作进度及决定工作方法的程度如何。如果一项工作,员工缺少自主性,并且工作单调的话,员工的主动性不能发挥出来,员工总是处于被动状态中,感觉到自己就是一个巨大机器上的一个零件,很容易缺乏意义感,长期下来就有可能导致慢性应激,从而产生各种压力问题。这个应激源对于那些对这个问题要求较高的技术员工或者高成就需要的个体而言,是非常重要的。

(4) 工作负担:工作超负荷是指在可用时间内工作量过大或工作过于困难,主要包括工作节奏、工作中有没有休息时间、应付危机事件的频度如何等。

当对于员工的体力、脑力、精神等需要超过其能力时,我们就认为负担过重,叫做超负荷工作了。工作节奏过快,工作过程中没有休息时间,需要不停加班,或者工作本身就是在应对各种危机事件等,都会给员工带来巨大的心理负担。

另外,一个工作负担如果过低会导致工作负荷不足也能产生应激。工作太少、太简单或不足以挑战员工的能力同样导致压力。如果员工认为自己能够完成更多的工作,但是经常做简单劳动也会产生应激。这在一些工作在按部就班岗位上的高学历员工身上有所表现。负荷不足的典型表现是工作简化和单调,在现代化的流水线作业中,由于生产的细化分工和产品的统一标准,员工们只完成产品的一部分,他们离制成品越来越远,工作的意义和价值变得越来越小,工作变得单调、令人厌倦和容易疲劳。

（5）工作意义、价值感和兴趣：指工作的复杂性,是否丰富多彩,自己是否感兴趣等,工作能否实现自己的价值。

心理学研究表明,简单、断裂、重复的工作会影响员工的心理和生理健康,在固定工作时间表下从事简单重复工作的人更加焦虑、抑郁、易怒,生病缺勤率更高,简单重复的工作甚至能导致员工认知功能的衰退。当然,这些是否对一个人产生影响和这个人也有密切的关系。

长时间从事自己不感兴趣的工作,可能会使人产生"保护性"的情感隔离,对于工作的兴趣就会更为减少,从而不会投入减少。

一些员工的压力不是来源于工作任务,而是感觉自己的价值在工作中没有体现出来。

（6）职业发展：与职业发展和规划相关的主要紧张性刺激包括工作培训机会、提升、调转与发展的机会。

每个人都带着期望到工作中,工作本身也给人们提供了价值、生活需要、人际交往等,而每个人都是有成长动机的,希望在组织中不断成长。对于那些对工作有较高期待的员工而言,如果期望没有得到满足,在工作中没有获得自己认为的赏识或者提升,或者没有公平的绩效评估,人生中又缺乏其他的机会时,就会产生压力。

还有,某些行业竞争激烈,可能随时会出现失业或者退休下岗等情况,员工自己没有办法有长久的职业发展规划,这时也会增加焦虑、恐惧等不良情绪。

2. 角色要求

指个人在组织中扮演的特定角色给他(或她)带来的压力。角色冲突会带来一些难以协调且又难以实现的个人预期；员工被要求去做很多事,又得不到足够的时间时,就会产生角色过度负荷感；角色预期不清楚,员工不知道他该做什么时,当工作责任未结构化或未界定清晰时会出现角色模糊感。

而角色模糊是一种高的工作压力因素,会影响他们在公司及上司面前的声誉,也会影响他们对自己工作的价值感,从而导致工作中的焦虑。角色模糊有三种类型：绩效标准模糊、工作方法和流程模糊、工作安排模糊。对于那些新入职的员工,和一些对组织有较高期待的员工而言,角色模糊的影响更大。职责不清楚的工作也会让很多员工产生压力感。

另一个最近研究较多的是工作责任。在组织中,主要有两种责任：对人的责任和对事的责任。一般而言,对人的责任将会有更大的压力。因为对人的责任将意味着需要花费更多的时间进行沟通,并且可能会有更多的不可确定性和不可控制性。

3. 人际关系要求

群体对组织中的人的行为有着巨大的影响,与同事、下属和上司的良好工作关系与相互影响是组织生活的重要方面。如果缺乏来自这些方面的支持,就成为压力的来源。在海外工作环境或者某些小群体工作环境中,相对生活圈子小,某种意义上讲有一定社会隔绝的因素,如果缺乏来自同事的社会支持,会成为一个很大的压力来源,并且对于女性的影响大于男性,更糟糕的是可能还会出现群体心因性疾病。

4. 组织结构界定

组织结构界定指的是组织层次分化的水平,组织规章制度的效力,决策在哪里进行等等。如果组织规章制度过多,员工缺乏参与决策的机会,员工在工作中就会因此而受到影响,最主要影响到了员工的工作价值感和工作意义感,从而最终可能影响工作热情。组织结构问题也会影响到一部分员工的组织归属感和组织忠诚度,从而导致了工作投入的减少。

5. 组织领导作风

组织领导作风指组织高层管理人员的管理风格。专制权威式的管理风格或是民主的管理风格,会使员工感受不同的压力。当人们感到自己不被理解、不受重视、没有得到足够的支持时,很容易产生压力。民主的管理风格可以让员工增加自己的责任意识,提高自己对组织的忠诚度。

6. 组织变革

组织变革已经成为当代有效组织及组织发展的中心问题。对于组织内的人而言,组织变革就会有巨大的压力。这主要源于组织变革带来的不确定性、既有习惯和态度的改变、组织结构和岗位的变化、经济收入的改变等等。这些都可能成为员工的压力来源,从而产生焦虑、担心、不适应,甚至拒绝变革等。

(三) 个人因素

面对众多工作及环境方面的因素,是否对个体真正成为压力来源,很大程度上取决于个人。而与之关系最为密切的主要有人格特点、个人认知及个人的工作经验和能力。

1. 人格特点

(1) 人格

几乎所有的有关压力的理论中都会强调人格的作用,当然易焦虑的人会在工作压力状况下更容易感受到压力,并可能进一步导致心理和身体上的疾病。工作应激源并不对每位员工产生相同的影响,工作压力的形成还与员工个体的人格因素有关。人格因素从两个方面影响工作应激,一方面它影响员工在多大程度上、以什么样的方式知觉到应激情境和应激物;另一方面它决定个体对应激刺激作出怎样的反应。某些人格因素本身就是一种内部应激源。

压力在现代生活中无处不在,我们每个人都会从工作中感受到这样那样的压力。但是,即使在同样的情况下,不同的人对压力的感受也是完全不同的。那么什么样的人才容易被压力击中,感受到自己是工作压力的牺牲品呢?工作本身并不见得是造成压力的原因,而我们的个性特点可能与压力有密切的关系。下面是个有关个性特点同压力之间关系的测试。

这个问卷用来帮助你确定自己的个性是否是造成工作压力的主要原因。仔细阅读以下30条陈述,根据你在各种情况中通常的感受或反应来给自己打分。

1 从不　　2 极少　　3 有时候　　4 经常　　5 总是

1. 认识新的人对我来说很令人紧张。
2. 我的爱人和朋友都认为我要求太高、工作太卖命了。
3. 我的生活际遇是由命运和环境所决定的。
4. 如果能够选择的话,我宁愿自己单独工作。
5. 如果对于工作任务的指示不明确,我就会感到焦虑不安。
6. 对我工作的负面评价会使我好几天都闷闷不乐。
7. 我是部门里完成工作量最多而且最先完成额定任务的人,对此我感到自豪。
8. 生意上的决策特别让我感到有压力。
9. 我没有什么办法来影响那些掌权的人。
10. 当我不得不和其他人打交道时,我的工作就不是那么有成效。
11. 我更愿意听从他人的意见而不是依靠我自己。
12. 我宁愿有一份稳定可靠的收入,也不愿意做一份令人振奋却需要承担责任的工作。
13. 我在工作中常常会遇到截止期限和时间上的压力。
14. 既然根本不可能在一个大型组织中尝试什么变革,我通常就对事情听之任之。
15. 一般来说,有问题时我会回避而不是跟他人对质。
16. 如果有一种工作方法奏效,我通常不会再做改变。
17. 我需要得到他人的称赞才能感到自己干得不错。
18. 因为我不想失败,所以我避免冒险。
19. 我很少对自己感到满意。
20. 如果有什么打乱了我的日常安排,我会感到特别心烦意乱。
21. 我不喜欢让人知道我的私事。
22. 在新环境中,我往往会过分地小心和紧张。
23. 我有一个倾向,就是能花越来越少的时间做越来越多的工作。
24. 由于职业的缘故,我没有机会做我真正想做的事。

25. 如果有人批评我,我就会开始怀疑自己。
26. 我以有条理、整洁和准时而自豪。
27. 我不喜欢去聚会或其他人多的地方。
28. 成功跟运气有很大关系。
29. 在和客户打高尔夫球或共进晚餐时,我做成了不少生意。
30. 如果有人反驳我,我会感到特别不愉快。

结果解释:

134~150:倾向于在工作中对你造成极大的压力,你的个性使你给自己制造了很多压力,而这可能会影响你在压力下正常工作的能力。

114~135:在这方面需要改进。通常你无法长时间应对很大的压力。

74~115:你有一个很好的平衡。不过,你还必须有意识地做出努力,在遇到压力的时候让自己保持积极的态度。

44~75:你的个性不太会加重你对于压力的反应。你可能会觉得自己能处理和控制大多数情况。

30~45:你的性格能够缓解生活中的大部分压力,你拥有担任领导者的素质,因为你能在压力下出色的工作。

除了知道自己的性格是否容易被压力击倒,另外一个重要的就是知道不同性格特征面对压力时的表现会怎样。

如果按自尊心的高低、行为的古板还是灵活、性格内向还是外向、价值观念是内在导向还是外在导向、容易紧张还是缓解紧张、回避冒险还是喜欢冒险这六个维度来看的话,不同性格类型的人在面对压力的时候,他们的表现和感受完全不同。这也是为什么当人们面对压力的时候,会有这么大的区别。

① 自尊心

自尊心水平较低的人在遇到压力的时候往往不知所措,工作成绩会一落千丈,这种人很少能在高度紧张的商业环境中成功。如果在高压力状况下还容易患上严重的抑郁症,他们往往需要别人来证实自己的价值。

而自尊心水平较高的人往往能够很好地处理失败,而且在压力下也有很好的表现,他们往往是因为自己内在素质而有自信,而且常常能对自己实现梦想、赢得成功的能力感到乐观。他们的口头语往往是:"行,我能做好。"

② 行为灵活度

性格古板的人对于安全的需要相对要高,他们害怕冒险,个性特点是抵制变化,会试图采取传统认可却并不恰当的措施,而不愿冒险使用尚未得到完全证明的新方法。任何和常规不同的事情都会令他们感到紧张。一些行为古板的管理者,因为希望控制和了解一切细节,他们的下属会觉得紧张和担心。古板的人可以做管理者,但因为缺少与人沟通的灵活性,很少能做到高管。他们经常性的口头语是:"一定要这样做,否则的话不知道会怎样。"

相反,性格灵活的人很少感到工作压力,他们有成熟健全的自我,通常能够适应不断变化的外界环境,能够忍受高度的压力。他们往往既能很好地单独工作,也能很好地与他人相处。

③ 性格内向还是外向

我们一般认为内向的人不那么好交际,而且不太能处理好与他人之间的紧张状况。通常,他们单独工作非常好,但在团队环境中可能受到制约,对于担负管理职责以外的与人打交道的事务会觉得有压力。

外向的人擅长需要团队合作和人际交往的工作,需要与他人接触才能做好自己的工作,他们需要有人在身边来保持一个健康的自我。需要单独完成的工作对于他来说,可能是一个压力。

④ 价值观念内在导向还是外在导向

内在导向的人会把他们成败的缘由都归结为自己的行动、态度或内在的才智谋略。他们比外在导向的人更容易适应环境,但会常感觉到压力很大。在极端情况下,会过分关注枝节问题,对于自己为什么没能取得期望的成果耿耿于怀,想弄明白是怎么回事。

外在导向的人在遇到问题时爱指责他人、环境或者组织,他们的自我意识是与他们的工作或组织联系在一起的,而且他们常常感到自己无能为力。因此,在遇到任何挫折时,他们第一反应会找一个可以怪罪的人。他们虽然也能够成功,但是对于批评很敏感,由于他们往往是在寻找借口而不是在解决方案上花时间,从而限制了自己成功的可能性。

⑤ 容易紧张还是缓解紧张

容易紧张的人往往是压力的受害者,并且是工作压力的传染源。他们要求苛刻,一心只想工作,注重绩效,追求目标,常常工作过度而很少享受自己的劳动成果,因为他们总在不断追求更宏伟的且不切实际的目标,我们也常常把这种人叫做 A 型性格。他们会有下面的一些特点:

一、想要或同时做两件事。

二、计划以越少的时间从事越多的活动。

三、对周遭环境或美的事物无法注意或感兴趣。

四、催促别人谈话。

五、当被迫排队或开车跟在一辆自认为其开得太慢的车子后时,感到极度愤怒。

六、深信只有自己动手才可能把事情做得完美。

七、说话时同时做手势。

八、经常抖动膝盖或急促地拍动手指。

九、说话冲动或经常使用狠亵字眼。

十、吹毛求疵地要求准时。

十一、很难无所事事地闲坐着。
十二、无论做任何事一定要赢,即使与小孩玩也是如此。
十三、用数字来衡量自己或他人的成就。
十四、嘴唇出声、点头、握拳头、敲打桌面或说话时用力吸气等。
十五、看别人做得比自己好时变得没有耐性。
十六、迅速眨眼睛或眉毛上扬。

缓解紧张的人可能也会对工作有很高的要求,然而他们对于自己的能力有很好的认识,也更为自信,因此会更有耐心,而不在乎别人会怎么看待他们的工作。他们很少拼命地工作,也不会为了提升自己的形象或声望就去承担额外工作。在压力下,他们往往能够很好适应,并能作出成绩,且能享受自己的劳动成果。

⑥ 回避冒险还是喜欢冒险

喜欢安全的人往往倾向于过度谨慎而害怕做决定,这种人的行为受到不自信、不安全和依赖感的驱使,而这阻碍了他们产生任何革新的思想。他们躲避新观念、新工作、调职乃至晋升。他们需要安全感,但很少感受到安全。一个从来没有失败过的人可能是那些在任何选择上都规避风险的人,就有可能永远不会成功。

富于冒险的人往往会发起行动,他们为大多数商业和专业提供了动力,他们长于逻辑思维,会参考可以收集到的事实材料,权衡各种方法的利弊,最后采取恰当的行动。勇于冒险的人对自己的决策很有信心,也往往能够非常成功。

参考刚才的测试,我们可以看一下自己容易感受压力主要是性格上的哪些特点导致的。参照下表,按照个性特征分组,把各组的得分加起来,哪一组的得分越重,就证明这种性格特征导致自己容易产生压力,就可以有意识地对自己的行为进行一定的调整。

分　　组	相关陈述
自尊心水平低/高	6,11,17,19,25
古板/灵活	5,16,20,26,30
内向/外向	4,10,15,21,27
外在导向/内在导向	3,9,14,24,28
容易紧张/缓解紧张	2,7,13,23,29
回避冒险/冒险	1,8,12,18,22

(2) 效能感

心理学家测量到的效能感有两种类型:自我效能感和集体效能感。自我效能感是一个人对自身是否有能力完成任务的信念;而集体效能感是个体认为所在群体能完成任务的信心水平,集体效能感和自我效能感并不总是一致的。

研究显示,在工作应激中,两种效能感都同压力忍耐有关,低自我效能感的个体和低集体效能感的个体容易受到压力的困扰,在面对工作压力时反应更消极,抵抗力更弱。而高效能感的人更能抵抗压力,受压力影响较小。

(3) 控制感

控制感是个体关于何种力量决定自己的行动及后果的看法和信念。内控型的员工有较高的控制感,认为工作绩效、报酬和晋升都在自己的控制之下,取决于自身的能力和努力。因此在面对压力时,能够主动选择和采取有效的行动。

而外控型的员工则有较高的被控制感,认为一切取决于他人、运气和机会等外部力量,对工作压力显得无所适从,反应被动而迟缓。

(4) 消极情感

具有这种人格特质的个体倾向于体验诸如焦虑、抑郁、愤怒、蔑视等消极情绪或对自我具有负面看法,在工作中不能或者很少体验到快乐、兴奋及热情,对各个方面都感到苦恼和不满。具有消极情感人格的个体过分关注自己所经历的工作中的消极方面,并且沉湎于失败、软弱和缺点之中,容易体验到高的工作压力和内心冲突。

2. 个人认知

个人认知是指个人对压力或者应激的认识,以及对自己解决这些问题能力的认识,许多同压力有关的问题是非理性思维的结果。也就是思维、情绪和压力之间存在着某些关系,我们的沮丧、焦虑、恼火等负面情绪可能来自于压力,而压力可能同我们的某些不合理想法有着密不可分的关系,我们每个人在成长过程中又都或多或少地存在着某些不合理信念。

同工作场所有关的不合理认知包括:

(1) 我/其他人必须在任何时候都表现良好,否则会非常糟糕;
(2) 我/其他人必须在最后期限前完成任务;
(3) 我/其他人必须是完美的;
(4) 组织机构必须在任何时候都公平地对待我;
(5) 我必须得到我想得到的,否则我就无法忍受;
(6) 他人必须赞赏我的工作,否则我是没有价值的。

3. 工作经验和能力

是否具有完成工作所需的技能和才干。具备完成工作所需的技能和才干,并受过良好训练的人相较那些没有足够经验和技能的人而言抗压能力更强。

(四) 其他方面

其他方面,包括家庭婚姻情况、经济状况、健康状况等。

其中一个重要因素就是工作—家庭平衡问题,工作—家庭冲突在许多国家得到证实,与工作类型和工作条件无关。家务劳动、怀孕、孩子生病和上学、照顾老人等是导致工作—家庭冲突的主要因素。研究发现，工作—家庭冲突和工作绩效、工作满意度成负相关，和抑郁、身体不适、酗酒等症状和行为成正相关。男性和女性都会遇到家庭需要和工作要求之间的冲突，因为在传统上女性对家庭生活担负着更大的责任，通常女性遇到的困难和心理压力更大。

四、特殊工作群体的应激源

（一）性别歧视和性骚扰

在诸多的职场歧视中，性别歧视最为严重，性别歧视是指对女性的轻视态度和刻板印象，它针对所有女性。女性不仅工作机会少，薪资也很难与男性相比，管理岗位上的女性比例更是显著低于男性。在我国，女大学生就业难一直是引起社会关注的问题。

性骚扰是指对特定女性不正当的有性意味的注意、接触和强制，表现范围从挑逗的言辞、猥亵的笑话、恐吓失业到身体攻击等。调查显示，30%的女性员工在工作期间遇到过上司或同事的性骚扰。当然，有时，性骚扰也表现为女性对男性的骚扰。

工作场合的性骚扰已成为各种文化下的一个社会问题。由于社会偏见、取证困难、相关法律制度不健全，大多数性骚扰实施者没有受到相应的制裁，受害者则被迫采取沉默的态度。性骚扰给被侵害者造成巨大压力和身心伤害，如身体不适、焦虑、恐惧等，甚至被迫离职。

（二）农民工及非居住地居民的身份歧视

农民工问题可能是具有中国特色的工作应激源问题，另外一个就是非居住地居民的工作和身份问题。

由于我国的城乡二元结构，加之我国的户籍管理制度等，受传统观念的影响，工种歧视和身份歧视非常普遍，城市身份的劳动者对农村身份劳动者的歧视，正式职工对非正式职工的歧视，以及居住地居民对非居住地居民的身份歧视等。

（三）生理歧视

相貌、身高、年龄及身体缺陷等生理特征也常常成为职场歧视的原因。身体缺陷者、传染病患者或者携带者，例如，乙肝病毒携带者等人群的工作权利和工作状态正在受到社会的关注。

第二节　工作应激源的研究

一、案例研究

（一）研究方法

主要采用一对一深度访谈的方法，针对某个组织了解其具体的工作应激源情况。

某个企业在引入员工帮助计划过程中,就工作应激源问题进行了有关研究。主要研究方法采用了一对一深度访谈,然后进行编码。

(二) 结果

1. 各类人员的十大应激源

被访者依据职位类型可分为三类,分别是干部、职员和职工。这三类样本提到的压力源的情况有所不同,根据该条目的频数与所有压力源条目数相比所得百分数从大到小排列(见表 3-1)。

表 3-1 十大压力源列表

干 部(%)		职 员(%)		职 工(%)	
心理健康	33.10	薪酬	28.57	薪酬	25.36
身体健康	31.57	工作量	21.43	工作量	12.48
工作量	29.33	工作流程	21.43	工作能力	10.93
目标迷茫	18.06	领导风格	17.14	人际沟通	7.03
工作流程	16.53	制度约束	14.27	目标迷茫	6.25
领导风格	16.53	岗位制约	14.27	岗位制约	5.85
员工管理	14.29	工作家庭平衡	12.85	心理健康	5.61
薪酬	12.80	部门沟通	12.85	资源配置	5.47
部门沟通	12.02	目标迷茫	12.85	杂事多	5.07
人际沟通	12.02	心理健康	10.01	人才配置	5.07

说明:访谈和问卷调查的被试中,干部 185 人,编码后形成的压力源条目共 576 项;职员 124 人,编码后形成的压力源条目有 294 项;职工 531 人,编码后形成的压力源条目共 601 项。中层干部中有 33.10%的人提到心理健康问题,31.57%的人提到身体健康问题,其他压力源比例数同此。

(1) 干部

干部的十大压力源中,压力最大的是心理健康,即在访谈和问卷调查中明确提出的"有心理压力"的条目。其他压力源则是在回答"什么事情让你觉得有压力"时提到的条目。工作量主要集中于任务重、加班多产生的压力。目标迷茫指职业生涯规划不明确,不知道自己将来或下一步该怎么走,从而产生迷茫感。工作流程指企业运作过程中由于行业或岗位特性必然产生的问题,员工由于不能很好应对而产生的压力感。领导风格指不能或难以适应高层领导者的领导风格从而产生的压力感,而员工管理指不能或难以应对不同类型的下属时产生的压力感。薪酬主要集中于起薪低、涨速慢、涨幅小产生的不满情绪。部门沟通和人际沟通是指在工作过程中,主要由于个人沟通技巧的缺乏产生的压力感。

表 3-2 干部的典型描述

维　度	典　型　描　述
身体健康	颈椎腰椎增生； 脂肪肝、高血压、高血脂； 没时间锻炼身体； 身体状况明显不如以前； 睡眠非常差
工作家庭平衡	两地分居,不能照顾家庭； 家庭关系的处理； 陪伴家人时间太少很愧疚
工作量	发展太快,难以适应； 工作内容太多,压力大,加班多； 生产工作量大,目标不切合实际； 人力资源严重不足,经常加班； 占用个人时间过多,加班太多
人才配置	人员管理比较头痛,扩充快,拼命招新员工,新员工对工作不熟,另外员工流失率大,一年40%,有些时候培训也会跟不上； 一直缺人,招的人不满意,工作开展不了； 员工的行业信息不足,意识不够,比较封闭； 员工技能不够,需要提升； 计划、招聘等太僵化,又有些滞后
心理健康	事情多而杂,个人精力有限,不可能每件事都做好,担心有些事情会做不好； 情绪控制能力下降； 压力无处宣泄,开车容易走神,经常猛刹车,最近还有过撞车； 情绪和身体都有些不够好,有时脾气暴躁,冲动； 社交圈子很小,人和人之间的信任感下降,依赖降低
工作流程	计划难以实现,流于形式； 生产进度不能确定； 生产计划有时不够规范； 管理无计划； 公司发展太快,无整体发展规划,只是下级作计划
薪酬	加班较多又无加班费,无法向下级解释； 公司业绩发展与工资提高不成比例； 新员工的待遇低,外界的诱惑;如何说服员工热爱本职工作； 付出一回报不是非常匹配； 报酬不高

续表 3-2

维　　度	典　型　描　述
领导风格	领导情绪不稳定或者沟通不直接影响下级； 来自领导直接的关照比较少，需要领导更多的认可； 同级、上下级观念冲突； 高层没有太强的制度，有太多的特例； 高层管理者在决策上应更加科学
部门沟通	部门之间沟通不够，下面没有参与机会； 跨部门协调困难，体系内各部门都会把自己部门的工作做好，但是部门间沟通差； 部门之间有壁垒，高层对此的关注较少，没从总体效果出发
人际沟通	相互之间的沟通问题； 下级抱怨较多； 人员沟通存在压力，资历老的员工抵制任务，打小报告，没业绩但要成绩； 和员工的代沟会随中层管理年限增加而增加，以前共同讨论工作的战友现在疏远

(2) 职员

职员的十大压力源中，与干部不同的有三个压力源，制度约束主要指职业生涯发展中由于公司的体制或制度的约束，从而使个人发展受到一定影响而产生的压力感，如某些员工不愿意轮岗但必须轮岗，而另外一些员工希望通过工作丰富化积累更多工作经验但却没有机会轮岗。岗位约束是指工作岗位本身所需技术技能不能满足员工进一步发展的需求，从而产生的职业生涯发展方面的压力感。工作家庭平衡主要体现在能否处理好工作和家庭环境中产生的情绪，不会把工作中的不快带回到家庭中，或者将家庭中的不良情绪带到工作岗位上，也包括能否处理好夫妻关系，合理安排工作和生活时间等。

表 3-3　职员的典型描述

维　　度	典　型　描　述
薪酬	整合后，职工工资有下降，造成人员不稳； 已是老员工，干得再多，工资已不可能再涨； 员工工资低，与同行比较处于中等偏下，员工会有情绪
工作量	紧急任务多，加班多； 加班多，有时会把工作带到家里，爱人会有不高兴； 工作时间冲刺时，连轴转，会 2—3 个月没有休息时间； 工作强度大，担心这样下去身体迟早会出问题； 一人身兼数职，有进度压力

续表 3-3

维　　度	典　型　描　述
工作流程	整合后,流程不熟; 责任的互相推诿; 公司内部的流程复杂繁琐,影响绩效; 公司规范更多了,漏洞也多了
领导风格	管理层个人会影响自己的员工的情绪等; 现在部门领导年轻气盛; 领导的期望高,上级理解自己工作过程不够,只关注结果,总会不满; 自己会有挫折感
制度约束	岗位上升空间太小; 调岗对个人很重要,但很难,这个很伤员工,打击很大; 工作会有一个瓶颈——职位升迁很难,升薪困难
岗位制约	本岗位个人发展空间有限; 现在岗位技术提高有限,培训比较泛泛; 新来的人上升空间比较小,"老人"比较多,人和人的关系太重了
工作家庭平衡	生养小孩的压力; 夫妻关系紧张,婚前了解不够,婚后实际与预期相差大; 恋爱压力; 经济压力、供房压力
部门沟通	管理还带有国企色彩,沟通有些脱节; 公司大,分工细,对其他工作不熟,沟通比较困难;其他部门对本部门的工作不理解,认为比较简单; 部门的需求与领导的意思不一致,经常夹在中间
目标迷茫	对个人未来发展方向看不清楚; 职业发展方向不确定; 发展前景不是很明确,希望有更大的舞台,有好的想法难于实施
心理健康	生活太平淡,缺乏激情,疲劳感比较重; 自己遇到家庭中的矛盾不能平心静气对待和解决; 单身,有孤独感;收入太低,感觉难以生存; 生活压力大,找不到有效的沟通或排除生活的压力; 归属感问题,生活各方面压力较大

(3) 职工

职工的压力源与干部和职员有较大区别,大部分压力源集中于个体因素,如工作能力不够产生的压力感;认为公司资源配置不够合理产生的压力感;杂事多(学习、开会等)影响工作产生的压力感;还有人才配置,主要指人手不足、新人素质低、管理和合作起来比较难等带来的压力感。

表 3-4 职工的典型描述

维　　度	典　型　描　述
薪酬	工资太低； 工资水平影响工作情绪； 几年没涨工资，物价飞涨，心理压力大
工作量	感觉工作中的事情太多，觉得压力蛮大； 工作量大，有些前一工序的问题遗留给我们去处理； 工作需要加班才能完成
工作能力	有时工作压力大，工作任务重，觉得自己工作能力有待进一步完善加强，自己业务不熟练； 在工作时无明确目标，经常做这样那样的事，不知道下一件事会做什么
人际沟通	在工作中存在的问题主要是和同事之间的沟通，做事时容易冲动； 不善于沟通； 上下级的沟通，不知道如何与上级沟通，上级不尊重我，在上级面前没有感性
目标迷茫	自己的工作还没有合理的计划，有些模糊； 工作前景，不知工作的发展方向； 感觉生存压力大，前途渺茫
岗位制约	发展空间小； 工作接触的知识面比较狭窄，没有时间机会全面提升自己的知识水平； 工作没有积极性
资源配置	资源不足； 公司软件系统常常不能满足需求，工厂部却支持不够； 工作的场地不够
杂事多	太杂，工作量大； 有些问题不是很大，但是很繁杂，处理起来感觉有些烦乱不顺心； 事情太繁琐
人才配置	车间的扩大，新员工的增多，感到工作不能得心应手； 在工作中员工的主动性差，产品质量提不高； 员工的发展谈不上，个人职业规划较差，很多老员工流失，选择别的公司； 新招的员工技能跟不上，自己所在的岗位压力很大，超过自己的范围
员工管理	下属员工不能按要求完成任务； 抓住自己员工的心理，没有更好的办法； 在管理过程中个人威信的树立； 不是非常明白手下员工的想法，给管理带来了很大的麻烦

二、工作应激源的量表研究

对工作应激源的测定一般是通过问卷或量表来进行,由于工作应激源与工作应激的产生关系密切,在测评过程中难以将两者完全分开,常见的工作应激问卷或量表都包括工作应激源部分,而独立的工作应激源量表在使用过程中一般与应激反应问卷相结合对工作应激进行评价。

随着工作应激问题日益受到重视,对工作应激进行评价的工具及方法的研制也在快速发展,已涉及问卷调查、生化指标测定、电生理检查、神经行为学研究等各个方面。

(一)工作压力问卷量表。除了熟知的生活事件量表外,工作压力问卷量表是在研究中经常使用的。这份量表主要是用来检测所认知到的工作压力来源。

请依个体在工作上的实际情况及知觉的压力程度作答。如果该描述不符合工作状况,请选择不适用。如果该描述符合工作状况,请由"没有压力"至"非常有压力"中,选择所知觉的压力程度。

请依在工作上的实际情况及知觉的压力程度回答下列问题。

A. 非常有压力 B. 有压力 C. 有点压力 D. 没有压力 E. 不适用

1. 一直做重复性的工作。
2. 工作琐碎复杂、工作量很大。
3. 被派遣到完全不同的工作领域。
4. 须担负管理、考核人员行为的责任。
5. 不了解自己的职责范围。
6. 缺乏上司或高层主管的支持。
7. 部属不喜欢或不认同我。
8. 公司层级太多,办事没有效率。
9. 组织僵化,无法适应快速的改变。
10. 工作环境中空调或光线不良。
11. 工作太单调。
12. 工作责任很重。
13. 对工作没有自信。
14. 工作与个人志趣或个性不合。
15. 与同事有冲突或不愉快。
16. 不了解上司或同事对我工作表现的预期。
17. 主管不喜欢我。
18. 同事们通常各自为政,不会互相帮忙。
19. 部属不尊敬我。
20. 公司有不合理的规定、政策或程序。

21. 不清楚公司远景或未来发展方向。
22. 工作环境温度过高或过低。
23. 对工作内容没有兴趣。
24. 工作须作决策或处理突发状况。
25. 公司内没有可指导的专家。
26. 工作没有成就感。
27. 工作不能兼顾家庭的需要。
28. 经常收到不同主管不一致的工作要求。
29. 主管不愿意或无法帮助部属解决工作上的问题。
30. 同事们会互相踢皮球。
31. 部属不服从我。
32. 管理阶层对员工的要求或建议没有响应。
33. 不认同公司、没有归属感。
34. 工作环境拥挤、封闭、有噪音。
35. 工作中无法发挥能力。
36. 需要不断学习新的事物才能胜任现在的工作。
37. 升迁缓慢或没有升迁机会。
38. 须担负教导、激发人员潜能的责任。
39. 经常收到同一主管前后不一致的工作要求。
40. 受主管强势、压迫的管理模式。
41. 同事对我的工作表现评价不好。
42. 未能与属下打成一片,彼此有相当的距离。
43. 部门间缺乏有效的沟通系统。
44. 公司内勾心斗角。
45. 工作时须穿着防护衣物或装备。
46. 工作没有乐趣。
47. 工作有时限的限制或速度上的要求。
48. 觉得自己能力不够。
49. 主管不关心部属的福祉或生涯规划。
50. 必须要扮黑脸。
51. 不了解自己的权限范围。
52. 与同事疏离,没有融入。
53. 公司控管严密使行为受限,例如预算太少。
54. 权力集中在少数高阶管理者身上,未有充分授权。
55. 工作场所不安全,容易发生意外。

(二) 职业应激指征(OSI),英国曼彻斯特大学 Cooper 于 1988 年编制。OSI

理论模式认为,职业应激因素可影响个体的精神、躯体健康水平和工作满意感以及个体与组织的绩效和行为,在这一因果链中,个体特征(人口统计学因素、控制力和 A 型行为等)和应付策略具有调节作用。

主要对职业应激因素、工作满意感、行为类型、应付应激能力与身心健康进行测量。该量表信度、效度已在多种人群中得到验证,并已被译为多种版本,在全世界广泛使用。

(三)职业应激量表(OSI-R),Ostpow 于 1981 年开始研制、经七次修订而成的职业紧张量表修订版,由三个问卷组成:职业任务问卷(ORQ)、个体紧张反应问卷(PSQ)、个体应对资源问卷(PRQ),这是一种从职业应激任务、职业应激反应和个体应对资源三方面来测定职业应激的简明工具。此量表的理论依据为"人—环境适应"模式,强调个体特征与环境特点之间的匹配,认为环境事件作为应激因素的程度是由个体的认知所决定的。它认为如果社会支持和自我防御失败,个体将会出现工作绩效和工作满意度下降以及心身疾病等反应。该问卷信、效度良好,现已在 20 多个国家使用。

(四)一般工作应激问卷(GJSQ),是美国国立职业安全与卫生研究所的 Hurrell 和 McLaney 在对前人大量的有关应激量表应用的基础上筛选、编制而成的,具有较好的效度和可接受的信度,排除了应激反应和应激因素量表的混杂,有可供比较的常模,是较标准的职业应激测量工具。GJSQ 的理论假设是与工作条件有关的应激因素可导致工作者的急性应激反应,包括情感性、生理性和行为反应,这些急性反应对工人的心理和躯体的长期健康状况产生影响,而个体因素、非工作因素和缓冲因素是造成个体对同一应激因素反应差异的原因。

(五)McLean's 工作应激问卷,由美国 McLean 编制。该问卷包括三个分量表:即应付能力量表、工作满意感量表和职业应激因素量表。其他问卷还有美国 Karasek 研制的工作内容问卷,该问卷最开始主要用于职业应激与高血压、心脏病关系的研究,现已广泛用于评价职业人群的职业应激水平。包括 42 个问题,分为两个结构部分,即工作控制水平和工作心理需求,工作控制水平又分为技术需求程度和决定水平两个尺度。

第4章 轮班工作

轮班工作是指一切有别于将通常白天时间作为工作时间的安排(Smith, Folklard & Fuller, 2003)。采用轮班系统的组织通常会在一个岗位上雇佣两名或多名员工,以使该工作在八小时之外仍能继续进行。轮班系统的设计包含以下几个重要方面:班次的数目和时间,是否包含夜班,倒班的方向和速度,倒班周期的长短,每个班次开始和结束的时间,以及一个轮班周期结束后休息时间的长短等。现代社会以工业化、全球化和信息技术为标志,与之伴随的还有24小时不间断的社会活动。人们对产品和服务的需求拓展到了24小时内的分分秒秒,因此也就需要更多的人参与轮班工作。在美国,大约20%的员工(非农业)参与某种形式的轮班工作,而25%的轮班员工从事夜班(U. S. Congress, Office of Technology Assessment, 1991)。欧洲的统计数据也与此相似(Wedderburn, 1996)。工作时间表的拓展为员工们制造了许多新的岗位,然而这都是建立在员工们能够接纳和适应轮班工作的假设之上。近些年来,尽管一些研究已经涉及轮班工作,但与轮班员工职业心理健康相关的问题仍未得到广泛的重视。

科学界其实很早就发现那些在非正常时间段内(日常八小时以外)工作的人得生理和心理疾病的可能性要比那些在白天八小时内工作的人要大(Costa, 1996; Costa, Folkard & Harrington, 2000)。这很有可能是由于他们的工作时间表与平时的活动(例如睡眠、社交和家庭生活)之间的冲突造成的压力所导致的。与此同时,社会中越来越多的人每周工作超过40小时,加剧了轮班工作系统可能对健康造成的损害。本章的目的就是回顾职业健康领域有关轮班工作和轮班员工的文献,讨论轮班工作与健康的关系。

在本章中,我们用美国职业安全与健康研究所(National Institute for Occupational Safety and Health, NIOSH)的标准来命名轮班系统的班次种类:早班(morning shift)通常开始于早上5点到8点,截止于下午2点到6点;中班(afternoon shift)通常开始于下午2点到6点,截止于晚上10点到凌晨2点;夜班(night shift)通常开始于晚上10点到凌晨2点,截止于次日凌晨5点到8点(Rosa & Colligan, 1997)。其中夜班通常被认为对人的健康有着更大的负面影响(Bohle & Tilley, 1998),这也是本章主要关注的问题。

在下文中,我们将首先对轮班工作进行简要的介绍,集中探讨影响轮班工作的生理心理学机制,比如生理节律(circadian rhythm)的概念。我们也会回顾关于轮班工作与健康的关系的实证研究,考察个体差异对轮班工作者健康的影响。我们还会探讨轮班工作与工作—家庭冲突(work-family conflict)的关系,明确一些常见的、增进轮班工作效率的流程设计和干预措施;最后,在总结前人成果的基础上,我们会对轮班工作领域的研究作一个展望。

第一节 轮班工作研究的理论框架

一、轮班工作的基本现象

轮班工作在时间上通常不同于标准的早七点到晚六点的工作时间区间。同时,由于倒班情况的存在,每次上班的时长和中间的间隔也会有所不同(Rosa & Colligan,1997)。美国劳工统计局的报告显示大约一千五百五十万人参与某种形式的轮班工作,大部分包含轮班工作的职业中,轮班工作的员工人数占百分之二到百分之二十不等(Rosa & Colligan,1997)。一个有趣的事实是,由于慢性疾病相关的原因(Harrington,1978),百分之二十到三十的轮班员工会在两到三年内离开轮班岗位。研究者通常将这种现象称为低轮班工作耐受性(shiftwork intolerance)(Ogińska,Pokorski & Ogiński,1993)。

持续从事轮班工作的员工必须同时应对轮班和其他非工作性事务。研究显示轮班工作的员工更容易形成分散的睡眠模式(Bohle & Tilley,1998),出现家庭和社会问题(Rosa & Colligan,1997),以及健康问题(Costa,2000)。除此之外,现有的证据还显示轮班员工对于"常态"的看法会产生扭曲,因此利用回忆和自我报告法得到的研究结果往往获得轮班十分有害的结论(Spelten,Barton & Folklard,1993)。有趣的是,研究显示个人的选择在接受轮班工作方面起着重要作用(Barton,Smith,Totterdell,Spelten & Folklard,1993;Barton,1994)。

二、生理节律(Circadian rhythms)

由于行星的运动,地球上的环境会产生周期性的变化,而这些变化会显著地影响生命活动。地球的自转造成了24小时的昼夜更迭,而它围绕着太阳的公转则造成了季节、温度和光照的交替。生物在进化的过程中已经内化了环境的这种周期性变迁,形成了所谓的生物钟(body clock)。生物钟的存在使得机体不仅能对环境变化作出反应,而且能主动地预期这种变化。对于轮班工作的理解就是建立在对这种生物时间学机制(Chronobiological mechanisms)、尤其是生理节律的理解之上的。

生理节律是由内部和外部的生物时钟控制的24小时的活动节奏(Smith等,

2003)。研究表明内部生物时钟控制体温的节律,而外部生物时钟控制睡眠—清醒的循环,其中前者比起后者更少地受到外部因素的影响(Smith等,2003)。一些关于"时间线索剥夺"研究为此提供了证据。例如Aschoff和Wever(1962)将被试置于与世隔绝的环境中长达19天。在这项研究中,人们保持着常规的睡眠—清醒更替,但是其变化周期是25小时而不是24小时。其他生理指标的周期,包括体温、尿电解质等,通常与睡眠—清醒周期相同。但是,在该研究之后进行的类似试验却出现了相当不同的结果。在约三分之一的被试中,睡眠—清醒和体温周期出现了"内部不同步"(internally desynchronized)的趋势。也就是说体温维持着大约25小时的周期,而睡眠 清醒的周期却明显长于或者短于24或25小时(Wever,1979)。这种内部不同步在年龄较大的人和神经质水平较高的人中发生得更为频繁(Lund,1974)。

从理论角度讲,体温节律和睡眠—清醒节律的差别说明人类的生理节律系统可能包含至少两个部分。第一部分是相对较强的内源生物钟,控制体温节律(还包括尿钾含量和血浆中皮质醇含量等),并且较少的受到外部因素的影响。第二部分是相对较弱的易受环境影响的外源部分,主要控制睡眠—清醒节律(还包括血浆中生长激素含量和尿液中钙含量等)。外源生物时钟通常受到被称为环境钟(zeitgeber)的外部环境因素的影响,例如24小时内光照强度的循环(Aschoff,Hoffman,Pohl & Wever,1975)。这种依赖于环境钟的周期性的变化在几乎所有的生理学指标上都可以观察到(Minors & Waterhouse,1981),但是关于其实质学术界还存在争论。内、外源两个部分各控制一些生理活动的周期却是不争的事实。

同时,这两个生物钟之间的关系是不对称的。内源部分对外源部分的影响要比外源部分对内源部分的影响更强。例如内部不同步的人无论何时入睡,在其体温节律到达一个特定点的时候就非常容易惊醒,这使得他们的睡眠期可能短至4个小时或长达16个小时(Czeisler,Weitzman,Moore-Ede,Zimmerman & Kronauer,1980)。因此,如果体温节律不能调节到符合睡眠—清醒节律,那么睡眠就很可能受到干扰。

三、轮班工作的适应问题

在正常情况下,自然的环境钟(例如昼夜更替)为生理活动提供了时间线索,内源和外源节律都会以24小时为周期正常运转。例如尿液中肾上腺素大约在中午达到最高水平,体温大约在晚上8点达到最高水平。与之相似,其他生理过程也在固定的时间达到了其峰值,使得我们可以在白天清醒,晚上睡眠。偶尔熬夜可能会影响生理节律较弱的部分,但是却很难对较强的内源生物钟造成影响,进而影响我们的体温和睡醒的时间。

当内部生物钟和外部时间线索发生冲突时,人类生理系统内在的稳定性会出现各种问题。例如当人们乘飞机跨越时区的时候，当地时间就会不同于内部生理时间。体温节律通常需要多于一周的时间才能调整到与新的外部时间线索相适应(Wegmann & Klein, 1985)。例如越洋飞行之后的几天内，人们往往会在凌晨醒来并很难再次入睡。不同生理活动节律适应的速度不同，这取决于这一活动在多大程度上受内源或者外源时钟的控制。一旦破坏了生理活动的同步化，适应新环境或新时钟就需要一个漫长的过程。这也就是通常所说的"时差反应"(jet lag)。时差反应在向东飞行的时候通常会表现得更为明显，因为这要求生物钟向"前"调整。这要比向西飞行时生物钟向"后"调整更为困难。这种不对称的情况产生的原因是内部生理节律的周期略大于 24 小时。因此在不存在环境时间线索的情况下，生理节律趋向于滞后而不是提前，这使得适应向东飞行造成的时差更为困难。

最接近于人体正常生理节律的轮班工作安排一般来说是最受欢迎的(Kostreva, McNelis & Clemens, 2002)。生理节律活动的高峰期通常位于早 8 点到晚 8 点之间。早班和夜班的员工都要经历生理节律活动的低谷期，对其效率和健康的影响相对较大(Härmä, 1993)。尽管目前我们还不能完全预测人们对轮班工作的适应程度，可以肯定的是生理节律的周期与健康状况有显著关联。较少出现不适症状的轮班员工一般具有较长的生理节律周期(Reinberg 等, 1988)。

第二节 轮班工作对健康的影响

在上文中我们提到轮班，尤其是夜班，会造成生理节律的不协调，因而降低睡眠的长度和质量。这会对人的生理和心理状态造成非常显著的短期影响(例如疲劳和困倦)，并很有可能导致更严重的健康问题。在这个部分中，我们讨论轮班工作对健康带来的短期和长期影响。

一、睡眠和疲劳

睡眠常常会受到轮班工作尤其是夜班的影响。据统计，62%的夜班员工有不同类型的睡眠障碍(sleep disturbance)(Rutenfranz, Knauth & Angersbach, 1981)。考虑到夜班员工通常在较强的噪音状况下休息(别人在进行日常活动，例如照看孩子)，上述数据并不显得奇怪。类似的研究也发现，白天没有夜间睡眠质量高(Rosa & Colligan, 1997)。研究对于轮班员工睡眠时间长度的估计有差异，但几乎都认同的事实是：夜班员工通常每天比白班员工少睡约两个小时(Rosa & Colligan, 1997)。夜班员工每天大约只睡六个小时甚至更少，而早班或中班员工的睡眠时间在七个小时到九个小时之间(Åkerstedt, 1984)。这一差别可以用睡眠禁区(forbidden zone for sleep)，即具有充分日照的时间段来解释。人们在这一段被称为睡眠禁区的时间内入睡的可能性大大低于其他时候(Folkard & Barton,1993)。但是,这一现象产生的影响对有不同睡眠习惯的员工又有不同。

Smith,Folkard 和 Poole(1994)发现夜班员工与早班和中班员工不同的睡眠模式可能导致了夜班时间较高的事故率。他们还发现依赖于自控的员工,在夜间工作时发生事故的严重程度会升高。这种升高很可能是疲劳导致的。事实上,一项研究发现70%到80%的夜班员工承认在工作中曾睡着(Andrews,1990)。这一事实也可以用夜班员工的睡眠模式来解释。夜班员工通常会在夜班结束后休息和睡眠,而在夜班开始前进行日常的休闲活动(Folkard & Monk,1980)。这意味着他们通常会带着白天活动的疲劳进入夜间的工作。Fathallah 和 Borgmus(1999)对于工伤赔偿的一项研究显示夜间和凌晨发生的事故量是平时的三倍。考虑到少于20%的员工在这个时间段内工作,这种趋势就显得更为重要了。这也反映了夜班员工的生理节律并不能完全适应夜班的要求。与之类似,Weitzman(1976)发现有着10年夜班工作经历的护士的睡眠模式变得间断和反常。

其他研究表明轮班工作的员工比非轮班的员工更经常地抱怨自己的疲劳感(Åkerstedt,1984)。研究者的一个共识是轮班工作的员工在轮班过程中会积累大量的"睡眠债务"(sleep debt)。这种"睡眠债"通常也被称为轮班滞后(shift lag),需要一段时间的休整才能恢复和偿还。Knauth(1993)也因此建议避免采用过早开始的早班。轮班滞后的效应也受性别和年龄的影响。女性一般会睡得更少并有更多的睡眠障碍(Ogińska 等,1993),而年龄大于45岁的轮班员工会更难以适应睡眠—清醒周期的变化(Härmä,1993)。这种适应能力的降低也与生理周期幅度的降低有关。Härmä(1996)指出40岁以上的人参与轮班工作应该是完全出于自愿的。综上所述,轮班工作的设计应该考虑到员工的生理节律。

二、事故和伤害

正如前文所述,轮班工作(尤其是夜班)以及随之产生的生理不适可能会带来严重的事故(Costa,1996)。尽管有些研究者并未发现夜班事故率的上升(例如 Barreto,Swerdlow,Smith & Higgins,1997),Folkard 及其合作者证明其他条件不变时(例如工作条件完全相同时),事故在夜班时发生得更为频繁(Folkard,Åkerstedt,Macdonald,Tucker & Spencer,2000;Smith,Folkard & Poole,1994),也更为严重(Smith 等 1994)。与之相关,相对于白班员工而言,夜班员工在驾车回家的途中发生交通事故的可能性更高(Monk,Folkard & Wedderburn,1996)。显然,睡眠剥夺、疲劳和生理节律混乱是造成这些事故的罪魁祸首。

研究还发现不同的轮班系统(例如轮换班次、固定班次或者混合班次)会产生不同的事故发生率(Barreto 等 1997;Barton,Smith,Totterdell,Spelten & Folkard,1993)。选择最佳的轮班系统是一个非常复杂的问题,研究者们也存在很多争议(Folkard,1992;Wedderburn,1992)。这一问题在下文中还会详细介绍。

有一点需要指出的是,不同的班次所对应的错误率和事故率的差别可能反映了研究方法上的差别。比如,所研究的工作类型和员工的经验可能不同。Smith 等(1994)能够在其他方面相同的情况下比较各班次之间事故率的差别,然而这种研究情境是很少见的。与之相反,夜班期间的监督和管理较少,夜班员工的工作经验通常也比白班员工要少(特别是在美国)。由于白班通常工作量最大,并且维护和修理等工作通常安排在夜班,不同班次的工作性质可能也有不同,因此班次之间的差别可能被这些因素掩盖了。即使不考虑前面这些因素,夜班潜在的事故率仍然不能低估。著名的工业安全事故例如切尔诺贝利核电站爆炸,以及挑战者号航天飞机的检修失误都是在夜班期间发生的。轮班的安排以及疲劳都是造成这些事故的主要原因(Price & Holley,1990)。

三、心理—情绪问题

轮班员工会面临苛刻的时间表,这会带来生理上和心理上的压力。很多研究都发现轮班工作会导致心理问题和情绪低落(例如 Barton 等,1993;Williamson,Gower & Clarke,1994),但是学术界对这种负性效果的程度大小还存在争议(例如 Barton,1994;Tucker,Barton & Folkard,1996)。总的来说这些研究结果与发现轮班工作导致睡眠障碍的研究相一致。轮班员工一般会报告较低的主观健康度和幸福感(Åkerstedt,1980)。尽管有研究认为神经质与轮班工作产生的负性情绪有联系,这一结果只在一小部分轮班员工中出现(例如 Nachreiner,1980;Åkerstedt,1980)。在实际生活中,不能适应轮班工作的员工可能选择辞职或换到一份不需要轮班的工作,这种自我选择效应导致了在轮班岗位上的员工大部分都比较适应轮班工作。相应的,在研究中观察到的轮班员工可能比实际情况中的更健康,因为不适应轮班工作的员工已经被淘汰了。这种样本的系统性偏差也被称为"幸存者"效应(Rosa & Colligan,1997)。这样的系统性偏差使得对健康相关变量的量化变得困难,因为能参与这些研究的人基本都能较好地适应轮班工作。所以,相对于心理健康问题而言,轮班工作带来的生理健康问题(例如胃肠道问题,心血管问题等)被研究得更多。然而,研究显示轮班工作伴随的心理问题常常是导致员工辞去轮班工作的重要原因(约 20%~50%;Costa,1996)。

四、心身问题

1. 胃肠道疾患

胃肠道疾患是轮班和夜班工作者最常见的健康问题(例如 Angersbach 等,1980;Vener,Szabo & Moore,1989)。根据 Costa 等(2000)的研究,约 20%~75% 的夜班员工会报告胃肠蠕动异常,便秘,消化不良,以及食欲不佳等问题。在白班员工中,这一比例只有 10%~25%。很多关于轮班工作的研究都报告了胃肠道疾患,尽管有时效应较小,但是轮班工作与胃肠道疾患的联系还是相当可信的(例如

Barton 等,1993)。很多个案中,这些问题最终都发展为慢性疾病,例如慢性肠胃炎和胃溃疡(Costa,1996)。

夜班是导致这些胃肠道问题的关键因素(Angersbach 等,1980)。一项回顾性研究综述了 36 项流行病学的研究,涵盖了 50 年积累的 98000 名工人的数据,结果表明轮班员工的消化道问题是不参与夜班员工的 2～5 倍(Costa,1996)。Tucker,Smith,Macdonald 和 Folkard(2000)的研究认为较长的班次(例如以 12 小时为单位而不是 8 小时)和较早的换班(例如在早晨 6 点而不是 7 点换班)与消化道问题的形成有关。

研究者们曾认为轮班员工具有较多的消化道问题是因为他们与白班员工相比饮食不够健康(大多数的餐馆和店铺在午夜 12 点到凌晨 6 点间都关门)。轮班员工的工作安排使得他们饮食也很不规律。然而,这方面的少数研究(例如 Lennernas,Hambraus & Åkerstedt,1994)却没有发现白班员工和轮班员工在饮食营养方面有什么差异。其他方面的原因,例如睡眠缺乏和睡眠障碍可能是真正的元凶(Vener 等,1989)。

2. 心血管问题

尽管争论了很多年,但现在大多数的研究者都认为轮班工作的确与心血管疾病相关(例如 Tucker 等,1996)。在一项跨度长达 15 年的纵向研究中,Knutsson,Åkerstedt,Johsson 和 Orth-Gomer(1986)报告了轮班工作者的心血管问题随其在轮班岗位上工龄的增加而增加。具体来讲,在轮班员工群体中导致心血管疾病的风险因素(例如吸烟)增加了。同时,随着轮班工作时间的增加,心血管疾病的发病率也增加了。研究还发现,在轮班员工比例较高的职业,心脏病的发病率也较高(Costa 等,2000)。一项关于轮班工作与心脏病的流行病学的元分析研究(Bøggild & Knutsson,1997)显示,轮班员工心脏病的发病率和死亡率要高于白班员工约 40 个百分点。

与我们对于胃肠道疾患的讨论相似,心血管疾病的病因仍然不是很清楚(Åkerstedt & Knutsson,1997)。能够造成心血管疾病的因素有很多,例如胃肠道问题、睡眠障碍、吸烟和较差的工作环境。轮班工作还是一个压力源,容易导致长时间的应激反应,高血压,胆固醇,影响糖和脂肪的代谢等。在一项有关 2000 名瑞典工人的研究中,Peter,Alfredsson,Knutsson,Siegrist 和 Westerholm(1999)报告轮班工作除了对心血管疾病有直接效应之外,还能通过社会心理因素(例如付出的努力和获得回报间的不平衡)间接影响心血管疾病的发病率(Costa,1996)。因此,虽然目前的研究证据都表明轮班工作的确会导致心血管疾病,但具体的发病机制仍然比较复杂。

3. 女性生殖系统问题

有一些研究证明了轮班工作对女性生殖系统的影响(Costa,1996)。由于轮班工作对于人们周期性的活动,例如睡眠和消化有干扰,女性的月经周期受到影响也就不奇怪了。这一效应体现在女性轮班员工的月经周期长度和模式的异常(Hatch,Figa-Talamanca & Salerno,1999;Uehata & Sasakawa,1982),自发性流产,低怀孕率和生产困难(Nurminen,1989)。轮班工作还与早产和婴儿体重过轻相关(Nurminen,1989)。除去应对轮班工作之外,女性员工还需面对照顾家庭和子女带来的压力。由于白天睡眠短干扰多(Dekker & Tepas,1990),相对的疲劳感也较强(Uehata & Sasakawa,1982),因此有子女的女性轮班员工受到的危害更大。然而,也有研究并未发现性别的差异(Härmä,1993)。

五、轮班与工作—家庭冲突的关系

通常,员工对于轮班工作安排的满意度与是否拥有足够的时间用于社交和家庭生活相关(Zedneck, Jackson & Summers,1993)。事实上,Wedderburn(1978)发现员工们不喜欢轮班的主要原因就是因为它影响社交生活,而喜欢轮班工作的主要原因就是有更多的休息时间(Wedderburn,1980)。Nachreiner(1980)也发现了类似的结果:三班倒的员工没有足够的时间来满足自己的各种兴趣爱好。例如,研究发现轮班员工成为社团一员的可能性较小(Walker,1985)。这种情况也被称作不合拍(discordance),泛指轮班员工的时间安排和各种日常活动的时间不协调(Vroom,1964)。下面这个例子对"不合拍"进行了很好的诠释:我们都知道在别人睡觉的时间给他/她打电话(例如凌晨三点)是不合适的。而对于一个夜班员工来说,在早上8点到下午5点间给他/她打电话也会具有类似的干扰效应(Scott,1994)。

轮班员工需要面临的别的问题还包括孤独,更多的照顾孩子的负担,非正常时间的饮食,和环境噪音(Smith & Folklard,1993)。对于夜班员工来讲,较多的工作—家庭冲突与六个月后的躯体症状相关,而与十五个月后的躯体症状不相关(Bohle & Tilley,1989)。研究者认为这主要是由于对夜班的适应引起的。为了能够帮助轮班员工将更多的时间用于家庭,对轮班的设计应该能使员工有更多的机会跟家人共同进餐(Knauth,1993)。研究者也建议换班的时间应定在凌晨4点、中午12点和晚上8点,这样的安排有利于轮班的员工有更多的时间与家人相处。

夜班对家庭生活也有负面的影响(Wedderburn,1978)。轮班的负效应能影响到整个家庭,而这种影响是可以通过社会支持来缓冲的(Bohle & Tilley,1998)。一般来说拥有对自己非常支持的家庭对于员工,尤其是轮班员工来讲具有非常积极的意义。尽管研究大多认为12小时轮班安排优于8小时的轮班安排,Nilsson(1981)的一项调查显示12小时轮班安排会更多地干扰到员工与其配偶和子女的关系和与家人共享的休闲活动。大多数的社会活动并不能与轮班员工的时间表相协调。同时,家人们的睡眠模式也大多跟轮班员工不同。

就婚姻关系而言,Smith 和 Folklard(1993)的研究发现轮班工作的员工和家人之间存在广泛的人际阻隔。有趣的是，一项研究发现三分之一以上的女性报告她们的配偶从事轮班工作，而只有百分之三的男性报告他们的配偶从事轮班工作（Ogińska 等，1993）。轮班工作员工的配偶大多认为夜班是带来最大家庭冲突的班次（Simon & Folklard，1993）。事实上，一项研究发现只有在夜班的情境下，所有轮班工作的负效应（如疲劳/睡眠，压力/健康，和社交/家庭）都与配偶间的矛盾和隔阂有关（Simon & Folklard，1993）。因此，大部分（53.3%）的被试都对配偶参与轮班工作表示相当或者非常不满。32.6%的人还曾经劝说配偶退出轮班工作。尽管有研究者指出，员工可能出于跟配偶分担照看子女的责任的目的选择上夜班（Robson & Wedderburn，1990），这种看法并没有得到广泛的支持。Ogińska 等（1993）发现几乎半数的男性轮班员工想退出轮班，有类似想法的还有三分之一的女性员工。班次的轮换也会对婚姻关系产生影响。Barton 和 Folklard（1993）发现向后倒班导致较高的人际间和配偶间的隔阂。例如，超过半数的配偶报告他们的亲密关系和社会生活受到了倒班的负面影响。除此之外，相似比例的人报告与子女的交流不畅或与配偶摩擦不断等等。Banks（1956）50多年前的研究也发现了类似的结果，说明轮班对家庭生活的影响并没有随着科技和时代的进步有所改善。

轮班员工的子女也很难不受轮班工作的影响，但是很少有研究考察这一现象。Lenzing 和 Nachreiner（2000）的研究是一个例外。他们发现参与轮班的员工的子女会更偏好在朋友家玩。父亲是轮班员工的小孩儿朋友较少，而且与朋友一起玩玩具时有较少的发言权。研究还发现轮班员工的子女考虑周到的程度与非轮班工作员工的子女有显著差异。尽管这项研究只是一种探索，但是我们可以清楚的推断，轮班工作带来的影响并不仅限于员工自己。

第三节　关于轮班工作耐受性的研究

在前文中我们讨论了轮班工作可能影响女性生殖系统的健康。但是换种说法，我们可以将这样的联系看做是性别调节轮班工作与其负效应之间的关系。其他的个体变量（例如年龄和人格特征）和环境变量（例如轮班系统的类别）也有可能调节轮班工作与其负效应之间的关系。通常，这些变量被当做预测变量（即统计学中的主效应）而不是调节变量（交互作用）来分析。但是在对轮班工作负效应进行研究时，一种可能的解释是轮班并不是产生健康问题的决定因素；只有轮班工作耐受性（shiftwork tolerance）低的员工，轮班才会对其健康产生威胁（Härmä，1993）。这时，这些预测变量的共同预测对象就变成了轮班工作耐受性。当某个轮班员工具备这些个体特征时，他/她就更容易被轮班的负效应所影响。以下，我们将逐个讨论这些特征与健康和轮班耐受性的关系。

一、年龄

对于年龄超过 45 岁到 50 岁的员工，改变睡眠—清醒周期变得尤为困难（Härmä,1993；Nachreiner,1998）。具体来说，随着年龄的增长，人们慢波睡眠（沉睡）的经历逐渐减少，阶段一睡眠（轻度睡眠）则逐渐增加，睡眠中唤醒的次数和时间也增加（Miles & Dement,1980）。年龄增长的生理学效果主要体现在生理节律周期的降低和去同步化的趋势（Costa 等,2000；Härmä,1993,1996）。年龄增加还使得人们更偏爱在早晨进行各种活动，这是因为老年人生理节律活动的峰值往往比年轻人提早两个小时（Lieberman,Wurtman & Teicher,1989）。所有这些生理节律方面的变化说明轮班工作不适合年龄大于 50 岁的员工。

除此之外，健康问题常常会随年龄增长而增加，轮班工作则会加重这种健康隐患，并且干扰生理节律系统及睡眠，使得员工对轮班工作的耐受性更低（Nachreiner,1998；Tepas,Duchon & Gersten,1993）。Oginska,Pokorski 和 Oginska（1993）的研究发现女性轮班员工自我报告的健康状况在 50 岁之后有显著改善，而男性员工在 50 岁以后则有恶化。这一结果可能是由于女性员工在 50 岁以后照顾家庭和子女的负担降低造成的。同样的理由也被用来解释 Spelten,Totterdell,Barton 和 Folkard（1995）的发现：年长的女性轮班员工比年轻的女性轮班员工经历更少的睡眠困难。

二、对早晚的偏好及生理节律的类型

早晨/晚上取向（morning/evening orientation）是指对早晨/晚上的偏好。与之相对，生理节律也存在早晨类型和晚上类型。早晨类型的人适合做早班，而晚上类型的人则适合做晚班或夜班（Tankova,Adan & Buela-Casal,1994）。早晨取向的人尤其是其中非常极端者通常还有非常固定的睡眠习惯（Hildebrandt & Stratmann,1979）。然而研究表明，早晨取向与健康问题和轮班耐受性的关系较弱（例如 Bohle & Tilley,1989；Steele,Ma,Watson & Thomas,2000），而且目前的研究结果也并不一致（例如 Costa,Lievore,Casaletti,Gaffuri & Folkard,1989；Kaliterna,Vidacek,Prizmic & Radosevic-Vidacek,1995）。在笔者看来，早晨/晚上取向可能是生理节律和社会心理习惯（抚养方式、价值取向等）共同作用的产物。对于不同的人来说，相同取向的形成机制也可能不同，因而对轮班的适应性也不尽相同。

生理节律类型的概念是 Folkard,Monk 和 Lobban（1979）提出的，用来描述生理节律系统除早晚取向之外的很多特点。灵活性（rigidity-flexibility）指的是生理节律系统的稳定程度，而能量性（vigor-languidity）指的是生理节律系统的震荡幅度。Folkard 等（1979）认为灵活性（睡觉习惯是否灵活）和能量性（人抵抗睡意的能力）是决定能否适应轮班工作的重要因素。具体来说，较为灵活和低振幅的生理节律系统能更好地适应轮班工作。研究发现,灵活性和能量性都与轮班工作的耐受性有显著相关(Costa 等,1989;Vidacek, Kaliterna & Radosevic-Vidacek, 1987)。事实上,在 Vidacek 等(1987)的前瞻性研究中,能量性是员工三年之后轮班耐受性的最佳预测源。最近的研究也支持了灵活性和能量性与轮班耐受性之间的关联(例如 Steele 等,2000)。

上述关于生理节律系统个体差异的研究增进了我们对轮班适应能力的理解,并可用于轮班员工的咨询项目。然而,用早晨取向或者生理节律类型作为选拔员工或者安置轮班或夜班工作的标准未必合适,因为这方面的效度证据并不充分。

三、人格

研究者们还考察了其他个体差异变量对于轮班耐受性的影响。例如外向性,一般内向的人比外向的人更有可能是早晨取向(Blake,1967;Vidacek 等,1987)。并且外向的人能更快地适应轮班工作的时间安排(Colquhoun & Condon,1980)。与之相似,一些研究还考察了神经质与轮班工作耐受性的关系,发现神经质较高的轮班员工更难耐受轮班工作(Iskra-Golec, Marek & Noworol,1995)。然而也有研究发现神经质跟轮班耐受性没有显著关联(Kaliterna 等,1995)。有些证据还表明随着轮班工作的增加,神经质水平也会上升,因此神经质更像是轮班工作的结果而不是其效应的调节变量(Bohle & Tilley,1989)。最近研究者也提出了耐压性(resilence)的概念,探讨某些人格特征对生理、心理压力以及环境干扰的缓冲能力。这类人格特征可能也能在某种程度上缓冲轮班工作的负效应。

第四节 对轮班工作的干预

一、轮班工作的设计

考虑到轮班工作对员工身心健康的影响,优化轮班工作的设计以降低其负性效应就显得尤为重要。目前为止的大量研究已经考察了轮班的长度及轮换方式的优劣。在考虑轮班工作的设计时,以下四个问题显得尤为重要:① 轮班工作是否应该拓展到人们通常用于睡眠的时间?② 是否整周都采用轮班的方式?③ 工作应该被分为几个班次?④ 班次应该是固定的还是不断轮换的?(Kogi,1985)。对于最后一个问题的理解需要考虑到一个重要的事实:员工需要至少持续上一周夜班,生理节律才开始适应(Knauth & Rutenfranz,1976)。Folklard(1989)也认同这种较为缓慢的适应过程,他的研究发现在经历了若干天的夜班之后,轮班员工生理节律的内源时钟部分并没有明显地适应。

大量的研究认为以 12 小时为轮班长度的班次优于以 8 小时长的班次。这是由于前者利于员工获得长时和高质量的睡眠，导致更好的心情和较少的躯体症状(Mitchell & Williamson, 2000)。在12小时的班次安排下，员工也表现出对他们的社交和家庭生活更加满意(Mitchell & Williamson, 2000)。这些结果也得到了其他研究的支持(如Klein, 1988)。除此之外，有些研究还发现轮班设计由8小时班次改为12小时班次之后，员工自我报告的事故减少了(Aguirre, Heitmann, Imrie, Sirois & Moore-Ede, 2000)。

尽管以12小时为轮班长度的班次安排得到了研究的广泛支持，这些研究结果却未必具有普遍性。在某些行业中增加工作时长带来的疲劳会导致事故的增加(Mitchell & Williams, 2000)。Bonjer(1971)建议12小时为单位的班次安排只适用于体力劳动负荷较低的工作。因此，选择合适的班次安排的时候，该工作相应的体力和脑力负荷是需要考虑的重要因素。Knauth(1993)建议时长较长的班次安排(每班次长于9小时)应采取各种措施将疲劳降低到最小限度并避免加班。在公共安全相关行业，为了保证员工的警觉性，研究者推荐每个班次缩减至4小时(Andlauer等, 1982)。

一般来说，轮班员工会逐渐适应和习惯于他们的工作安排。支持持续夜班的论断也以此为基础。事实上，不断轮换班次的确不利于员工适应他们的工作安排，因此也会比非轮班员工产生更多的抱怨，导致更多的健康或者压力的问题(Rosa & Colligan, 1997)。Rutenfranz等(1981)的压力应激模型指出不断轮换的班次导致了不断变化的生理节律，因此产生了应激反应。该模型认为受到干扰的工作—睡眠关系导致了各种躯体和生理的问题。不断变换班次的员工相比于其他参与轮班工作的员工来说可能睡得更少，相应地，他们在工作中睡着的可能性也更大(Rosa & Colligan, 1997)。从理论上讲，永久性的夜班安排使得员工可以调节他们的生物钟以适应夜班的需求。但是，这要求夜班员工在非工作状态下也保持与夜班相一致的生物钟和作息(Folkard, 1993)。这使得生理节律完全适应变得极为困难。

研究也发现尽管有些轮班员工偏爱夜班，永久性的夜班工作者事实上并不能在生理上适应这种工作时间表(Barton, 1994)。与之相似，Knauth(1993)建议夜间工作应该尽可能地减少。并且，夜班员工比起早班和中班员工有更低的主观幸福感(Åkerstedt, 1980)。尽管有一项研究(Nachreiner, 1980)发现白班员工对轮班有更负性的态度，这一结果也许并不具有代表性。就健康而言，固定上早班或者中班显然更好，因为员工可以维持正常的"昼工夜息"的作息安排。然而，固定上夜班的员工却很难适应，因为在非工作时间他们为了进行社交和家庭活动还得采用别人正常的时间安排。因此，固定夜班员工要制定自己的"倒班"系统，因为他们需要在休息时间采用"昼工夜息"的时间安排，而在上班期间再次倒换为"昼息夜工"的时间安排(Folkard, 1992)。事实上，对永久性班次持批评意见的人认为使用不断轮换的班次安排可以减少由永久性夜班导致的慢性的睡眠剥夺(Scott,

1994）。

　　变换班次的速度（快慢）和方向（向前向后）问题也还没有得到很好的解决。较快的倒班（例如每两天换一次）的优势在于不喜欢的班次会很快地过去，并且紧接着休息的时间。欧洲各国常使用这种方法（Rosa & Colligan, 1997），因为这有助于生理节律与常人保持一致（Knauth, 1993）。有研究发现，员工对快速轮换的12小时班次更满意（Nachreiner, 1975），不过这一结果也受到员工能在班次之间得到多少休息时间的影响（Patkai & Dahlgren, 1981）。反对者认为较快的倒班使得员工没有足够的时间从生理节律的调整中恢复（Aschoff 等, 1975）。慢速的倒班（三到四周换一次）的优势在于员工有足够的时间从变化的班次中恢复过来，劣势在于永久性班次的各种问题在这种设计中也同样存在。不管倒班的速度如何，夜班的工作绩效总是最低的（Åkerstedt, 1985）。Andlauer 等（1982）建议缩短夜班的时长以减少警觉性降低带来的各种问题。在设计轮班工作时还需考虑班次之间休息的天数以及从事夜班的次数（Knauth, 1993）。为了减少睡眠缺失和疲劳感，并增进心理健康，班次间足够的休息时间是必须的。尤其是连续两三天夜班之后，员工需要几天的休息时间来恢复（例如 Tepas & Mahan, 1989；Totterdell, Spelten, Smith, Barton & Folkard, 1995）。

　　除了倒班的速度之外，倒班的方向也是轮班设计中的重要问题。"向前倒"是指首先早班，再中班，最后夜班（Rosa & Colligan, 1997）。由于睡觉时间逐渐往后推移较为容易，因此向前倒利于新员工较快的适应。"向后倒"与之相反（Rosa & Colligan, 1997）。由于向后倒与身体的生理节律相悖，员工必须比以前更早的睡眠和清醒（Barton & Folklard, 1993）。研究的结果大多支持向前倒，因为班次之间会有24小时的休息时间。这一系统比起向后倒会产生更好的生理和心理健康和工作满意度。另一方面，向后倒的工作安排使得班次之间只有8小时的休息时间。同时，员工对于倒班方向的喜好也受到倒班速度和换班时间点的影响（Knauth, 1993）。尽管研究大多支持向前倒，其在美国企业中的应用却比欧洲企业要少（Rosa & Colligan, 1997）。倒班的方向在航空业（例如飞行员）中显得尤为重要，这是由于时区的变化，白天黑夜的界限显得非常模糊（Wegman & Klein, 1985）。轮班的方向和速度对于健康和社交生活的长期影响需要更多的研究来考察。

　　轮班工作设计还应考虑到每周/年工作的小时数和加班的影响（Spurgeon, Harrington & Cooper, 1997）。Sparks, Cooper, Fried 和 Shirom（1997）的元分析发现，工作时间的总长度与生理和心理健康问题有较小但显著相关。他们还提出由于元分析所必需的加总问题，这一相关系数可能被低估了。例如，身体健康方面考察的既有小疾（例如头痛）也有大病（例如心肌梗塞），它们与工作小时数的关系也有不同。考虑到12小时的班次很常见，也有很多轮班员工会在休息时间从事第二份工作，工作长度的问题就显得更为重要了。在上述情况下，疲劳，睡眠缺乏,过多接触有害物质等问题应该得到更多的重视。

二、对轮班员工健康的干预

对轮班员工健康的最常见的干预是改变轮班工作的各种特征,这在前文已经介绍过,下面只是简要讨论。除此之外,药物、光照、教育和咨询等方面也可以用于改善对轮班工作的适应。

1. 对轮班系统特征的改变

如何将各个有益的轮班特征结合起来一直是学者们争论的焦点。多数研究都试图改变轮班的某一特征,用横断研究的方法观察其对结果的影响,并将健康变量的差别归为轮班特征的改变(例如 Barton & Folkard,1993)。尽管有些研究已经开始应用纵向的数据收集(例如 Lowden,Kecklund,Axelsson & Åkerstedt,1998;Mitchell & Williamson,2000)并证明 12 小时班次的优点,纵向研究还是相对缺乏的。另一方面,即使使用纵向研究,前一个班次对后一个班次的影响也有可能混淆所要研究的自变量。这是因为生理节律的调节总是有一个滞后的过程。对自变量的控制往往不能清楚地排除自发生理节律调节的影响。

2. 褪黑激素

帮助入睡的各种手段是大家熟知的协助适应轮班工作的方法。轮班员工使用各种药物来帮助睡眠,降低疲劳,提高警觉性已有很长的历史了。然而由于很多药物带有副作用,因此一般并不推荐长期使用药物(Walsh,1990)。褪黑激素,作为一种最新的帮助睡眠的药物,能够避免先前安眠药的诸多问题。褪黑激素是人类或者其他动物松果体分泌的一种用于促进入睡的荷尔蒙。由于褪黑激素是正常人体内都含有的物质,因此它不会像其他药物一样带来副作用。许多控制精细的临床研究都证明了褪黑激素在增进睡眠方面的功效及安全性(Arendt & Deacon,1997)。

然而事实上,使用褪黑激素并非没有任何问题。例如,如果在错误的时间使用,它有可能会干扰睡眠。各种褪黑激素药物的纯度和质量也可能有问题。另外,褪黑激素是否与其他药物有交互作用也未知。因此,即使是轮班员工非常需要褪黑激素,也要遵医嘱服用(Arendt & Deacon,1997)。

3. 强照明

另一项干预措施是在工作场所使用强照明。约 20 年前研究者发现在强光照(2500 勒克斯;室内照明大约 500 勒克斯)的环境中褪黑激素的分泌会受到抑制,睡眠和生理节律也会相应的延迟(Eastman,1990)。这一结论也得到了以轮班员工为被试的应用研究的证实(例如 Stewart,Hayes & Eastman,1995)。然而,为了达到积极的效果,公司或企业必须使员工得到长时间的照射强光,这样会带来可观的资源消耗,因此强光照并没有像褪黑激素那样得到广泛的采用。

4. 培训和咨询项目

培训和咨询项目可以用来教会员工更好的适应轮班系统。例如帮助员工了解轮班工作的影响及应对机制的培训已经被应用于急诊室的医务人员(Smith-Coggins, Rosekind, Buccino, Dinges & Moser, 1997)。Smith-Coggins等设计了一项控制非常严格的实验,利用主观和客观的指标来评价培训的有效性。研究发现尽管实验组的医务人员在85%的时间上都采用了研究者建议的应对措施,该干预却并没有显著地改善工作绩效和心情。

这一令人失望的结果事实上支持了Tepas(1993)的论断:单单提供信息很难有效,有时还有可能起到相反的作用。这种培训项目通常具有较好的表面效度,然而校标效度却成问题,不能有效地改变结果变量,例如睡眠和心情等(Smith-Coggins等,1997)。Tepas认为,教育和培训应该用于辅助对轮班系统的干预。例如在Sakai, Watanabe和Kogi(1993)的研究中,除去改善轮班的时间安排之外,研究者们还向员工提供了培训和咨询以协助干预的实施。

与之相似,Wedderburn和Scholarios(1993)考察了轮班员工对欧洲的专家们发表的轮班指南的看法。在个人建议的24条中,6条建议得到了广泛的支持(例如在轮班期间避免使用安眠药,在轮班期间避免睡前饮酒等),另有6条得到了大多数员工的反对(例如当需要夜间工作时,我会在睡觉时带上耳塞,或我会避免吃脂肪含量较高的食物)。这些指导建议在某种程度上还影响了立法。

5. 有关轮班工作的法规

在欧洲已经有了保护轮班员工权益的立法。例如国际劳工组织(International Labour Organization, ILO)夜班大会的建议,以及欧盟法规中都有关于安排工作时间的规定。这些文件讨论了在安置轮班岗位之前应对员工进行健康检查,并在之后定期复查。一旦存在健康问题应及时调整到其他岗位,每周的工作时间加上加班不能超过48小时,两天的工作之间至少有11个小时的休息时间,两周的工作之间至少有24小时的休息时间。一些欧洲国家(法国,德国,奥地利,葡萄牙,英国和荷兰)还制定了自己的法律来协助欧洲法(Costa等, 2000)。

国际法规还特别关注女性轮班工作者,考虑影响她们健康的因素,采用更为全面的健康和安全标准,并鼓励他们参与改善轮班系统(Kogi, 1998; Kogi & Thurman, 1993)。这些国际法规和规章会对夜班和轮班员工的健康产生积极的影响,并限制各种危险的尝试。在美国,除了最基本的职业安全与健康法案(OHSA)规定企业应保障员工的安全之外并没有明确的针对轮班工作者的立法。

第五节 结 论

我们在这个章节中的主要目标是探讨轮班工作对员工的身心影响。研究结论清晰地表明轮班的确会导致睡眠和疲劳问题,并引起事故率的上升。轮班工作还与心理、消化道、心血管和女性生殖系统疾病有关。尽管大部分的数据都不能直接支持因果关系，然而这些较为一致的结果还是有很强的可信性。除此之外，一些个体（例如年龄和人格）和情景变量（例如夜班的数量）也可能影响员工的健康。例如，一位50岁以上的固定夜班的员工的危险性要比一位年轻的早班或中班员工大得多。轮班系统中带来较大危害的是夜班，而且它的破坏力会随着时间的增加而增加。研究者们还设计和实施了一些干预措施以帮助轮班员工（例如服用褪黑激素或培训和咨询项目），然而其有效性各不相同。总的结论并不乐观，轮班尤其是夜班能干扰员工的生理节律，进而造成健康问题乃至威胁生命的疾病。尽管对健康不利，考虑到现在社会的要求，轮班工作又是必须的。较为积极的一个方面是我们已经对轮班工作有了一定程度的理解，接下来的工作就是以此为基础设计更好的研究和干预措施。

从促进研究的角度来看，尽管轮班工作方面已经有大量的研究存在，但是这些研究很少出现在工业与组织心理学和职业健康心理学的学术期刊上（例如应用心理学期刊 Journal of Applied Psychology 和职业健康心理学期刊 Journal of Occupational Health Psychology）。大多数这方面的研究目前都集中发表在工效学（ergonomics）和生物时间学（chronobiological）的期刊上。这些研究集中在一些特殊的领域和特殊的人群，因此推而广之的前景较小。考虑到如此众多的轮班岗位，工业与组织心理学以及职业健康心理学的研究者应在该领域作出更多的贡献。而且，理清与压力源和压力反应有关的结构网络可以帮助我们更好的理解前人关于轮班工作的研究结果。为了整合物理层面、工效层面和心理层面的知识结构，研究轮班工作的心理层面也显得尤为重要。

方法学上，Wedderburn（1992）指出关于轮班工作的实验室研究和实地研究有明显区别。这反映了科学研究中经典的取舍问题：强调普遍性还是强调因果关系的唯一性？典型的例子包括实验室中关于睡眠剥夺的研究往往不能推广到实际的轮班情景。这些实验室研究发现夜班期间的产出较低，出错率较高，然而这一结果未能得到实地研究的确认。实验室中采用的任务的相关性是一个需要关注的重点。与之相对，由于绩效和生产率的标准问题，关于轮班工作的一些实地研究未必可行。未来的研究应该更好地量化角色压力、企业限制等变量，以深入理解造成绩效下降的心理学原因。

实地进行的研究，需要担心样本的特殊性。由于选择从事夜班和其他班次的员工往往具有根本性的差异，研究者必须更好地理解他们的研究问题。由于之前提到的员工的自我选择效应，研究对于轮班工作的负面影响可能估计不足。获取更精确的信息（比如从员工进入轮班工作之前的情况开始了解）将有助于我们更好地理解轮班耐受性和相应的员工健康问题。考虑到轮班工作的特点，纵向研究是必要的，但也是相对困难的。

未来的研究也应该更多的考虑工作—家庭之间的冲突问题，因为员工并不是生活在真空中。对员工造成广泛影响的社会和心理因素并不局限于员工自身。前人研究的样本量一般较小,而且只包含了家庭的一小部分(例如只有配偶或者只有子女)。同时这些研究大多是定性研究。更多的定量研究有助于我们对工作—家庭冲突,配偶和子女关系等问题产生更深入的见解,并构建更为全面的模型来解释轮班工作。

  轮班工作是一个多维度的研究课题,并且得到了工效学和生理学的广泛关注。尽管研究的数量很多,但是很多结果互相抵触,潜在的中介变量也未得到考察。职业健康领域的研究者应该更多的考察轮班工作造成的心理层面的影响(例如工作压力)。对中介变量和调节变量的理解很有可能会帮助我们整合前人的研究结果。最后,研究者应将更多的关注给予轮班员工的健康干预。作为研究者,我们的目标是增进我们对轮班工作的理解,并设计更为科学的干预措施来帮助轮班员工。

第5章 工作家庭平衡问题

第一节 什么是工作家庭平衡

从工业化时期开始，人们逐渐认识到"工作"和"非工作"（work/non-work）之间存在着冲突和协调问题，其中包括员工、家庭、组织和社会多方面的问题。"非工作"状况会影响"工作"场合的绩效，"工作"状况也可能会影响"非工作"场合下的情绪，因此有关研究逐渐增多。"工作"和"非工作"的高度相关劳动力组成的改变密切相关。工人比例越高，尤其是双职工家庭越多，在工作领域的责任和家庭责任的结合上就会有很大困难。本章"非工作"领域主要指"家庭"领域。据统计，40%的美国双职工有"工作—家庭冲突"，美国国家职业安全与健康研究所已将工作家庭冲突作为十大工作场所的压力源之一。如今，一个好的工作和非工作的平衡对组织的经济生长力和家庭的幸福起着越来越重要的作用。

工作和家庭这两个领域相互依赖、互不可分，但是对于这两个领域的组成部分仍然没有得到统一。Geurts 和 Demerouti（2003）认为，工作（即有工资的职位，work）是一个个体在一个组织中拥有一个职位的同时完成一系列（规定的）任务；家庭（family）是指通过血缘关系、婚姻、社会风俗或收养关系而联系在一起的几个人。与工作相似，家庭成员为一个社会组织作出贡献，但目的不是为了挣取商品和服务，而是为了维系家庭以及提高家庭幸福度。目前的研究都倾向于从角色冲突的角度去阐释这一问题，即当来自工作和家庭两方面压力在某些方面出现难以调和的矛盾时，产生的一种角色交互冲突。

冲突（conflict）一词本身既包括消极的一面也包括积极的一面，因此对这一领域的研究应从消极和积极两方面进行。研究可以通过一系列广泛话题反映：时间冲突、婚姻冲突、家务和照看责任、婚姻冲突、儿童发展问题、社区问题等（Barnett，1998）。随着两个领域的互相渗入，工作和家庭之间的界限正在慢慢模糊，很难严格区分工作的时间和家庭的时间、工作的责任和家庭的责任，个体在两个领域上都有了多重义务和责任。

第二节 工作家庭平衡的相关理论

人们试图从各个方面来分析和研究工作角色和家庭角色之间的关系,有关理论可以大体分为早期研究和近来研究,早期研究多在解释工作角色和家庭角色关系的基本类型,而最近的研究则试图从更为整合和动态的角度来分析二者之间的关系。

一、非因果模型(noncausal models)

尽管工作和家庭相关,但是二者之间没有因果关系,早期的非因果关系模型主要包括了隔离理论(Segmentation model)、和谐理论(Congruence model)和一致性或者整合理论。

1. 隔离理论

隔离理论认为工作和家庭之间没有关系,每个领域的活动对个体有不同要求,二者互相没有影响(Dubin,1956;Dubin & Champoux,1977),这一理论对于蓝领工人可能更为适用(Lambert,1990),这可能是由于工人努力尝试不让工作打扰家庭生活的结果。

2. 和谐理论

和谐理论指出,尽管工作和家庭之间可能存在着正性或负性相关,但是工作变量和家庭变量可能有共同的原因,二者之间的关系很难说清。和谐指由于一个作为普遍原因的第三变量(如个性特质、行为方式、社会和文化力量),两个领域存在相似性。例如:因为工作有关变量和家庭有关变量是共同稳定的变量的结果,如个性、情绪稳定性等,工作满意度和家庭满意度之间的相关可能是伪相关。

3. 一致性理论

一致性理论认为,工作和家庭是非常密切相关的,很难区分,例如在家族企业中或者强调家庭观念的企业中,是很难区分工作和家庭的。

二、因果模型

因果模型也属于早期理论。同非因果模型不同,它认为在生活的一个领域(工作或者家庭)的事件会对另一个领域(家庭或者工作)产生因果影响。

1. 溢出理论(Spillover model)

溢出理论认为工作和家庭之间存在着正相关,也就是一个领域的变化将会导致另外一个领域相对应的变化。

溢出指从工作领域到家庭领域的继续或普遍化。也就是说,一个处于重复、无挑战性、乏味的工作情境中的人倾向于在家庭领域也有类似的情境。溢出理论与职业要求—控制模型中的积极学习行为的假设一致,认为工作中新行为模式和技能的学习与休闲活动中更高的多样性相连结。溢出过程不仅有技巧和行为模式(活动的类型)的溢出,也包含压力情绪、信念和态度的溢出。

2. 补偿理论(Compensation model)

同溢出理论相反,补偿理论认为工作和家庭之间存在着负相关,也就是一个领域的变化将会导致另外一个领域相对应的负方向的变化。

补偿理论中补偿的意思是补偿在工作或者家庭中所经历的剥夺(Wilensky,1960)。例如,对于生活中一方面的不满(例如家庭)会让员工在家庭角色上付出的时间和精力减少,从而增加了生活中另一方面(例如工作)投入的时间和精力,来补偿在第一个领域中没有得到的收益。

工作中的负面经历被非工作领域补偿或继续,因此这两种理论经常对照使用。通过分析在自主权(autonomy)、多样性(variety)、技术使用(skill utilization)、压力(pressure)和社会交互作用(social interaction)五个维度上工作和家庭领域的活动情况,Kabanoff & O'Brien对补偿和溢出理论进行了延伸(1980),提出了四个工作/家庭模式的模型:

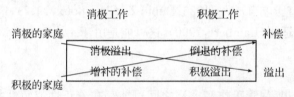

图 5-1 Kabanoff & O'Brien 工作/家庭模式模型

以上四种模式的应用都很普遍,但经研究发现适用于不同人群:(1)消极溢出适用于低收入水平和教育水平、外在动机强的男性;(2)增补补偿适用于低收入水平的年老女性;(3)积极溢出适用于相对高收入水平和教育水平、内在动机强的人群;(4)倒退补偿适用于外在动机强的男性。

Kabanoff(1980)认为似乎有大量不同的模式存在,其中有的符合经典的补偿和溢出理论,有的不符合。工作/家庭模式的类型可以依赖于所研究人群的特质(年龄、性别、教育、收入、工作定位、家庭定位)。同时他认为与其把注意集中在理想代表性的发展、或一个工作/家庭模式存在的证明上,未来的研究应聚焦于在生命的领域中人们怎样平衡需要、欲望和满足,这对我们未来的研究有很大的启示。

3. 资源剥夺模型(Resource Drain Model)

资源剥夺模型同样是指工作和家庭之间存在着负相关,从补偿理论发展而来。资源剥夺指有限的个体资源(如时间、注意力和精力)用在一个领域将会剥夺在另一个领域的应用。

4. 角色压力假设(The Role Strain Hypothesis)

角色压力假设也称密西根组织压力模型,在职业健康心理学的研究领域,工作家庭冲突经典的研究来自此假设的观点,即一个人身处多重角色时,对多重角色的管理是困难的,并不可避免地产生"压力"。由此造成个人工作和家庭领域间的冲突。以此理论为基础定义的工作家庭冲突是一种角色冲突,来自工作和家庭领域的角色压力在某些方面互不相容。即,参与工作(家庭)角色由于参与家庭(工作)角色而更困难(Greenhaus & Beutell,1985)。

该理论的假设是:可用的时间和精力资源是有限的,多重角色的履行易导致这些缺失资源的耗尽。个体为了防止严重的工作家庭冲突,必须分配在两个领域的多重角色的有限资源,角色压力只在可忍受的程度内发展。Lambert(1990)认为,角色压力观点和溢出与补偿理论间的区分难以分辨,角色压力也有做负性溢出的一种形式。

该理论认为工作家庭冲突的类型应基于影响在一个领域内(如工作)的卷入时间、压力或行为和履行在另一领域内(如家庭)角色不相容的角色特质。由此假设分成三种形式的工作家庭冲突:(1) 基于时间的冲突:来自一个领域(履行一种角色)的(时间)压力使得实际上不能满足来自另一个领域的要求,或其至当一种角色实际上已经全力满足另一角色,仍不能全神贯注地投入这一角色(Bartolome & Evans,1979)。如长时间工作限制参与家庭活动。(2) 基于压力(strain)的冲突:由于参与一个领域(角色)产生的压力(如紧张、焦虑、疲劳、沮丧、易怒)使得很难达到来自另一领域的要求。如当工作时间内的疲劳产生时,会渗入到家庭领域并降低人们参加家庭活动的精力资源。(3) 基于行为的冲突:和另一角色中的行为期望不相容的角色行为的特定模式。如很难结合工作中的职业、合理、商业化的态度和家庭中个人、更开放、敏感的态度。由于很难操作这种冲突,这方面证据非常少。有证据显示,工作对家庭造成的冲突(工作—家庭冲突)和家庭对工作造成的冲突(家庭—工作冲突)是工作家庭冲突的不同方面,两者间微弱相关。很多研究者也致力于寻找两种冲突间的差异。

5. 角色增强假设(The Role Enhancement Hypothesis)

角色增强假设也叫正性溢出、角色增强、促进。认为多重角色的参与可能提供大量机会和资源给个人,可用来提高和增长其他生活领域的更好功能(Barnett,1998)。该理论来源于 Marks 的扩展方法(对于多重角色和人类能量的履行),基本设想是多重角色的履行不一定是困难的、花费或耗尽能量来源的、也不是角色压力的发展。Marks 认为人类能量的消耗过程不可分离地和人类能量的制造有关。活动对人类能量产生的稳定很有必要,即使当我们使用能量时,我们仍然转换更多的能量以备日后使用。适当管理多重角色也可以产生能量。

尽管工作家庭冲突研究长期被上述观点统治,Marks(1977)和 Kabanoff(1980)已经建立了更积极的观点基础。最近的研究已经离开"补偿"和"溢出"过程的经典分离。观点发展为这两个过程不能在概念上和经验主义上被清晰地分割,可能同时操作,这些都依赖于个体差异(如个体倾向、性别)、家庭环境(如父母地位)和工作特质(如高压力职业)。

6. 资源守恒(COR)理论(The conservation of resources theory)

是在压力和殆尽研究中应用频繁的普遍压力模型的一种。认为个体尝试获得并保持资源。资源可以包括条件(如婚姻地位、任期)、个体特质(如自尊)或精力(如时间、金钱和允许一个人去获取其他资源的知识)。压力反应发展在有资源损失的威胁、资源的实际损失、或资源中期望利益的缺失(Hobfoll,1989)。COR理论认为工作家庭冲突可以导致压力反应的广泛变化(即不满、沮丧、焦虑或生理上的紧张),因为有价值的资源在工作和家庭角色失去平衡的过程中失去。Grandey & Cropanzano(1999)测查了一个基于COR理论的研究模型,132名美国的大学的教授作为样本,发现支持性证据,然而不能简单地概括到其他工作系统或小组。

和更传统的角色压力模型的不同在于多重角色的履行可以避免与更高水平的压力经历相关。每种角色(如已婚或作为家长)也可以提供资源来帮助个体处理和其他角色(如被雇佣)有关的其他要求。

三、整合式模型

随着研究的进展,人们越来越用整合的和动态的观点来看待工作和家庭之间的关系。整合式模型将早期的理论模型在几个领域进行扩展:

(1) 工作和家庭在几个方面同时发生关系和变化;
(2) 二者之间的变化是相互的;
(3) 工作家庭冲突和家庭工作冲突是不同的;
(4) 对工作家庭冲突的相互促进还是相互干扰进行预测并可区分;
(5) 工作家庭冲突的每个维度分别同工作或者家庭有独特关系和结果;
(6) 工作家庭冲突可以预测工作满意度或者家庭满意度。

四、角色边界模型(model of role boundaries)

Clark(2000)提出了边界理论,认为"工作"和"家庭"是不同的领域,被不同的文化所特征化(即不同的目的、不同语言、不同规矩、不同习俗和行为)。人们是每日穿梭于这两个领域的"边缘—交叉者"。边界理论尝试解释个体怎样管理工作和家庭之间的边界以达到平衡。理论核心在于个体是积极或有制定权的,他们可以从实质上塑造每个领域的本质,以及领域间的边界和桥梁。理论模型的主要组成部分在于当领域相似时,弱边界(指可渗透性和灵活性)会促进工作—家庭平衡;当领域很不同时,强边界会更有功能。

该理论提出,"中心参与者"是在领域中有影响力的人(由于他们的能力、加入该领域的中心成员、对领域文化和价值的内化)。一个领域的"中心参与者"有能力控制和另一领域的边缘,从而获得工作和家庭的良好平衡;而相反,"边界参与者"是在领域中较没有影响力的人〔由于他们忽视领域价值、没有达到全部能力、没有充分加入到该领域其他中心成员（如工作领域的管理者、家庭领域的配偶）中去〕。

该理论来自访谈的质性研究，为管理工作—家庭平衡提供了启发性的观点，然而很难进行实验性检验。例如，理论中的概念如何被操作化仍不清楚。

五、最近的理论进展

1. 生态学系统观点的理论(ecological systems theory)

Grzywacz & Marks(2000)通过假定工作家庭冲突是"过程"、个人、情况、时间特性的一个连接功能来超越角色理论的个人和宿命论的手段。每个特性都在工作家庭冲突的个体经历中产生一个附加的（和潜在交互的）效应，这反映在个体和他或她的环境之间的适当。Grzywacz & Marks(2000)由他的理论观点假设工作的生态学资源（即决定维度、来自工友和管理者的支持）以及家庭的生态学资源（即配偶支持）会和工作和家庭间负性溢出的更低水平及正性溢出的更高水平连结。相反，工作的生态学障碍（即工作压力）及家庭的生态学障碍（即配偶反对和家庭批评/负担）会和工作与家庭之间负溢出的更高水平和正溢出的更低水平连结。根据这个更概括的观点，他们已经使用工作/家庭协调的一个更概括的概念化，是通过区分来自工作对家庭和家庭对工作的正性和负性溢出来概念化的。然而 Grzywacz & Marks 没有从生态学系统理论的观点中定义两个领域间的负性和正性溢出（他们仅仅作为工作—家庭冲突和促进分别提到）。他们也没有指定什么维度（如情绪、态度、技术或行为）可能从一个领域转换到另一个领域。

对于操作化，正性家庭—工作溢出主要包括家人是否扮演一个减缓个人工作负性影响的角色，例如，作为一个支持系统或通过提供放松和爱。另一方面，正性工作—家庭溢出，指比如技巧和情绪的迁移。实验基于一个经典样本：1986 年美国成年雇员支持了他们的假设，确实提供了工作—家庭协调的四因素结构的证据。

2. 适合模型(fit model)

Barnett (1998)强调"适合"作为中间过程的重要性，在比如说工作小时数和生理健康结果的关系中，"适合"被概括为"工人认识到他们工作—家庭策略的不同成分的程度，即，他们为充分运用他们自己的工作和非工作需要，以及他们的工作—家庭/社会系统的其他成员的计划(Barnett 等,1999)"。当工作场所允许工人意识到他们的策略，他们经历适应和低悲痛。否则，他们经历冲突和高悲痛。适应模型不假定工作和家庭间的本质冲突。它假定适合的策略是为了同时最大化雇员面对工作场所的需要的能力和面对家庭系统的需要的能力。适应模型超越了工作—家庭冲突的观念，是关于家庭的适应的策略，是夫妇能够充分利用家庭适应性策略的程度。

3. Geurts 和同事的理论研究

Demerouti 等，Geurts(2000)；Wagena & Geurts(2000)从两个领域间交互作用的过程方面定义了工作家庭冲突。我们倾向于定义工作家庭冲突从"交互作用"方面，而不是从"冲突"方面，因为前者覆盖了两领域间的负性和正性影响，并清楚地指向这个过程的变迁过程。我们也不使用"溢出"，因为后者仿佛仅仅指出特质（如情绪）已经增到一定水平因而流向另一个领域。另一方面，"交互作用"也包含特质（如时间和精力）已经减少到一定水平，由于缺乏而影响另一个领域。交互作用可以是负性的，也可以是正性的。

他们的研究基于努力恢复模型（effort-recovery model）(Meijman & Mulder, 1998)，工作要求—资源模型（job demands-resources model）(Demerouti 等, 2001)，可看做精致的要求—控制—支持模型（demand-control-support model）。假定当工作要求太多努力和时间（如工作超负荷、期限太紧），工作资源（如社会支持、自主、成就反馈、职业机会）不足以满足职业要求时，精力和时间资源被耗尽。结果，产生负性负荷效应，并妨碍在非工作领域的功能（"工作负性影响家庭"）。相反，当存在工作资源足以处理高职业要求，个体可以被鼓舞去从中学习并在职业中"成长"，精力将被动员起来而不是耗尽。这将有利于一人在非工作领域的功能（"工作正性影响家庭"）。同理，从家庭领域出发可以得到同样结论。此假设有基于来自荷兰的不同职业群组的实验支持的证据（Bakker & Geurts；Demerouti 等）：职业和家庭的要求与工作领域和家庭领域间的负性交互作用相关较多；职业和家庭的资源与工作领域和家庭领域间的正性交互作用相关较多。强有力地支持了工作家庭交互作用的四个度。

第三节 工作家庭冲突的相关因素和结果

一、相关因素

1. 性别

性别是工作家庭冲突中被研究最多的社会人口统计特征，因为被广泛认同的性别角色期待中，男性应主要为工作负责任，而女性应主要为家庭负责任（Pleck, 1977)。一方面，假设认为女性更多经受"家庭负性地影响工作"，男人更多经受"工作负性地影响家庭"（例如 Frone 等,1992b；Pleck,1977)。另一方面，假设认为女性比男性经受更多来自工作领域（而不是家庭领域）的负性影响，因为她们在家庭领域有更多的投入，而男性经历更多来自家庭的负性影响，因为他们对工作投入更多（例如 Higgins 等,1994)。在大多数研究的结果中显示工作家庭冲突无性别差异，但当控制其他变量，在对工作—家庭冲突和家庭—工作冲突进行研究时，有些研究发现了性别差异。

有研究显示,性别并不是工作家庭冲突的显著的预测变量。对于工作—家庭冲突中的性别差异的协方差分析结果显示,通过控制家庭中儿童的数量和配偶的工作小时数,女性比男性报告更多的基于压力的工作—家庭冲突;在工作—家庭冲突的其他形式中没有发现性别差异;来自工作领域的社会支持来源对男性工作—家庭冲突比对女性的工作—家庭冲突有更强的负相关,但是来自家庭领域的社会支持来源对女性没有更强的负相关;来自家庭领域的社会支持比来自工作领域的支持和基于压力的家庭—工作冲突有更强相关;来自工作领域的社会支持来源比来自家庭领域的支持对男性家庭—工作冲突比对女性家庭—工作冲突有更强的负相关(Geertje van Daalen,Tineke M. Willemsen,Karin Sanders,2006)。在同一研究中,女性没有从来自管理者和同事的社会支持获益。相反,当她们获得来自管理者的社会支持时,她们的基于压力的工作家庭冲突会变高。与之不同的是,男性从来自管理者和同事的社会支持获益。一个可能的原因是女性雇员感到她们必须做什么事来报答管理者的支持。这导致更高的基于时间的 WFC。Burke(1988);Demerouti 等;Eagle 等(1997);Frone(2002);Frone 等(1992b);Grzywacz & Marks(2000);Kinnunen & Mauno(1998);Kirchmeyer(1993)发现,在男性和女性工作和家庭之间负性交互作用的经历中,没有(或几乎没有)性别差异存在。Grzywacz & Marks(2000)的研究中发现,女性比男性报告稍微多一点的从工作到家庭的正性溢出。

2. 年龄

到目前为止,年龄的效果研究不够系统。在 Burke & Greenglass(1999)的研究中,年龄和家庭—工作冲突有正性相关。Kinnunen & Maonu(1998);Frone 等(1997a)未发现和两领域间的负性交互作用的任何类型有相关。Grzywacz & Marks(2000)控制了工作和家庭特质后,年轻男性比年老男性报告更高工作—家庭和家庭—工作的负性溢出、更少家庭—工作的正性溢出,而年轻女性比年老女性报告更多工作—家庭的正性溢出和更多家庭—工作的负性溢出。但并未提供差异的解释。

3. 婚姻状况与家庭结构

婚姻状况影响未被清晰考察过,因为样本多只采用已婚雇员。已证明儿童数量的影响;以及儿童的年龄对女性的影响大。未婚和较少的负性工作—家庭溢出经历有关,但也和较少的正性家庭—工作溢出经历有关(Grzywacz & Marks,2000)。Grandey & Cropanzano(1999)未能证实婚姻状况在工作和家庭之间冲突的效应。个体差异可以从家中的儿童数量中观察到,和工作—家庭冲突及家庭—工作冲突都呈正性相关(Grandey & Cropanzano,1999;Kinnunen & Maonu,1998;Netemeyer 等,1996)。12 岁以下孩子的职业母亲比孩子更大的职业母亲和职业男性在两个领域的两个方向经历更多的负性溢出(Crouter,1984;Higgins

等,1994)。孩子在高中(>13岁)女性的 WFC 经历比更小孩子的女性显著更低,而对于男性,只是稍微低些(Higgins 等,1994)。

4. 教育水平、收入和种族

对于女性,低水平的教育和收入和低水平的从工作到家庭的正性溢出有强相关,但对男性没有这个结果(Grzywacz & Marks,2000)。一方面教育和收入、另一方面 WFC 和 FWC 间无显著关系(Frone 等,1997a)。黑人女性比其他女性报告更少的从家庭到工作的负性溢出(Grzywacz & Marks,2000)。种族和两个领域间的冲突间无长期关系(Frone 等,1997a)。

5. 个性特质

与工作家庭冲突有关的个性特质大多为神经质、外倾性、个人应对、A 型行为。高水平神经质和两个方向上更多的负性交互作用有关,高水平外倾性和两个方向上更少的负性溢出及更多的正性溢出有关(Grzywacz & Marks,2000)。依赖个人资源减少非工作的负性影响的雇员,而不是坚持雇主对工作要求广泛负责,经历更少的来自非工作的负性影响(Kirchmeyer & Cohen,1999)。A 型人格的警官比没有这些性格特质的警官报告更多的工作家庭冲突(Burke,1988)。

6. 家庭特质

家庭特质包括家庭生活、和配偶及孩子的关系。角色冲突和角色模糊和经历的家庭—工作冲突(Grandey & Cropanzano,1999;Grzywacz & Marks,2000)和工作—家庭冲突(Carlson & Perrewe,1999;Grzywacz & Marks,2000)呈正相关。来自家庭的社会支持,和工作、家庭领域间的冲突负相关(Frone 等,1992a)。研究显示配偶的作用在解决冲突中很重要。对 111 名男性和女性企业家的研究显示,配偶支持使企业家能满足工作和家庭角色的双重要求的有益效果(Parasuraman 等,1996)。Rosenbaum & Cohen(1999)提供了配偶支持作为预防 WFC 的一个重要资源的证据。家庭提供的支持和家庭角色模糊及家庭角色冲突呈负相关(Carlson & Perrewe,1999)。随着时间的过去,和家庭成员的个人冲突是工作—家庭冲突的一个预测因子(Leiter & Durup,1996)。和配偶的严重困难和工作—家庭冲突的经历有关(Burke,1998)。低水平的配偶反对和更少的两领域间的负性溢出有关(Grzywacz & Marks,2000)。家长压力源(家长工作负荷和儿童的不良行为)和家庭—工作冲突呈正相关(Frone 等,1992a,1997b)。投入到家庭活动中的时间量和家庭—工作冲突呈正相关(Frone 等,1997b;Grandey & Cropanzano,1999;Gutek 等,1991.)。

7. 职业特质

工作所要求的时间量是职业生活影响家庭生活最明显的方式之一。仅仅对工作小时的研究对于理解干扰(工作—家庭)是不充分的,可能混淆进其他变量(如灵活性的程度、对时间表的控制、工作的类型)。工作时间的分配也对工作家庭冲突产生影响。工作超负荷是职业压力源中 WFC 的最强前提(Frone 等,

1997b;Geurts 等,1999;Wallace,1997)。也存在一些有利的职业特质,如高水平决定维度或职业控制、工作场所的支持、工作晋升和工作社会价值的提高等。

每周工作时间更长和更高水平的工作—家庭冲突或负性工作—家庭溢出相关(Frone 等,1997b;Grzywacz & Marks,2000;Gutek 等,1991;Van der Hulst & Geurts,2001;Wallace,1997)。长时间工作和正性心理健康指标有关(Barnett,1998)。对于女性兼职工作和更少的工作—家庭冲突有关(Higgins 等,2000;Kinnunen & Mauno,1998)。对夫妻双方都有规律的工作小时数(39~45)和全职的安排,最有效的安排是低水平 WFC 和高水平心理生活质量。然而,当夫妻一人或两人工作较长时间(>45 小时每周),男性和女性报告高水平的工作—家庭冲突(Moen & Yu,2000)。Geurts 等(1999)对住院医师的研究显示,配偶经常工作超时和高水平工作—家庭干扰有关。评价工作时间表不实用(如工作时间表提供不了每周或周末足够的业余时间,或打扰了个体规律的睡眠/清醒节律)的人报告更高水平的工作对家庭的干扰。倒班的丈夫对妻子的调节性提出大量要求,然而妻子对于家内的问题比对于减少的社会生活活动抱怨更少(Rutenfranz 等,1981)。经历高水平工作—家庭冲突的雇员报告高工作角色冲突和工作角色模糊(Carlson & Perrewe,1999;Grandey & Cropanzano,1999)。经历高水平工作—家庭冲突的雇员报告高工作压力(Frone 等,1992a;Grzywacz & Marks,2000)。经历高水平工作—家庭冲突的雇员报告高工作负荷(Frone 等,1992a;Geurts 等,1999;Wallace,1997)。使用几种工作压力源(对能力的怀疑、和客户的问题、官僚主义的干扰缺乏刺激和同事关系)的指标和工作—家庭冲突有强正相关(Burke,1988)。组织重组和缩小和工作家庭冲突有强正相关(Burke & Greenglass,1999)。Kinnunen & Mauno(1998)职业安全和工作和家庭两个方向上的冲突经历相关。高水平决定维度或职业控制和低水平工作—家庭冲突或负性工作—家庭溢出相关(Frone 等,1992a;Grzywacz & Marks,2000;Kinnunen & Mauno,1998)。高水平决定维度或职业控制和低水平家庭—工作冲突相关(Parasuraman 等,1996)。高水平决定维度或职业控制和在两个方向上的高水平正性溢出相关(Grzywacz & Marks,2000)。工作场所的社会支持和工作—家庭冲突或负性工作—家庭溢出负相关(Carlson & Perrewe,1999;Grzywacz & Marks,2000;Kinnunen & Mauno,1998;Kirchmeyer & Cohen,1999;Moen & Yu,2000)。工作场所的高水平社会支持也有利于高水平的两领域间的正性交互作用(Demerouti 等;Grzywacz & Marks,2000)。晋升机会和工作社会价值和工作家庭冲突有负相关(Wallace,1997)。

二、工作家庭平衡的结果

工作家庭冲突作为一个研究领域兴起,已有近 40 年的历史。到目前为止,西方学者已经围绕工作家庭冲突问题展开了相当多的实证研究,并且也取得了丰富的研究成果。尽管对工作家庭冲突使用的术语的定义和测量、样本不同,研究一致显示"工作负性地影响家庭"比"家庭负性地影响工作"更普遍。

国内有研究发现,工作家庭冲突比家庭工作冲突严重;影响工作家庭冲突的因素包括工作时间、加班与轮班、工作卷入、来自单位的支持和照顾老幼等,多数与工作有关。而影响家庭工作冲突的因素则包括家庭卷入、来自家庭的支持和工作时间,主要与家庭有关。

Frone 等(1992b)发现,对于有配偶和/或有孩子的职业成年男性和职业成年女性,报告的负性工作—家庭冲突比负性家庭—工作冲突在频率上多三倍。Bond 等(1998)发现,对一个有国家代表性的美国工作群体的样本报告了类似的结果,普遍性更大。32%美国工人报告在过去三个月中由于职业原因,他们没有足够时间给自己。仅有4%报告在同一时期中家庭或个人生活不能使得工作按时完成。Demerouti 等发现,来自荷兰邮政服务的751名雇员:在工作—家庭交互作用的所有维度中,家庭领域的正性影响对一个人在工作方面的功能最普遍("家庭正性地影响工作")。Grzywacz & Marks(2000)通过对2000名美国男女雇员的问卷研究中发现,从家庭到工作的正性溢出和从工作到家庭的负性溢出同样普遍。

过去的研究揭示了工作家庭冲突和心理健康、身体健康、行为之间的关系。并且工作对家庭冲突、家庭对工作冲突同员工的心理冲突(psychological distress)、自我报告的身体问题、酗酒等分别相关。然而,这些研究有两个重要的局限。

第一方面,有关工作—家庭冲突和自我报告的不良身体健康成正相关,也有相反报告,但测家庭—工作冲突的量表信度仍很低。对工作家庭冲突研究的心理结果关系一致,即工作家庭冲突与造成的心理影响间呈正性相关,产生的心理结果主要包括压力和职业殆尽。

第二方面,和工作相关的态度研究主要集中于对职业满意度的研究;和家庭相关的态度主要集中于各种家庭领域的满意度,如婚姻满意度、家长满意度、主观幸福感等等。研究表明,工作—家庭冲突与职业和家庭满意度都有关。工作家庭冲突与主观幸福感、婚姻满意度和父母亲角色履行对男性和女性都有负相关。

第四节 如何促进工作家庭平衡

尽管关于干预策略的实际效果还有待更多研究的验证。通常认为,组织可以通过营造一种友好工作环境来帮助员工实现工作和家庭的平衡;而员工个人也可以通过一些个人应对策略来降低工作家庭冲突的消极影响。

一、组织策略

大量的研究证明减少工作家庭冲突的主要途径是组织支持,即组织管理者为了实现组织目标、谋求更好的激励效果,根据员工的工作家庭特点,采取具体的支持性态度和举措,提供包括时间资源、情感资源、物质资源和制度资源等各种资源,协助员工处理好工作家庭关系的措施。

组织内部应形成积极友好的工作气氛,而不仅仅是列出显示友好的规定。组织干预策略由浅到深可以分为两个层次的内容。浅层次的内容主要是指家庭友好项目,而深层次的内容则是指支持家庭友好项目的家庭友好文化。许多组织已经对工作和家庭的边界进行了相对简单的调整,如增加灵活时间和灵活地点,制定弹性工作制,给员工照顾家庭留有时间余地是首要的正式制度安排。提供儿童托管和灵活的工作场所,同时与边界维持者之间的支持性关系(如上司和雇员之间的相互理解)对维持雇员的工作家庭平衡具有重要作用。很多组织实施"员工帮助计划(Employee assistance program,EAP)",这对企业和员工来说,是实现"双赢"的良好途径。

二、个人策略

员工个人的策略应集中于对自身态度的改变,同时应积极寻找社会支持。研究显示,来自配偶和同事的社会支持和家庭—工作冲突相关,而社会支持来源中没有和工作—家庭冲突相关的。男性比女性对于来自管理者和同事的社会支持与工作—家庭冲突(基于时间的)和家庭—工作冲突(基于压力的)的相关不同。总结为社会支持对于减少家庭—社会冲突尤其重要;来自家庭领域的社会支持比来自工作领域的支持和基于压力的家庭—工作冲突有更强相关(Geertje van Daalen,Tineke M. Willemsen,Karin Sanders,2006)。

第五节 小 结

一、当前研究的局限

1. 理论局限

(1) 对"工作"和"家庭"的具体概念化仍然没有统一。不同研究中使用的工作家庭冲突产生的影响的方向、性质和归因都不同。

(2) 仍然不清楚工作—家庭冲突应被怎样理论化地引入压力源关系中。在一些研究中,工作—家庭冲突常常被看做是压力源,和其他压力源一起影响健康和幸福;也常常被看做压力的结果,由和工作有关的压力源引起;而另一些研究又将它看做压力源关系中的中介变量,在两种压力源之间影响心理健康。

(3) 从研究层面上来看,多强调个体层面的分析,而对家庭层面、组织层面和社会层面的研究较少。

(4) 仍然缺少工作和家庭之间相互影响方式的理论方法。

(5) 研究中往往把被试看做分别有"工作自我"和"家庭自我"的不连续个体。这可能是受角色压力理论的影响。

2. 方法论局限

(1) 在研究背景方面,目前关于工作家庭冲突的跨文化研究相对匮乏,已有的少数跨文化对比研究也仅局限于中美两种文化对比下的工作家庭冲突问题。研究结论绝大多数是基于对西方国家的研究得出的。在荷兰,大量女性为了家庭选择兼职工作,女性做兼职工作是很普遍的,因此这些女性在其他国家中没有代表性,结论无法普及到其他国家。在一些样本中,甚至83%女性每周工作少于38个小时,所以她们得到很少来自配偶的做家务方面的支持,可能可以解释为什么女性没有比男性报告更多的家庭—工作冲突(Geertje van Daalen, Tineke M. Willemsen, Karin Sanders, 2006)。

(2) 在研究方法上,除少数研究,绝大多数研究采用的都是一种静态的横断面研究,定量分析时采用横截面数据。但是工作家庭冲突是一种动态的复杂现象,会随时间、事件等众多因素而改变,因而需要采取动态的纵向的数据进行分析。

(3) 大多数研究都使用自我报告的数据,只用一种数据收集方法增加了研究结果不真实和浅薄的危险,并且在回答时可能导致认知上的连续性。也可能由于普遍方法变量导致数据污染。

(4) 大多数工作—家庭冲突的研究样本来自受过高等教育、在大企业工作的职业白领(Westman & Piotrkowski, 1999),并且多在女性雇员之中开展研究(Barnett, 1998),因此研究结果的解释力不强,无法推广到广大雇员之中。

(5) 大多数研究过分倾向于研究工作家庭冲突对于组织和家庭的负面影响。

(6) 一些研究中混合了不同类型的社会支持,没有良好区分。在社会支持和工作家庭冲突变量间没有因果结论。

(7) 对于家庭领域的测量工具很有限,在家庭领域的研究变量远远少于在工作领域的研究变量。

(8) 最后,对于家庭友好项目的效果检验和成本收益分析的研究很少。

二、未来研究的趋势和建议

(1) 进行工作家庭冲突对于组织和家庭的正性协调的研究,关注工作—家庭角色的主观性。

(2) 对工作家庭冲突的相关理论会有进一步研究,会更明确相关定义和测量工具,从而使研究更为精确。

(3) 在进行定性研究揭示变量间关系的同时还应该通过质性研究的方法。

(4) 国家、职业和样本的不同可以使研究结果推广到更宽的领域。

(5) 未来研究会更注重采用多重信息资源的纵向研究设计,而不仅仅是采用自陈报告问卷的横断面研究。

（6）研究将更多地考虑生态效度，在真实情境下进行"自然实验"。

（7）未来研究将从家庭特质角度，用和工作场所所用的测试一样精确地测试家庭情境，以此来探索家庭情境中的要求和资源怎样影响工作情况。

（8）未来研究还会从组织文化角度进行工作家庭冲突的研究。

（9）不同社会支持来源和工作—家庭冲突之间的关系是变化的。很多组织只关注和工作有关的变量，应该也考虑和家庭有关的变量。

（10）在工作领域，给予一个男性同事或下属支持和给予一个女性同事或下属支持结果是不同的。管理者不应该仅仅意识到大体雇佣者的性别差异和不同，还应能够采取没有逆反效应的支持性的方式。未来需要研究这些性别差异的更多细节。

（11）未来需要更多的研究来分析家庭友好项目对工作家庭冲突以及组织绩效的影响，加强对工作家庭冲突的社会支持和应对方式的研究。

第6章　要求－控制模型

在本章里，我们会着重解释一种重要的工作压力应对机制（coping mechanism），即员工对他们工作内容、强度、数量的控制能力和控制感。相应的，工作要求—控制模型（Job Demand-Control Model）就成为本章的讨论重点。从压力研究的历史角度回顾，虽然 Lazarus 早在上世纪60年代就建立了包含应对机制的认知压力模型（综述和回顾见 Lazarus,1998;Lazarus & Folkman,1984），但是具体的、针对工作压力的应对机制模型则是最早由 Karasek(1979)提出的。这个模型就是工作要求—控制模型。这个模型的诞生使得大家开始关注与工作压力相关的应对机制研究。其中比较显著的工作包括 Sutton 和 Kahn(1987)总结的员工压力的三种"舒缓剂"，包括控制感、预测力和理解度；Ganster(1989)，Ganster & Fusilier(1989)对美国样本控制感相关的研究的总结；以及 Terry 和 Jimmieson (1999)从国际化的角度出发，以工作要求—控制模型为立足点，对1989到1999年十年间工作控制和员工幸福感研究的全面综述。这几十年的研究表明，员工对自己所处的情境具有控制感是比较有效的工作压力管理和压力应对策略。本章将不再重新回顾这些较早的研究工作，而是深入地探讨控制感和实施控制的能力这个职业健康心理学的核心概念。

首先，本章将介绍与工作控制力的运用相关的概念定义和机制，包括员工如何努力应对压力源，争取或者失去控制力，基因与环境之间的交互作用，外显的与隐蔽的应对，以及决策自主度及其两个成分（智力决策和影响决策的权力）。

第二，介绍决策自主度的测评。在研究和实践中，客观测评比主观测评的方法更加多样化，本章中将讨论他们之间的关系。

第三，在工作要求—控制模型的基础上讨论控制（决策自主度）与健康之间的关系。最近几十年在该领域的科研文献迅速增加，包括长期处于低控制感环境中的健康效应以及突然失去控制感的健康效应。我们还会讨论高工作要求和低决策自主度这个经典组合的健康效应。

第四，讨论控制力与健康关系的生理机制和其他机制。

第五，介绍可能提高控制力和健康的组织干预策略。

第一节 基本定义和机制

为求清楚,我们首先定义"应激"(stress;在一些中文文献里也翻译成"压力";在本章的写作中我们将这两个词互换使用,代表同样的意思)和"实施控制"的概念。Hans Selye(1950)介绍了在生理学研究中对应激的最广泛的定义。根据他的定义,应激是当环境要求个体对能量进行调动时引起的一个非具体化的唤起反应,这个唤起能够促使有机体做出物理反应,并避免来自身体的干扰信号。根据这个生理学上对应激的定义,首先应激是一种反应/应对,由压力源所引发;其次应激是一个中性的概念,尽管在某些条件下它可能带来负面影响,但是这个概念本身并不具有负面意义;最后,应激是在环境要求更多能量时的一个自然发生的健康的反应。

对自己所处的环境实施控制代表了人类的一种基本需要,很多重要的哲学家都坚信这一点。一个最显而易见的例子是存在主义哲学家。他们通过不同的方式表达了相似的观点,即个体的生命不能被环境所控制(Cannon,1999;Heidegger,1972),相反的,人对环境的变化和影响应该占主导地位。与此相呼应,Freud的精神分析理论提出人的"自我"同时努力控制和协调原始率性的"本我"和复杂缜密的"超我"这两种重要的力量以推动个体发展和前进(Freud,1963)。

对生活实施控制指的是一个人能够支配每天的生活情境,即使是那些不可预期的情境。一个有能力对他的生活情境实施合理控制的人能够避免很多日常情境中尴尬难堪的风险。当然,实施控制的能力与个体所具备的权力和资源相关联,那些掌握更多权力和资源的人往往能够更好地实施控制(Syme,1989)。同样的,人们对工作的控制就是其对生活实施控制的一个方面。如果员工能对自己的工作内容、强度和数量进行有效的控制,那就可以更加灵活地应对工作对他们的要求,即通常我们所说的压力源。这种机制的效应体现在能量的分配和调动中。控制越有效,应激后的能量分配和调动就越方便,同时也不会超出个体所可以承受的范围。相应地,个体的能量要求就更容易获得满足,也更容易根据环境的要求而保持。一旦控制无效,环境对个体的能量要求很有可能超过正常限度,个体就很难保持长时有效的能量分配和调动,由此产生与压力源相对应的生理和心理上的负效应(strain)。这就是工作要求—控制理论的基本机制。这个机制正反两方面的效应我们会在后面的小节里(决策自主度与健康的联系)详细描述。

我们应该意识到应激和控制的实施之间有着紧密的联系,因为应激主要是当我们面临失去控制的风险并努力争取保持住自己的控制力的时候被引发的。一旦我们失去了控制,努力也就不再具有意义;在这种情况下,更重要的是积累和保存能量。这将引起个体的悲观状态,比如习得性无助。生理学家 J. P. Henry 强调了这一点,他把为保留控制力进行的努力和失去控制力之后的反应区分开来(Henry & Stephens,1977),由此揭示应激和控制力之间可能的因果关系。

一、控制和应激:基因与环境

如何对环境实施控制在一定程度上可以看成是应对(coping)的函数,即个体面对需要调动能量的情境时的处理方式。由于应对方式受到基因和童年经历的共同影响,每个人的应对方式与情境之间一般都存在着稳定的对应关系。但是,双生子研究发现心理控制点(locus of control)作为应对的一个成分,它的变化很大程度上是由成年后的生活经历所决定的。也就是说,工作生活与成年后的家庭生活经历都影响个体对其心理控制点的评估(Pedersen 等,1989)。外部控制(external locus of control)指个体不相信他/她能够主宰自己的行为,环境才是主宰力量;内部控制(internal locus of control)指个体相信自身的因素决定行为和行为的结果。这个应对成分在很多情境中都非常重要,例如慢性疾病治疗。患有慢性疾病的人在长期的患病状态中依赖性会变得很高,他们会表现出更多的外部控制。病人的依赖性越低,在治疗和恢复过程中就会表现得越好。通常,恢复治疗的一个目标往往就是将心理控制点向内部控制转移。

对情境实施控制的另一个重要方面是关于应对方式是外显(explicit)还是内隐(implicit)的探索。一个重要的发现是,当研究者询问员工当身处尴尬情境当中时他们怎样做,例如当上级或者同事不公平地对待他们时,员工的回答可以基本被分为两种。一种是显性应对,即当事人立即或事后向对方指出事实和自己尴尬或受到羞辱的感受。另一种是隐性应对,即当事人避免采取行动,对方可能完全不知道当事人受到羞辱的尴尬感觉。在研究中采用隐性应对方式的员工在真正的生活情境中往往更频繁地受到羞辱和压力。在斯德哥尔摩的一项研究中,研究者通过标准化问卷测量了 6000 名员工在羞辱情境中的应对方式。员工需要描述当他们遭到上级或者同事不公平的对待时一般会怎么做。比起那些说自己有较大可能对工作环境施加影响的员工,那些报告自己很难影响工作环境的员工更可能采用隐性应对方式。该研究还发现,这些多采用隐性应对方式的员工高血压的发病率相对较高。这个结果在男性被试中尤其显著(Theorell, Alfredsson, Westerholm & Falck, 2000)。工作环境与应对方式之间的联系可能暗示如果员工感受到他们能够影响其工作环境,在这样的工作环境中员工也更有可能表达出他们的抱怨和不满;如果员工影响工作环境的可能性很小,那么他们可能不会告诉别人他们受到的不恰当的对待。这里的一个基本概念就是实施控制的可能性。如果一个人不管说什么都不能带来任何影响,那么他/她就会渐渐地不再说出自己的想法,从而采取隐性应对的方式。

关于心理控制点的内外向和外显—内隐应对的研究结果表明我们周围的心理社会环境可能影响我们应对压力情境的方式。当人们在寻求解决问题的办法的过程中获得了协助,他们就更有可能发展出更为积极的应对方式。根据社会学习的理论,在给定情境中所发展出来的应对方式将会影响我们日后在类似情境中的行为表现(Parkes,1991;Ursin,1997)。很明显,上级在这些氛围因素的塑造过程中起到重要的作用,他们既可以促进员工发挥控制力,又可以把所有的权力集中在自己身上。

二、决策自主度(decision latitude)的基本成分

在工作情境中实施控制可以从两个角度来理解:上级的控制与员工的控制。控制在工作中的主要体现就是决策自主度。决策自主度指的是员工可以对自己的工作作出决定的程度和可能性(Karasek,1979;Karasek & Theorell,1990)。员工的决策自主度与上级的决策自主度显著不同。员工的决策自主度与上级的决策自主度有一个简单的反比关系,而上级的决策自主度则在很大程度上并不依存于组织的控制度。因为组织在很大程度上并不能控制上下级间的人际关系和社会交换,而这些都是领导力研究的课题。考虑到本书的重点在职业健康心理学上,在本章里我们只探讨员工的决策自主度。本章的另一个限制是这里所讨论的员工对于工作的决策自主度是依存于组织的,但是不应忽视还有其他因素可能会影响员工自主决策的能力。这些因素有些与员工本身的经验和能力有关,但是与职业健康心理学的范畴关系不大,而是传统的工业组织心理学的课题,所以本章不予讨论。在我们这里所定义的决策自主度的界限内,我们区分两个基本成分:员工影响决策的权力和智力决策。

影响决策的权力(authority over decisions)指工作组织中的民主程度,即员工对工作内容和工作手段选择的影响力。这种权力的存在为员工提供了好的任务控制机制(Karasek & Theorell,1990)。智力决策(intellectual discretion)有时也被称为技术决策(skill discretion),指员工可以决定如何运用和发展他们的知识的程度。如果员工能够掌握发展自身能力的各种选择(例如参加再教育、工作轮换或者培训),那么就被认为具有较高的智力决策能力。如果员工拥有较高的智力决策自主度,他们在非预期的情境中就更有可能实施控制。因为他们可以迅速地做出应对非预期情境的智力发展调整,来适应和控制这些情境。

决策自主度的这两个基本成分互为补充。对于大多数员工,这两个成分相互关联,在工业主义和泰勒主义(Taylor,1911/1967)的发展过程中二者也相互关联。Taylor为工业的劳动分工提供了科学的原则,成为工业化发展过程中的重要一步。当19世纪80年代劳动分工最初得到阐述的时候,工人失去了他们可能对工作过程产生影响的权力(影响决策的权力),因为工作进程和不同工作组成部分的管理都由别人决定。与此同时,他们也失去了对于工作过程的整体认识,导致他们的知识不能得到整体地运用和发展(Karasek & Theorell,1990)。尽管这两个成分总是相互关联,但是在很多情况下我们仍然有必要对它们进行分别的研究。

根据工作场所的干预经验,这两个成分可以通过完全不同的策略进行干预,它们对于员工身心健康也会产生不同的影响。

基于决策自主度的概念,工作要求—控制模型(Karasek,1979;Karasek & Theorell,1990)被广泛的应用于心理社会环境与健康之间关系的研究中。在这个模型对环境的描述中,低要求和高决策自主度的结合是最为理想的情况(即轻松情境),而高要求和低决策自主度的结合(即压力情境)则可能导致最糟糕的健康问题。低要求和低决策自主度的工作环境被称为消极情境,高要求和高决策自主度则被称为积极情境。尽管在积极情境中要求水平很高,但是这并不会像压力情境那样容易对健康构成威胁,因为高水平的决策自主度提高了员工控制和应付这些工作需要的可能性。

第二节 决策自主度的测评

把控制的理论概念与实际应用中对控制的测评区分开来是很重要的。员工在工作组织中的决策自主度主要通过问卷测量,由员工自己进行报告。但是,使用这种方法的时候,员工的个人经历和人格特质都可能会影响他们的回答。另一个测评方式是请专家进行更为客观的判断,至少是作为第三方对影响决策的权力和智力决策进行评估。专家可能来自职业健康关怀团队(Hasselhorn 等,2001)或者工作程序的外部专家(North,Syme,Feeney,Shipley & Marmot,1996)。另外,还有一些专门的标准化的测评技术可以用来衡量这些变量(Volpert,1982)。第三种广泛用于决策自主度评估的途径是通过对工作人群的国家调查进行。根据国际分类系统以及性别、年龄、工龄等细分方法,每一个心理社会维度(例如工作的物理要求、工作要求、智力决策、影响决策的权力和社会支持)对于每个职业的员工都可以计算出一个平均值。一些类似的推算心理社会条件的系统在美国和瑞典都有文献可查(Alfredsson,Karasek & Theorell,1982;Alfredsson,Spetz & Theorell,1985;Fredlund,Hallqvist & Diderichsen,2000;Johnson,Stewart,Fredlund,Hall & Theorell,1990;Schwartz,Pieper & Karasek,1988),但是由于并没有考虑到一个职业内部各个工作场所和工作任务之间存在的变异,这些分数并不能精确地描述某个具体工作的决策自主度。

那么,不同类型的测评方法获得的结果关系如何呢?对于决策自主度以及它的两个主要成分而言,专家评分和员工自评分数之间具有良好的一致性(Hasselhorn 等,2001;Karasek & Theorell,1990),尽管这两种评分方式在本质上并不相同。在最近的一项对斯德哥尔摩 2275 名工作男性进行的流行病学研究中,由职业健康关怀团队的专家评分与员工自评分数之间的相关是 0.56,这表明有 31% 的变异能够同时被两种评估方法所解释,在一定程度上证明了专家的观点和员工自身的观点有大约 1/3 的重合。他们之间的一致性对于蓝领工人尤其高。在一项对瑞典男性工作人员的研究中,研究者在员工自评分数和根据瑞典国家调查局制定的最新分类系统(Fredlund 等,2000)所计算的分数之间得到了更高的相关(0.65)。需要强调的是不管是专家评估还是员工自评都不能反映全部的真实情况,它们只能反映决策自主度的不同侧面。因此,在实证研究中,我们建议有条件的研究者同时使用多种方法测量决策自主度。

对于决策自主度不同方面的系统化观察(observation)也被标准化并且见于学术杂志中(Harenstam, Rydback, Karlqvist & Wiklund, 2000; Waldenstrom, Josephson, Persson & Theorell, 1998)。Landsbergis 和 Theorell(2000)发表了对于问卷的特点、运算系统、专家评估和系统化观察的总结。他们的总结非常的全面,有兴趣的读者可以直接阅读他们的原文。在此,我们就不再赘述了。

决策自主度概念的最后一个要点是,我们需要区分对工作的控制(control over work)和工作中的控制(control at work)两个方面(Aronsson, 1985; Karasek & Theorell, 1990)。对工作的控制表示这样一些工作方面,它们与控制整个工作流程的权力有关,从而与生产计划的市场层面和社会分工的民主层面更贴近。工作中的控制更为清晰的涉及工作任务,与工人本身的工作活动更为贴近。职业健康心理学领域内发表的大多数研究都是针对工作中的控制,而很少研究对工作的控制。当然,这可能是由于很难研究对工作的控制。一个明显的例子是,那些在信息技术行业工作的程序员们很了解他们的工作,对于他们自己的工作任务他们总是具有较高的决策自主度,可以通过很多不同的途径来完成工作。但是他们的客户市场可能会要求所有程序员撰写的指令能够被整合到一个通用的平台上,这个市场层面的要求就可能不允许程序员工对他们如何完成工作任务进行过多控制。所以,对工作的控制很有可能在宏观的层面上影响工作中的控制。在以后的研究中我们需要更多的具有更佳信度的方法来评估和研究对工作的控制,才能具体理清这种宏观层面的效应。

第三节 决策自主度与健康的联系

在很多情况下,人们由于害怕失去控制力而发生生理反应,这可能是失去控制力与患病之间一贯存在强相关的一个重要原因。失业就是一个典型的例子。一些研究发现当人们面临失业威胁或者是当员工丢掉工作的时候,患病的风险会增加(Janlert, 1997; Hammarstrom & Olofsson, 1998)。尽管失业与患病之间因果关系的方向尚不确定,研究者们普遍同意两者之间互为因果:不健康的员工会面临更大的失业风险,因为工作绩效受到疾病的影响;而失业的员工也有更大的可能出现健康问题——心理上他们更容易受负性情绪的困扰,同时失业又容易导致他们的经济能力下降,影响他们的生活水平,导致他们难以维系正常的营养和医疗保健(Hallsten,1998;Isaksson,Hellgren & Pettersson,2000)。

一、失去工作中的控制力

即使是人们拥有一份工作的时候,他们仍然可能面临失去工作中的控制力的可能性,这也会显著的影响到健康。最近的两项冠心病的流行病学研究证明了这一点。其一是一项探索性的研究,以英国的公职人员为研究对象(Bosma 等,1997),健康水平通过登记和自评进行测量,还收集了血脂、血压等信息,所有测量每隔约两年进行一次。另外,研究的参与者还需要汇报他们在工作中有多大程度的决策自主度。研究结果显示,那些在两次测评之间决策自主度明显降低的员工在后面一次测评中更可能成为冠心病的新发病例。该风险的比例在控制了员工本身的生理风险因素(如吸烟、血脂、血压等)之后更是翻了一番。

另一个研究是斯德哥尔摩的一项心肌梗塞案例控制研究(Stockholm Heart Epidemiology Program,SHEEP)。在大斯德哥尔摩地区,在年龄介于 45 到 65 岁之间发生第一次心肌梗塞的患者参加了这项研究(Theorell 等,1998)。一组没有冠心病的人群被作为参照组与患病组进行比较。心梗患者在发病后三个月内进行检查,所有研究参与者都进行了同样的病理检查和生理检查。他们整个职业生涯过程中每年的职业都被编码,从而使研究者有可能根据瑞典职业分类系统(Johnson 等,1990)推算出每名被试每一年的决策自主度(根据职业、性别、年龄、该行业工龄进行细化)。研究者假设,那些在参与研究的 10 年间失去了决策自主度的被试较之其他人有更大的可能性发生心肌梗塞。从 45 到 54 岁之间的男性被试所获得的数据支持了该假设。所有被试中,决策自主度下降程度最大的 25% 被试被定义为决策自主度显著下降的人群。在控制了生理风险因素之后,属于心梗组的优势比(Odds ratio)为 1.8∶1,也就是说那些决策自主度显著下降的被试患心梗的可能性是其他人的几乎两倍。对于 55 到 65 岁的男性被试,失去工作中的决策自主度跟升高的患病风险之间并无如此显著的联系。年龄组之间的差异可能是个人预期的结果。也就是说,在现代社会中年龄超过 55 岁的工作的男性可能预期到决策自主度随年龄的下降而非上升。因此,他们并不会像年轻人那样把决策自主度的下降当成一个负性事件。另一个可能的解释是,55 到 65 岁之间的大多数男性已经停止工作,那些仍然工作的人群可能是一个有偏样本。对于工作的女性而言,下降的决策自主度与心梗风险之间没有关系,但是需要指出在这项研究中女性被试的人数很少。

决策自主度的丧失对于急性颈肩痛也有重要的影响,一项针对下腰痛和颈肩痛的案例控制研究证明了这一点(Fredriksson,2000)。在这项研究中,工作中和工作之外的物理条件和心理社会条件都得到了相应的评估,在对被试的访谈中,被试描述了他们在进行检测时所处的环境。然后,他们需要评估在过去的 5 年中,从决策自主度的角度来看该环境是否发生了变化。研究发现,即使在控制了很多可能的混淆变量(例如过去的颈肩痛病史、社会经济地位、年龄等)的影响之后,那些报告说他们经历了决策自主度下降的被试也有更大的风险受颈肩痛的困扰。该研究还发现,完全失去决策自主度与患病风险之间的联系比决策自主度降低与患病风险之间的联系更强。

在工作重组过程中,决策自主度的丧失与患病风险之间的关系应该得到重视。如果很多人都在工作变化中经历了决策自主度的下降,地位的下降,或者失去提高竞争力的可能性,我们将预期某些疾病的发病率可能升高。因此,我们有必要关注那些处于类似风险情境中的员工,并努力帮助他们获得新的有意义的、便于提供他们控制感的工作任务。

二、长期暴露于低自主度环境中

另一个研究主题是探索即使没有任何决策自主度的降低或丧失,长期处于低自主度环境中是否与患病风险的增加相关。在英国公职雇员的纵向研究中,研究者试图用一种系统化的方式来分析这个问题(Bosma等,1997)。他们每两年收集一次与工作环境有关的问题,在这些测量时间点被试需要参加体检并抽取血样和化验血脂。在该研究中主要测量决策自主度中的影响决策权力的成分。在男性和女性被试中,都发现了低水平的影响决策的权力与增加的冠心病患病风险之间的相关,该结果是在控制了生理风险因素之后得到的,社会经济因素(例如受教育水平和社会等级)以及很多个体心理学特征的影响也得到了控制。其中最重要的一个心理学特质是负面情感(negative affectivity),它表示人们对所处环境条件抱有负面情绪的倾向。该研究发现与低水平的影响决策的权力相联系的冠心病风险每两年约增加50%,这个百分比与员工自评的结果非常接近。

在一个探索工作环境中决策自主度的长期效应的研究中(Johnson, Stewart, Hall, Fredlund & Theorell, 1996),研究人员发现大多数瑞典人的职业生涯都会影响到他们日后死于心血管疾病的风险。在关于生活条件的调查中,被试需要回答他们在职业生涯中每年所从事的工作,根据分类系统(Johnson等,1990),每个人每一年的工作的决策自主度都可以推算出来。结果显示,持续在工作中拥有高水平的决策自主度有累积的防御员工心血管疾病的积极效应。这种效应会影响15到20年时间,但是20年后这种积极效应不再累积。综上所述,英国和瑞典的研究都证明了高水平的决策自主度对员工的健康具有保护作用,能够有效减少心血管疾病的风险。

三、工作负效应(Work Strain):高工作要求与低决策自主度的结合

很多与低自主度相关的研究都关注低水平的决策自主度和高水平的工作要求的结合(即工作压力情境)。工作要求—控制模型(Karasek,1979;Karasek &

Theorell,1990)提出这种结合对于健康的影响尤其突出。Belkic等人(Belkic, Schnall & Ugljesic,2000)总结了这些研究,发现有些研究没有发现工作要求和心血管疾病之间的关系,但是大多数研究证明当工作要求和决策自主度相结合时对于患病的预测力比单独考虑决策自主度的预测力要更强。根据员工自评的结果,与工作压力情境相联系的患病风险的增加大约在40%到150%之间;根据信度校正后估算的结果,这个百分比略低,大约在20%到100%之间。这些研究也发现,决策自主度的解释力比工作要求更强。

但是,也有研究发现不支持工作要求—控制模型的结果。Taris(2006)在重新回顾了包括在1999年一个元分析研究(Van der Boef & Maes,1999)中的63项研究后指出,只有大约10%的研究真正发现了高工作要求与低决策自主度的结合效应。这可能是由于大部分的这类研究都使用了比较年轻的样本(平均年龄在27到36岁之间)。而由于具备更多的心理生理资源,年轻员工可能比中老年员工更不容易知觉到压力源的负效应(Jex,Wang & Zurubin,2007)。需要指出的是,Taris回顾的研究大部分考察的是心理健康的负效应,而高工作要求与低决策自主度的结合对生理健康的负效应在研究中显得更为一致(Belkic等,2000)。

低水平的决策自主度和肌肉骨骼失常(muscle-skeleton disorders)的风险之间的关系尚未得到一致的研究支持,其联系也不如与心血管疾病的联系那么强。决策自主度与肌骨失常之间的关系对于不同的研究人群、性别、社会阶层、职业等都可能存在差异(Anonymus,1996),另外,对于不同种类的肌骨失常病症(颈肩痛和下腰痛是最为普遍的两种),二者的关系也可能存在差异。一些研究发现工作要求的负性影响更大,而另一些研究发现决策自主度的负性影响更大。最近的一项研究发现(Vingard等,2000)缺乏决策自主度(在本研究中侧重智力决策成分)与男性的下腰痛相关,还与血浆中白细胞介素-6的密度升高相关(Theorell等,2000)。白细胞介素-6关系到人体组织的炎症反应和应激反应。对于女性,工作要求和决策自主度之间的关系与男性不同。同样,与颈肩痛和下腰痛的相关也表现为不同的联系方式。一个有趣的发现是,对于女性来说,最有力的预测表现在当工作的物理条件和心理条件都不佳的情况下。例如,对于同时报告了工作的心理压力与物理负担的女性来说,因下腰痛求医的可能性是那些只报告了两者之一的女性的3倍。缺乏决策自主度在与其他因素共同作用时可能在更大的程度上导致下腰痛。

功能性肠胃疾病(例如消化不良、肠激惹综合征等)也与工作中的低水平的决策自主度相关(Nyren,1995;Westerberg & Theorell,1997)。这些研究发现,对于男性和女性,患有这些肠胃疾病的可能性随着工作中决策自主度的降低而提高,尤其是当工作中的工作要求也很高的时候,低决策自主度的影响更为严重。消化不良可能引起上腹部疼痛和反酸,肠激惹综合征的常见症状包括便秘、腹泻和下腹部疼痛。

总之，决策自主度的缺乏关系到心血管疾病和功能性肠胃疾病的发病风险，也关系到肌骨失常综合征。反之，高水平的决策自主度可能具有保护作用。但是其间关系存在的机制是怎样的呢？低水平的决策自主度虽然可能不会在很大程度上增加患病风险，但是由于低水平的决策自主度是很多员工所面临的广泛存在的现象，对上述关系的理解对于公共卫生显然具有重要的意义。

第四节 控制力与健康关系背后的机制

对于决策自主度能够影响患病风险这个研究发现，主要有两种解释的机制。第一种解释关系到生活方式，例如吸烟、饮食习惯、饮酒和吸食毒品等。这些生活方式相关的因素可能受到工作中和工作外的社会心理学因素的影响。第二种解释关系到社会心理学因素对于内分泌系统和新陈代谢系统的直接影响。不同的研究者对两种解释的重要性持有不同的观点。以色列的一项对大量工业工人的研究发现，决策自主度对于吸烟习惯有显著的影响（Melamed，1995），类似的效应在一项瑞典研究中也得到支持（Jonsson, Rosengren, Dotevall, Lappas & Wilhelmsen，1999）。其他的研究还发现，缺乏锻炼和低水平的决策自主度之间有相关（Johansson, Johnson & Hall，1991）。尽管如此，很多研究显示低水平的决策自主度和心血管疾病患病风险之间的关系在控制了生活方式的因素之后仍然显著（Bosma 等，1997；Theorell 等，1998），更有研究显示在控制了这些因素之后二者间的关系增强（Haynes，1991）。这些发现都意味着第二种机制可能更为重要。

对控制力的争取的结果应该在生理上反映出来。很多研究都支持了这一预测（Belkic 等，2000；Theorell，1997）。缺乏决策自主度使人们必须在很多情境中大幅度调动能量以便重新获得控制力。在这些高能量需求的情境中，为我们提供能源的生理系统被激活，同时，那些帮助我们适应需要情境的系统也被激活。这时，人们对疼痛的敏感性减弱，血液的凝结被促进，水和盐分被保持以便保持血流量。在该情境中，能量的调动和对物理作用力的适应被给予了最高的优先权，但是细胞合成代谢的可持续性和长期效率却被牺牲掉了。这减缓了重新获得和修复损失了的细胞功能的有机过程。在正常的情境中，我们的机体存在一个连续性的、肌肉和骨骼不断被重建的过程，在这个过程里肌肉细胞耗损然后得到补充。相应的，血液中的白细胞也存在着类似的一个过程。但是在缺乏决策自主度的情况下，细胞的合成代谢效率降低，相对应的组织器官的功能就会受到影响，有机体的相应器官就面临患病的危险。目前的研究表明，细胞合成代谢出现在人们的深度睡眠（睡眠的第四阶段）阶段，因此深度睡眠对于合成代谢意义重大。从长期来看，保持良好的决策自主度对于我们保护自己以免在危急阶段受到生理损伤是非常重要的。更进一步，合成代谢与机体再造之间存在相关关系，这两种功能在一定程度上是由相同的激素控制的。一个最明显的例子就是性激素。研究发现，当白领员工的工作压力上升时，血浆中某种男性性激素浓度下降（Theorell, Karasek & Eneroth, 1990）。在另一项研究中，警察局管理者丢掉工作的时候，血浆中的这种男性激素浓度降低，三年后当他们中的大多数都获得了相似的新工作时，该激素浓度恢复到了正常水平（Grossi, Theorell, Jurisoo & Setterlind, 1999）。相应的，瑞典一家医院的女性看护人员面临下岗和公司重组压力之后一年内某种女性性激素浓度下降（Hertting & Theorell, 2001）。这与她们在下岗和重组环境中丧失了一部分工作中的控制力有关。

有机体能量的调动通过多种方式表现出来（Theorell, 2000）。急速的能量调动可以通过心律和血压的升高进行测评，也可以通过升高的肌肉电位进行测量。血液和尿液中的肾上腺素和去甲肾上腺素分泌排泄量增加。一旦激活开始几分钟，下丘脑—垂体—肾上腺轴（HPA axis）就被激活，这可以作为血液和唾液中皮质醇浓度升高的衡量指标。如果能量的调动在很长一段时间里面（至少几个月）不断加强并重复发生，其他变化就会随之发生，这被称为能量调节的扰动（Disturbance of regulation）。这个过程也可以用 allostasis 来描述（McEwen, 1998）。

正常的皮质醇血液浓度调节被扰动。在正常条件下，皮质醇的浓度在早晨比较高，在晚上降低。当环境要求能量的调动时，皮质醇的分泌会增加。当发生调节的扰动时，皮质醇的分泌将变得不正常。当人们处于精神病学定义的抑郁期时这种扰动就会发生，即血液和唾液中的皮质醇浓度在早晨和晚上都很高。此时抑制机制没有发挥作用（Rubin, Poland, Lesser, Winston & Blodgett, 1987）。相反，当人们处于应激情境时，这个浓度就会在早晨和晚上都很低，在慢性疲劳综合征患者中常能观察到该现象（Demitrack 等，1991），此时促进机制没有发挥作用。

凝结的效应。两个不同的流行病学研究都显示，当人们工作中拥有的决策自主度很低时，血浆中的纤维蛋白素原浓度升高。当采用间接测量（即与国家调查进行的推算分数或专家评估）时这种效应更为明显（Brunner 等, 1996; Tsutsumi, Theorell, Hallqvist & Reuterwall, 1999）。

缺乏决策自主度和免疫系统的活动之间似乎也存在直接的相关。在瑞典的一项研究中，决策自主度低的男性血液中白细胞介素－6 的密度较高（Theorell, Hasselhorn, Vingard, Andersson & MUSIC Norrtalje Study Group 等, 2000）。一个探索工作要求和决策自主度之间关系的纵向研究表明，他们的共同方差与血液中 G 免疫球蛋白的浓度相关联，当工作压力增加时，G 免疫球蛋白的浓度也升高（Theorell, Orth-Gomer & Eneroth, 1990）。

在决策自主度与生理功能关系的研究中，血压得到了最为广泛的关注。在日常活动中血压的升高与高要求低决策自主度的结合相联系，很多研究证实了这种联系在男性和女性中普遍存在（Schnall, Landsbergis & Baker, 1994）。在这样的研究中，高要求和低决策自主度的结合显得非常关键，因为工作压力或者决策自主度单独与血压之间并没有得到一致的相关系数。

第五节 提高控制力和健康的组织干预策略机制

工作要求—控制模型被证明对于改善心理社会工作环境具有重要意义。人们在如何提高工作中员工影响决策的权力方面进行了很多尝试,这些尝试也得到了评估。这些研究探索工作中的控制力的改变和员工健康的改善之间是否存在稳定的关系。例如,在一个研究中(Jackson,1983),医院门诊设施被随机分配到实验组和控制组。对于实验组,为了增加员工的决策自主度,员工例会的频率增加到每月一次;为了增进社会支持,员工受到关于进行参与性小组内问题讨论的技术培训。六个月后两组被试的数据表明实验组的角色模糊性和角色冲突都有显著的降低,而控制组没有变化;实验组的被试经历的情绪压力、工作不满意度、缺勤率、离职倾向均显著降低。

另一个研究提供了一个不太确定但是有用的评估(Edling & Wahlstedt, 1997;Theorell & Wahlstedt,1999)。研究为邮递员提供了选择转移到本地一个新的邮局工作的机会,在两个邮局(新的和旧的)的邮递员都进入下一步的研究。新邮局开始运作后,为了增加决策自主度和改善员工所处的社会氛围,新邮局实施了一系列心理社会工作环境的改变,例如为了提高凝聚力给工作组更多的责任。研究结果显示,物理上的人机工程学条件在两组员工之间没有差异,但是新邮局的社会氛围有显著的改善,新邮局员工的颈肩病症的发病率降低,而在原邮局员工中发病率上并没有明显观察到这个变化。

在第三个研究中(Orth-Gomer, Eriksson, Moser, Theorell & Fredlund, 1994),职业健康关怀团队为办公室职员开设了一个为期两天的关于心理社会压力的课程,通过问卷调查心理社会工作环境和个体条件。根据调查结果,员工开始发生很多变化,都以提高决策自主度和社会支持为目标。8个月后的结果表明实验组员工的自主权和智力决策显著提高,社会氛围也得到显著改善。但是,员工的个人习惯(例如吸烟和饮食等)都没有显著的变化。尽管如此,仍然发现实验组被试的血脂发生改变,可能带来冠心病风险的降低,而在控制组中未发现该变化。在该研究领域还有其他一些研究(Karasek & Theorell,1990;Kompier & Cooper,1999),都表明社会心理因素的改善需要一定的时间,一般需要几个月,反馈和社会支持对于成功的组织变革总是必要的条件。

通常,组织内的干预总是包括一个变化的过程。为了提高团队的凝聚力,有时通过允许团队对工作过程中多样化的工作任务承担责任来实现。这种方法的一个普遍结果就是员工感知到的影响决策的权力的提升以及社会支持的增加。有些研究评估了心理社会干预的健康效应,或者仅针对管理者实施干预,或者针对所有员工实施干预,但是尚无研究评估对高层管理者进行干预时对员工的健康影响。在一项保险公司的研究中,管理层被要求参加提高心理社会能力(沟通、督导、倾听等)的培训项目,每两周参加一次30分钟的讲座,讲座之后参与者根据讲座内容进行小组讨论。两周的时间间隔是为了给他们时间将学到的知识应用于管理实践中。心理社会环境总是需要时间来建立和改善。通过对比两组样本的表现对该项目进行评估:一组就是前面介绍的参加讲座和讨论的干预组,另一组来自同一个公司的没有参加该项目的管理者作为对比,共300名参与者。结果表明,较之实验前,干预组影响决策权力的水平在一年后有了显著的提高,在管理者和员工中都观察到了这样的结果。同时,干预组的下级员工血液皮质醇浓度降低。类似的变化在控制组中没有发生。上述结果可以解释为干预组的员工降低的皮质醇水平反映出他们的生理唤起水平下降,也就是说面对压力源他们的应激不再像以前一样激烈(Theorell, Emdad, Arnetz & Weingarten, 2001)。

以上描述的这些例子都表明决策自主度是有可能被提高的。与此同时,社会氛围和社会支持可能发生变化,由于它们相互纠缠相互影响,一般很难把这些效应分离开来。此外,也很难解释清楚在对决策自主度的影响中,究竟是组织效应更为重要还是对员工应对方式的影响更为重要。当组织计划为提高决策自主度而努力的时候,条理是非常重要的。如果在工作场所存在问题,人们必须讨论如何进行最初的调查,而所有的参与者都必须与之同步。然后,对该调查结果的使用应该有计划,对于后续步骤必须要有资源和时间的安排(不仅仅是周和月,而是年)。调查的结果应该反馈给工作场所的经历和员工。干预的负责人应该认识到总会有对问题解决方式的讨论和不满。因此,需要用结构化的方式进行重新设计,选择合适的团队来策划解决方案。干预计划包括时程和向管理者的反馈。反馈结果应该对下一步的行动起到指导性的作用。同时,关注心理社会工作环境的个人和组织方面在干预过程中是非常重要的。一方面,这使得对于那个成为更为重要的评估变得更困难,另一方面,实践经验表明当个人和组织方面同时得到关注时,干预成功的可能性更大。

本章讨论了工作控制相关理论的基本概念和机制。研究表明低水平的决策自主度与患病风险的增加相关联,反之亦然。当与高的工作要求同时存在时,低控制水平对于健康显得尤其重要。最近的研究表明了将低控制和疾病联系起来的一些生理学机制,对干预研究的评估表明努力提高员工工作中的控制力是有可能并且有积极意义的。

第7章 情感劳动

第一节 情感劳动概述

小王是××公司营业厅的一名员工,她每天的工作就是接待前来的各位顾客,解答他们的各种疑问,并且在自己能力范围内解决顾客的问题。很多时候,她能够很好地解决顾客的问题;但是,如果她自己的心情不好的时候,比如:和父母闹别扭或者和同事有别扭的时候,就很影响她自己,不足够耐心。也有些时候,有些顾客故意刁难的时候,她觉得自己非常委屈。有时,上班受了委屈,就发泄到了自己的男朋友身上,导致两个人关系很紧张。工作半年后,她觉得自己心情非常烦躁,找到营业厅主任,要求调职或者辞职。

王主任是某某省一家公司电话客服中心的主任,公司采用集中处理事务,大约有一千多名员工在一起进行办公。他找到人力资源经理,目前最大的问题是,每年有很多人要离职和辞职,而公司招聘新人,需要花费很多钱对新员工进行培训。

上述案例表明了在当前很多工作场所中,人和人之间交往和沟通的增加,以及对于交往质量的要求也增高。无论是作为工作人员还是顾客,我们都感受到了服务态度和质量的提高。走进商店、餐馆、酒店,或登上飞机、轮船,我们常常都能感受到服务人员的笑脸相迎和热情问候,我们也因此而感受到作为消费者的尊严和权威。

近几年来,随着计算机的发展,发达工业社会中劳动的特点在迅速地发生变化,生产正趋向自动化和计算机化,由大量工人操作的工厂正在被取代,工业劳动不再是占统治地位的劳动形式,过去在办公室所需要的智力技能正在被计算机所取代,随着服务业工作岗位的大量增加和信息技术运用的增加,新型的劳动形式正在产生,这些变化时常被概括为社会形式正在从工业社会向后工业社会阶段转变。可以说,伴随着社会经济以及科学技术的进步,有越来越多的人从工业生产中脱离出来,并产生了很多工作中需要同他人交往的工作。而随着人们财富的增多以及休闲时间的增多,人们对于服务的要求却越来越高了。发达国家成熟的服务文化也越来越被广泛接受,在很多服务性行业中都要求自己的员工要"笑脸相迎"、"热情友好"等。

如果从广泛意义上谈,只要在工作中涉及了同非工作同事的交往都要求我们要调动自己的情绪和情感,保持积极正性的情感面对他人。但是,被要求终日面对络绎不绝的顾客还要保持始终如一的"微笑"服务,是一件很困难的事情。对于个体而言,可能导致自己的情感衰竭、工作满意度的降低;对于公司,可能导致员工离职率的提高、培训成本增加等。可见,社会总是在矛盾中进步的。消费者和生产经营者之间的社会关系,也同样如此。我们希望见到服务员的笑脸,却导致服务劳动者的情感异化。我们喜欢得到服务员的热情服务,却常常在怀疑这种职业表情的真实性。一言以蔽之,尊重消费者权益日益受到重视,在导致商业性职业情感出现的同时,也引起了传统的真实情感的消失。这或许就是现代人存在状况的一个真实的写照。

从20世纪80年代以来,服务行业工作人员的工作压力问题成为心理学家、社会学家、人力资源管理学家关注的问题,并提出了一个新的研究领域——情感劳动(emotional labor)。服务工作一个非常重要的要素是在工作中需要表达特定的情感(Grandey & Fisk,in press;Hochschild,1983)。国内学者汪纯孝教授曾提出"绝大多数服务性企业是感情密集型企业",强调企业要聘用情感密集型员工,以便提高企业的整体服务质量。在服务人员与顾客的接触中,感情交流极为重要。如今,服务行业的工作人员受到越来越多的关注。

近年来,我国服务经济迅速发展,服务市场竞争激烈。为了降低成本,增强企业竞争力,很多服务性企业不断精简员工,员工的劳动强度和工作压力不断增大。同时,顾客对服务质量的要求也越来越高。为了满足企业和顾客不断提高的要求,员工必须长时间、高强度地进行情感性劳动。他们往往因长期承受巨大的工作压力而身心疲惫。久而久之,员工对顾客和企业的要求变得麻木不仁,消极应对,严重影响企业的服务质量和顾客满意程度。因此,随着全球经济的发展,情感劳动成为心理学工作者、人力资源管理者、社会工作者及劳动卫生专家感兴趣的研究主题。

二、情感劳动的概念及其演变

1. Hochschild(1983)的观点

在过去相当长的一段时间里,国内外学者主要从认知的角度研究员工和顾客的行为,忽视了情感因素的作用。往往将关注点放在工作对员工认知能力及风格的影响,及顾客的认知评价上。而情绪性因素往往是更为原始的,也更加能够决定进一步的行为。

20世纪80年代初,美国社会学家Hochschild在系统研究了民航服务员之后,发现乘务员不仅从事体力劳动,例如:为乘客指引座位、提供饮料、在紧急情况下作出迅速反映,而且需要向顾客表现正面情感(微笑)。首先提出了情感劳动的概念,指的是员工与顾客之间的交往质量。这里的"顾客"指服务性企业的服务对象,如乘客、病人、学生等。在社会交往活动中,人们都会在不同的环境下扮演不同的角色,并对外界环境作出适当的情感反应。她认为,服务性企业员工在服务过程中,不仅要从事体力和脑力劳动,而且还须从事情感性劳动,为顾客营造良好的情感氛围,提高顾客满意度。她把情感劳动定义为员工通过情感管理来压制或强装某种情感,以形成交往对象可观察到的面部表情或肢体语言,影响交往对象的心理感受。情感劳动需要员工付出额外的努力才能够达到,她进一步指出,情感劳动有两种方式完成:表层表演和深度表演。由于需要付出额外的努力,所以对于员工而言,工作是充满了压力的,并可能导致情感衰竭。

此后,国内外学者开始认识到情感劳动管理对于服务管理的重要性,遂着手开展这方面的研究。

2. Ashforth 和 Humphrey(1993)的观点

与Hochschild强调情感性劳动在于员工对自身情感的"管理"不同,Ashforth 和 Humphrey(1993)将情感劳动定义为员工表现恰当感情的行为,在服务过程中表现出组织所期望的情感。同Hochschild的观点相比,他们强调了情感劳动是一种可观察到的行为。如果情感劳动是一种"行为",按照美国心理学家Hacker(1973)的观点,劳动(工作)"行为"实际上是一种心理过程,这个心理过程包括设定目标、制订计划、执行计划、控制执行过程及信息反馈。那么,情感劳动就应该定义为"员工按照企业需要的情感表达对自己在工作时的情感进行管理的心理过程"。

在Ashforth和Humphrey的观点中,情感劳动并不一定需要有意识的努力。他们认为,随着时间的推移,表面表演和深层表演可能成为员工习惯化或职业生涯中的一部分。他们并不关注员工的真实感受,他们关注的是员工的外在表现,包括表情、言语、语态、身体语言等。90年代,人们更加关注的是外部观察到的情感劳动的表现及其与绩效之间的关系,即员工的情感劳动是否让顾客感到非常真诚,情感劳动对于企业目标的实现贡献了多少。

3. Morris 和 Feldman(1996)的观点

美国学者Morris和Feldman于1996年把情感劳动定义为"员工在与顾客交往的过程中,员工对自己的情感进行准备、引发、调节、压抑等,以表达出企业要求的正确情感反应"。这一定义表明,情感劳动是员工工作内容的组成部分,它要求员工在与顾客的接触中适当掩藏和控制内心的真实情感,即使员工精疲力竭、情绪低落,也必须按企业的要求微笑着面对顾客。这一定义强调了"社会环境"的作用。在员工对自己情感控制和调节方面同前面两个定义类似,但是,这个定义提到了社会环境决定了什么时候引发这种情感。

他们提出，情感劳动包括四种维度：

（1）接触的频率；

（2）服务参与的程度（情感要求的强度、接触的时间等）；

（3）情感要求的类型；

（4）情感的不协调度（emotional dissonance），这主要是指内心体验的情感同外面表达出来情感的不一致性。

Morris 和 Feldman 进一步讨论了表面表演和深层表演，它们被认为是服务参与程度较小的影响因素。而情感的不协调度主要导致了工作满意度低和情感衰竭等。

除了强调情感的不协调性外，该定义也强调了组织对于员工和顾客接触表现的预先估计（时间、强度、频率等），即强调了工作特性方面。

4. Grandey(2000)的定义

上述三个定义分别表现出了不同研究者进行研究的着手点，分别强调了不同方面。Hochschild 强调了员工付出的努力及对员工的影响；Ashforth 和 Humphrey 强调了行为本身及其结果；而 Morris 和 Feldman 强调了工作特性方面以及情感的不协调性。将各种因素考虑进来，美国宾州州立大学学者 Grandey 于 2000 年把情感性劳动定义为员工为了达到企业的要求调节内心的情感和表现出来的情感的过程，其中表面表演和深层表演是完成情感劳动的两种策略形式。由于情感劳动中的表面表演和深层表演的含义及影响不同，Grandey 的研究分别就两者进行了分析。

5. 本书的定义

情感劳动是在互动过程中进行的，这种互动过程是由工作者和工作对象共同创造的情境。情感劳动者在公司与工作对象之间营造了一种氛围。在这种情境中，工作者按照主观的自我认识去选择自己的行为，即在过去形成的经验中，对互动对象所期望的行为加以揣摩与推测，并付出一定的行动。比如在餐厅服务中，员工需要以一种热情的姿态来参与整个互动过程，并且认为这就是顾客所期望的，以此满足顾客的心理以及符合机构的要求。其实，在员工采取情感劳动行动之前，他们需要在自我内心进行一系列的情感调节，从某种意义上来说，这也是一种情感劳动。相对其他人际关系而言，有职业性（完成任务）和利益性（获取利益）在其中。

所以，我们认为，情感劳动就是员工作为中介，在顾客和公司利益之间架起了一个桥梁，通过其劳动，使顾客得到很好的感受，从而满足了公司的利益，换取了顾客继续购买商品或者继续选择该公司服务等，此时员工付出的劳动，即控制自己的不良情绪、调动自己积极情绪、满足他人自尊和良好感受的劳动叫做情感劳动。主要有如下三个要素：

（1）情感劳动发生在员工与顾客的面对面的接触中或通过对话进行交流的过程中。

（2）情感劳动会对他人的感情、态度和行为产生影响。

（3）情感劳动需要遵循一定的规则或制度，这其中包括人们进行社会交往时要遵守的一些习俗、准则，也包括企业对服务人员的工作内容及方式做出的一些具体规定。这属于人际交往中的表面性接触阶段（基本上是以严格规定了的角色进行交往）。例如：旅馆服务员接待顾客时要彬彬有礼，面带微笑，即使当他们面对挑剔的、令人不快的顾客时，也应表现出这些情感。

在小王的案例中，我们知道，小王在工作中必须要对顾客笑脸相迎，无论顾客是什么样的态度，也不论她自己的心情如何，她在工作中需要做的就是调整自己的心态，能够在工作场合下保持良好的态度，让顾客感觉到舒服和满足，并能继续使用本公司的服务，而不是转而投到其他营运公司等。

情绪本身并没有好坏之分，它是我们适应社会的一种心理生理活动。但因为情绪的不当表达对我们身心健康、自身发展和社会进步有不利影响，所以我们要学会去调节和管理情绪的发生发展。情绪固然有正面有负面，但真正的关键不在于情绪本身，而是情绪的表达方式，以适当的方式在适当的情境表达适当的情绪，就是健康的情绪管理之道。

（1）存在一些基础的、原始的情绪，通常认为有 8~14 种。

（2）情绪是先天的，是进化遗传的一部分，是因为适应价值而逐渐进化的。

（3）基本的普遍的情绪有独特的特征，并且每种情感同特定的面部表情相关，该面部表情是先天的、普遍的。

（4）情绪是原始的动机系统，它可以进一步影响思维和行为。

（5）先天因素及后天环境的不同决定了个体在特定情绪上的频率和强度不同。

三、情感劳动的特点

所谓的情感劳动就是另一种非物质劳动形式，是一种生产或制造舒适感、幸福感、满足感、兴奋感或激情等感情的劳动。我们可以从诸如法律助理、医务人员、空中服务员和快餐工作者的工作（微笑服务）中辨认出情感劳动。和人打交道的过程中，涉及对人的感受的劳动其实都多多少少涉及了情感劳动。

这类工作和其他劳动一样，通过某种程度上有目的地生产物品并且改变物质环境，包括通过对话和其他交往活动形式，来实现自身的运作，它不会简简单单消失，它在世界中具体化，并且创造使用价值，他们的目标是创建一种特殊的思维状态（"我正受到很好的招待"）、一种特殊的情感（"满意的顾客"）或者一种特殊的反应（"我将会再使用他们的服务"）。

情感劳动对于建立和维护经济、社会关系是十分必要的。创造并维持一个家需要家务劳动,生产社会化的个体需要教育。维持现代经济中的社会和经济关系需要接待人员、社会工作者、清洁工、商店售货员等等。这些活动中没有一个是直接创造物质产品的,虽然如此,它们仍然是对象化的赋形活动和方式。它们的物质成果在于推动社会关系和主体的生产和再生产,并且同样是一种自我实现的形式。它具有一些自身的特点:

(1) 价值性。既然是劳动,它就符合劳动的某些特点,只不过情感劳动是一种特殊劳动能力(情感)在工作过程中的投入,投入的就是"情感"本身。这里的"情感"像其他商品一样,同样具有价值和使用价值。在其他条件相同的情况下,优质的情感劳动能赢得消费者的满意、尊重感、价值感、对公司的好感和以及公司良好的口碑,从而为公司赢得更多的回头客、新客户和利润。因此,情感劳动必须要有一定的回报与报酬,他们也相应的获得了自己的工资等其他收入。甚至有些公司管理人员对他们的一线员工说,我们买的就是你们的笑容和亲切,我们因为这些付给你们工资。正是由于它的价值性特点,所以很多服务行业会有专门的培训等对自己的员工进行训练,以期获得更好的价值。

(2) 公用性。情感可以用于私人方面也可以用于公共方面,用于私人方面有一定的自主性和自由性,但用于公共领域则要受到限制。而一般人际交往中的情感都是具有个人性的特点。公用性是情感劳动最重要的特点,这首先表现在情感劳动必须服从组织的需要,然而更重要的是,情感劳动还要适合服务对象的需要,由于服务对象通常是陌生人,因而劳动中的情感运用实际上是在公共领域中发生的。也就是说该情感在劳动中产生,是没有劳动人员个人色彩的,而这种不带个人色彩的情感并不是否定劳动人员个人对服务人员的可能情感,比如,可能讨厌对面的人,可能喜欢对面的人,但是在工作场合下,只能产生特定的情感,为企业、个人及服务对象带来价值的正面情感,而不是负面的不加约束的情感。

(3) 社会性。情感劳动既然要运用到公共领域,就要受到社会的限制。也就是说,在与工作对象的互动过程中,要按照一定的社会规范(道德、法律等)调节或者控制自己的情感,从而使情感劳动既适应组织和顾客的要求,又符合社会的要求。虽然,在影视作品中,我们看到男女主人公因为工作场合的机缘成为情侣的故事非常多,但是,在现实生活中,我们知道一定的情感是必须加以约束的。而不加约束的情感是很容易出现问题的。

(4) 相对性。情感劳动非常灵活,对于不同的行业和不同的劳动者来说,情感劳动都表现出很大的差异性。由于工作性质的差异、组织要求的不同以及劳动者素质的区别,因而情感劳动的质量也就不同。那么,情感劳动的价值也就成了一个变量。不同的行业对于劳动者情感的要求不同,要求劳动者情感的卷入也不同。如果和服务对象之间关系要求高,就会对劳动人员的情感要求也比较高。对于关系要求越高,情感劳动的强度也就会越高。比如,对于一名心理咨询师而言,单纯只是做到温和、亲善可能远远不够,他还必须进一步在咨询场合中对来访者无条件的关注,做到共情,帮助来访者解决令其困惑的心理问题,我们可以认为在这种劳动中,情感的投入非常高。

(5)潜在性。情感存在于劳动者之中,只有当它与工作过程相结合,在具体工作过程中才能发挥出来,否则,它就只能是可能的劳动能力;而发挥得如何,主要取决于员工对组织的归属感和满意度,即取决于员工对组织的情感关系。这时,员工所在组织的情感管理就成了关键因素。情感劳动的潜在性,就决定了我们如何去选择那些比较适合做情感劳动的员工以及组织如何进行管理;另一方面,情感劳动的潜在性也反映了情感劳动的可塑性,即可以通过培训和学习来提高自己的情感劳动的技能和能力。

第二节 情感劳动的策略类型

我们都知道,情感是人的内心体验,对于同样的事情,每个人的感受可能是不同的。但是,服务行业中又要求面对顾客必须表达出正面情感,此时,内心经历的情感可能与他们需要表现出来的情感不完全相同,这就需要员工或者伪装正面情感,或者压制负面情感,这就是进行情感调节。当然,情感调节对于员工而言,可能是一个需要努力和有策略的过程,也有可能对员工而言是一件压力性事件,对他们的心理和身体健康产生影响。

美国学者古特克认为员工的情感性劳动有两种表现形式:(1)情感强化:员工增强自己与顾客之间的亲密感,把陌生的顾客想象成自己的朋友和亲人,接待顾客就像接待自己远方亲人一样。(2)情感置换:员工隐藏自己真实的情感,正确表达企业需要的情感。例如,员工并不喜欢某顾客,甚至对某顾客特别讨厌,但员工在与顾客交往时仍然要流露出高兴快乐的表情。

一、情感劳动的策略

目前,研究者认为,员工进行情感劳动时,主要有三种策略:表面表演、深层表演和自发表演。

1. 表层的情感行为

表面表演(surface acting)指员工在工作中不改变自己内心的情感,在外在表现上尽力按照企业的情感表现规则来表现企业需要的某种情感。在这种情况下,员工内心真实的情感感受体验与他们表现出来的情感是不同的。我们通常看到这时的员工似乎带了一个"假面具"或者有一副"职业表情",他们的语言表达没有问题,但是感受不到其中的真诚,是因为情感不再是内心真实情感的流露,而是一种工具性的、虚假的情感。明明不高兴,却要装出一副笑脸。明明讨厌对方,却要装出喜欢。在这里,情感的表现和情感的实质发生了背离。

尽管同恶言恶语相比，我们还是希望有哪怕虚假的善意。但是，从长时间来看，员工表现虚假的情感（表面表演）会引起顾客的反感，降低他们感知的服务质量和满意度。而且，如果员工长期在工作中表现与自己内心感受不一的情感，会引发员工的情感疲惫，降低员工工作满意感，增强员工的"跳槽"意向，造成员工离职率的上升。在实验室研究中，发现被试即使能够按照要求压抑自己内心真实的感受，表现出所要求的表情、语言、身体语言时，其自我报告表明被试很清楚自己的真实感受，而且知道自己在"假装某种情感"，并且，生理指标也表明此时的被试处于压力紧张之中。因此，人们一般认为，表面表演是感受到工作压力感的一种表现，是对现有工作妥协的一种行为策略，长时间表面表演将会对身体及心理健康都产生不好的影响。

2. 深层的情感行为

深层表演（deep acting）是指员工采用各种方式努力改变自己内心的情感，使自己内心经历企业要求他们表现的某种情感。例如，他们可能内心自我对话或者改变自己的认知等。在这种情形下，员工愿意改变自己的意愿，员工内心的情感与表现出来的情感是一致的。深层表演也通常被认为是对企业高度忠诚的表现。对企业越认同，表现出深层表演越多。通常认为，深层表演的员工感受到的压力要远远低于表面表演的员工，而他们的成就感和责任感要高于表面表演的员工。

有研究表明，鼓励员工在负性环境下用更积极、正向的态度认识可以明显地降低生理唤醒水平（心率、呼吸、血压、体温），并改变自我的真实情感体验。

通常，我们都知道，我们的想法决定了我们的行为，也决定了我们的情绪。最有名的历史故事就是"触龙说赵太后"的故事，小王子要被送到敌国做人质，但是，触龙劝导赵太后说，小王子去做人质，为国家立功建业，将来可能做国君，于是赵太后高兴地开始吃饭。而赵太后以前认为小王子将一去不回，并且受尽磨难。我们看到，只要我们改变了想法，情绪就会发生改变，由担忧改变为了高兴。

认知改变情绪，这是认知疗法的基本思想。因此，改变一个人的认知就能够改变他的情绪了。所谓"认知"，就是一个人对某一事件的认识和看法，包括了对过去事件的评价，对当前事件的解释，以及对未来发生事件的预期。

在认知疗法中，通常认为A是知觉到的某种令人厌烦的诱发性事件，在我们这里就是员工遇到的应激事件；B代表信念，也就是评价性认知，是员工对于该事件的个性化的认识；C就是结果，包括了情绪。当一个人对应激事件评价是正向的，那么C的结果，即情绪就是积极的正向的；而当他对应激事件评价是负向的，那么C的结果，即情绪就是消极的负面的。

因此，改变员工对于自身工作、服务对象、事件的认知，转变为积极、理性的是非常重要的。

3. 自发的情感行为

通常，表面表演和深层表演需要员工花费精力，才能表现出企业需要的情感。

因此，早期研究的学者认为这才是情感性劳动。但是，随着对"情感劳动"研究的深入，Ashforth & Humphrey（1993）提出在工作场合中，员工可能会自发地产生和表达自己真实的感受，而在此过程中，同样服务于顾客。Dieffendorff, Croyle & Gosserand（2005）通过验证性因素分析也同样证实了在情感劳动中包括第三种情感劳动即自发表演（spontaneous acting）。即当员工需要表现的情感与他们内心实际经历的情感一致时，就会自然地表现出企业需要的情感，而不必努力调节自己的情感。

其他学者的研究结果表明，员工内心的真实情感与他们表现的情感的一致性程度是决定情感劳动成败的关键。员工在服务工作中真实自然的情感表现（自发表演和深层表演），有助于提高员工的服务业绩，增强顾客的满意感。在某些情况下，员工需要表现的情感是他们内心所经历的情感。例如：护士看到受伤的孩子，会产生同情，而并不需要假装同情。这时员工就会自动地流露出需要的情感，是无意识地表演，不需要员工去努力调节情感。这种情感调节机制也称为"被动的深度表演"。还比如当因为自己的服务而令客人满意，服务人员也会有成就感和满足感。

因为，自发表演是员工真实情感的流露，是和真实情感状况相符合的，不需要更多的努力，在本书中讨论较少。本书中的讨论主要以表面表演和深层表演为主。

二、不同策略的作用

在不同的服务环境中，情感性劳动的不同调节机制——表面表演和深度表演的作用是否相同呢？

我们根据顾客与服务人员相互交往程度和服务定制化程度，将服务分成标准化服务和定制化服务。无论是哪种类型的服务，顾客感觉中的服务质量由两部分组成：功能性质量和技术性质量。技术性质量指服务结果的质量。例如：餐馆为顾客提供食品和饮料；银行为顾客提供贷款。功能性质量指服务过程的质量。服务过程与消费过程同时发生。服务人员与顾客相互交往的过程会影响顾客对服务质量的评估。

对于标准化服务、服务人员与顾客相互交往的时间短暂，提供的服务标准化程度高，例如快餐店、自选商场、自动化银行、开架书店等，服务迅速，每位顾客接受相同的服务，这种服务环境为短暂接触性服务。在这种服务环境中，顾客最关心的是得到标准、快速的服务，服务质量的核心是技术性质量。顾客非常清楚这种环境中服务人员并不总是表现真诚的情感。因此，他们并不期望得到服务人员真诚的微笑，只要对服务结果满意、服务方便、快捷，服务人员友好，顾客就愿意再次购买。

1. 短暂接触性服务环境

服务人员情感劳动及表面表演、深度表演的作用如下：

（1）服务的技术性质量是核心，只有当顾客对服务结果满意时，服务人员表现正面情感，顾客才能对服务质量给予更好的评估。

（2）当顾客对服务结果不满意时，服务人员表现正面情感不会影响顾客对总体服务质量的评估。

（3）服务人员是伪装正面情感还是真诚地表现出正面情感对顾客感觉中的服务质量的影响没有区别。

在短暂接触性服务中，企业首先提供让顾客满意的服务结果，然后再考虑服务人员的情感表现。企业不应该在基本服务都不能满足顾客要求时，就要求服务人员提供僵硬的微笑服务，而且，企业没有必要要求服务人员表现真诚的情感，企业应授权服务人员，服务人员可以根据具体的情况和自身的情感调节技能决定是否表现和如何表现正面情感。

2. 关系型服务环境

在关系型服务环境中，服务人员为顾客提供定制化服务。服务性企业根据顾客的具体需要，由服务技能较高、服务知识比较丰富的服务人员为顾客提供个性化、差异化服务，满足各位顾客的具体的、独特的需要和愿望。例如：律师事务所、美容院、医院等。由于顾客缺乏对有关服务信息的了解，顾客往往难以客观地评估这类服务的技术性质量，因此，功能性质量在顾客对服务质量的评估中更为重要。在这种服务环境中，顾客与服务人员交往频繁、交往时间长，服务人员的情感表现对顾客的感受影响更大，顾客能够区分服务人员是伪装出来的情感还是内心真正经历的情感。此时，顾客会认为，服务人员表面表演是虚伪的，是假装对顾客关心；而服务人员深度表演是真诚的，服务人员是真正地关心他们，真正地以顾客需求为第一。可以说，深度表演在关系型服务环境中至关重要。在这种环境中，服务人员情感劳动及表面表演、深度表演的作用如下：

（1）关系型服务环境与短暂接触性服务环境相比，服务人员真诚地表现正面情感更为重要。

（2）在关系型服务环境中，服务人员真诚地表现正面情感比伪装正面情感对顾客的影响更为重要。

（3）在关系型服务环境中，服务人员伪装正面情感可能对顾客对服务质量评估产生副作用。

服务性行业员工的心理准备包括三个方面：事前的心理准备；面对顾客时的心理准备；平时的心理准备。

（1）事前心理准备，主要为认知上的一些准备，主要包括：

① 员工应有这样的观点：自己通过帮助顾客，让他们满足，对于企业可以带来很大的利益，并从中得到了自己的效益和快乐；我是企业的代表和代言人。

② 我准备参加工作了，这是我的职业角色，我对自己的职业有责任，所以我要尽心尽力地工作。

③ 站在工作场所时,给予自己充分的心理暗示:我能够很好地处理各种事情,能够很好地胜任。

④ 开始工作,所以要把自己的情绪放在一边了。

(2)面对顾客时的心理准备:

① 不作辩解;不把责任转嫁。

② 尊重顾客,尊重每个人的独特性。

③ 考虑顾客的年龄、性别、个性特点等。

④ 切勿感情用事,要以客观的态度来处理。

⑤ 切勿避开问题的核心。

⑥ 我是"主人",我要有负责的态度。

(3)平时的心理准备:

① 要精通专门知识及规则等。

② 培养自己共情的感觉。

③ 要注意自己平时的情绪和健康管理。

④ 培养自己的处理技巧。

第三节 情感劳动的主要作用

一、对顾客的影响

情感劳动对顾客的影响很大程度上受服务的类型、顾客的预期、顾客的个性特点(顾客是否容易受他人控制等)影响,综合来讲,可能会有正面或者负面两种影响。

(一)正面影响

服务人员表现正面情感,可以通过情感感染影响顾客的情感感受,通过顾客的期望与评估影响顾客感觉中的服务质量,进而影响顾客的逗留时间、再购意向和正面的口头宣传,从而间接地提高企业的经济效益。

1. 通过情感感染,影响顾客的情感感受。情感感染指一个人表现出来的情感会影响他的交往对象,使他们产生类似的情感。服务人员的情感表现会通过情感感染,引起顾客同样的情感。因此,服务人员表现正面情感,顾客会感受到正面情感,顾客对服务质量的评估就会提高。

2. 通过顾客的期望,影响顾客对服务质量的评估。顾客接受服务前期望服务人员表现正面的情感,根据期望—实绩的服务质量评估模型,顾客在服务质量的评估过程中也会考虑服务人员表现出来的情感,服务人员的正面情感表现会直接影响顾客对服务质量的评估。

3. 增加顾客的逗留时间。服务人员表现正面情感，顾客感到心情愉快，顾客愿意留在服务场所，顾客就更有可能购买产品或服务。

4. 增进顾客的再购意向。顾客在服务场所拥有良好的情感感受，顾客自然就愿意再次光临。服务人员的情感性劳动会增进顾客的再购意向。

5. 做出有利于企业的口头宣传。由于顾客拥有良好的情感感受，顾客乐于做出有利于企业的口头宣传，从而为企业赢得更多的顾客。

6. 我们知道，人有个基本特点，就是"互惠原则"，当顾客和某个员工产生了某种情感联系，他就会因此喜欢他推荐的产品或者公司。我们经常见到某些顾客因为喜欢某个营业员而喜欢某个品牌的东西或者某家公司。

情感劳动最核心的作用在于服务人员可通过自己表现出来的情感，影响顾客的态度、情绪、情感及行为。在服务性行业，这类的例子不胜枚举。如果顾客的态度、情感与行为能够达到企业的预期，那么企业可以认为服务人员的情感性劳动是有效的。情感性劳动的第二个意义在于它可以丰富顾客的消费体验，满足顾客的情感需求，并为他们创造一份美好的回忆。人的社会性决定了人们对情感交流的需求。顾客在整个消费过程中同样具有强烈的情感需求，其满意与否不仅仅由产品和服务的功能决定，而且还取决于整个消费过程中的心理体验。因此，企业要"满足顾客的需求"，不仅要满足顾客对物质利益的需求，还要满足顾客的情感需求。这种情感需求的满足除了依赖于适当的产品或服务设计、恰当的消费环境外，还依赖于服务人员的情感性劳动。在所有的消费情景中，面对面的情感交流是引起强烈情感的最主要因素。而面部表情、声音和姿态是人们之间互相沟通的中介。服务人员通过恰当的言谈举止使顾客产生积极的情感体验。

（二）负面影响

员工加强与顾客的沟通，拉近顾客与企业之间的关系，有助于在顾客的心目中树立良好的企业形象。但是，如果企业不注意在"制造亲密关系"时解决员工的心理上和情感上的问题，顾客可能也不能理解和接受这种"亲密关系"。按照古特克的观点，顾客也难以接受员工提供的这种机械式、形式化的情感服务，这种情感服务与他们期望的情感需求有较大的差距。从某种程度上讲，顾客对员工行为准则的感知只是员工工作的需要，而不是员工内心的需要。顾客不赞同，也不需要这种"亲密友谊"，因为顾客认为员工提供的情感性劳动完全是一种职业习惯和企业规定，而不是一种真正的感情投入，顾客不可能感受到员工的真诚。服务性企业都提倡微笑服务，微笑服务赢得顾客的关键在于企业关心的是顾客本人而不仅仅是企业与顾客之间的商业交易。

另外，正如人际交往之间的"互惠原则"，顾客还有可能觉得自己被情感的力量控制要购买或者光顾，这对于一些对"被控制"敏感的顾客而言，他们宁愿不要这些在他们看来不真实的情感。事实上，顾客更愿意企业把自己看成陌生人，给予每一位顾客都是陌生人一样的公平对待，员工热情明确地介绍企业和企业提供的服务,而不是虚情假意地关心顾客。顾客越感觉到企业员工对他们的服务不真诚,他们越渴求一种真诚的、发自内心的、自然真实的服务。同时,顾客也会越来越讨厌一种虚假的、机械性的情感性服务,这种服务也会降低顾客对企业的信任感,增加顾客跳槽的可能性。当然,这些都取决于企业中的员工如何认识和表达。另外,表面表演和深层表演对于顾客产生的影响也是不同的,我们在前面已经介绍了。

二、对服务人员自身的影响

对于有些比较适合做这项工作的人而言,能够很好地调整自己,并且善于做同他人打交道的工作,在得到顾客的赞扬和帮助到对方时,马上可以从自己的工作中看到自己的价值,工作成就感会比较高,也会愿意从事这项工作。但是,就长时间从事情感劳动而言,它对于人们是一种消耗。

一些欧美学者实证地研究分析了服务人员的情感性劳动与其情感消耗之间的关系。在医院、学校及宾馆等服务性行业,服务人员为了做好分内的工作,在面对顾客的时候,常常需要大量的感情投入。这种大量的感情投入容易使服务人员过度消耗自身的情感资源。这会给服务人员带来三个方面影响:情感的耗竭、人格解体及工作满意感降低。第一种结果是企业的员工流失,员工对这种情感性劳动心存疑虑,他们不堪忍受各种类别的条条框框来制约其行为,认为这些条条框框是制约他们与顾客交往的障碍,员工不喜欢他们"扮演"的角色,必然导致员工对企业的满意度下降,增加他们跳槽的可能性。

(一)人格解体

情感劳动容易导致服务人员的人格解体。当需要投入的情感劳动频率过高、持续时间较长时,服务人员容易将顾客当做一个需要服务的物体(depersonalization)而不是有情有义的人看待。这样,服务人员的情感表达因此成为一种程序化的无意识反应,即他们表面上所表现出来的情感与内心的实际感受完全分离,他们的微笑和热情都只是为了完成分内工作而做出的一种机械运动,也就是我们所谓的"职业微笑"或者"职业表情"。这可能有如下几种表现:

1. 角色混淆

在某种情况下,服务性企业要求员工对待顾客要像对待自己的亲人和朋友一样。例如:百货公司的经理要求售货员对待顾客就像对待自己的朋友一样;餐馆要求服务人员对待顾客要采用亲切的称呼;航空公司要求服务人员对待顾客像对待家里的客人;医院护士长要求护士把患者当自己的亲人等等。从表面上看,这种工作要求对员工没有什么损害,员工只是不受个人内心真实情绪的影响而实现简单的角色转换。然而,这种有意识的"创造性亲密"可能会让员工产生角色混淆,甚至适得其反,让顾客不高兴。

从事情感劳动的员工可能分不清楚哪些情感是属于自己的情感,哪些情感是与工作相关的情感。例如：餐馆的服务人员在与顾客的交往过程中，始终保持友善微笑、愉快的心情、与顾客开玩笑活跃气氛，镇定地应付突发事件和尴尬局面。在他们下班之后，可能仍然分辨不出哪一份情感是与工作相关的，哪一份情感是他们自己真实的情感，甚至他们不知道自己的真实感受是什么。面对一个情境时，他可能首先会问自己，我应该有什么样的感受。

还有研究结果表明：部分员工能够清楚地分辨工作时的情感和自己的情感，但他们仍然还是认为自己的情感不是特别的真实。无论是能够分辨还是不能分辨上述两种情感的员工都会感到工作的压力和讨厌他们的工作。

2. 角色冲突

服务性企业常常有许多明文制度和情感服务条例来规范员工的言行举止，这些条款制定了许多细则要求员工在不同环境下一一遵循。例如：航空公司制定了高度规范的服务条款来制约服务人员的行为，航空公司的培训讲师告诫服务人员："当你对某位乘客特别反感或讨厌的时候，你应该提醒自己：我还欠他一个微笑。"某医院的一名女医生在接诊患者的过程中没有任何过错，却遭到一名粗暴患者家属的殴打（该家属对夜诊的就诊程序不清楚），该医院仍然要求女医生向病人道歉，而通过医院内部的"委屈奖"来安慰该医生。

当服务人员试图为顾客提供优质服务的时候，企业的服务规范制度有助于确定服务过程中的不确定因素。同时，这些制度可能导致两个方面的矛盾。企业制度设定的顾客需求与顾客的实际需求之间可能存在矛盾，服务人员对规范制度的适用范围不了解，导致制度的选择与现实的环境不相适应。例如：医院的某些科室和某些疾病的患者喜欢安静独处，过多的关心和询问会导致患者的反感，而患有某些疾病如更年期综合征、心理障碍疾病患者则喜欢医护人员与他们多交流。

服务规范条款可能导致员工在工作时和下班后的角色冲突。例如：银行出纳的工作高度繁忙和紧张，排队等候的顾客经常对银行出纳语言粗暴，因此，银行出纳在工作中处于极度消极的情感状态。从理论上讲，银行出纳下班后应该调整工作上紧张压抑的心态，在祥和轻松的家庭环境下，出纳应该保持积极的心态，但出纳员却很难完成工作中与下班后的角色转换，他们往往将消极情绪带回家，影响到家庭的氛围与家庭和睦。

3. 角色分离

为了给顾客提供个性化服务，企业往往要求员工与顾客之间创造一个"虚拟关系"。按照企业的相关行为准则要求，员工服务必将增进企业与员工之间的亲密程度，建立顾客对企业的信任感与归宿感。然而，企业长时间高强度地强调员工与顾客的"亲密程度"，可能导致一个相反的效果：员工的工作角色与其自身的感受出现分离与脱节。员工的权利和责任是由经理和企业的行为准则设定，员工在工作中不能体现个人真实的感受和心情。有时，他们会抱怨"找不到自己"。

（二）情感耗竭

从长期来看，这种过度消耗容易引起服务人员的角色负担过重、角色冲突等问题,并最终导致服务人员的抱怨、心情烦闷甚至长期的精神压抑。也有可能,企业对于员工情感表达的要求比较高。例如:在医院里,医护人员的情感性劳动的频率相当高,也就很容易发生医护人员的情感过度消耗的问题。

如果,我们将一个人的情感资源看做是有限的话,那么,如果自己不加以有意识地调整、实施自我保护策略,或者补充自己的积极正性情感的话,情感就很容易耗竭。如前所述,表面表演和深度表演都需要员工额外地付出努力。并且,每天面对同样的情境,压抑自己内心真实的情感,按照规则调动自己的情感是一件非常应激的事情。

情感耗竭(burnout)表现为做什么都没有趣味,自我价值感降低,在自己的生活中缺乏情感,容易激惹。研究表明,情感要求的不和谐性同情感耗竭密切相关。

情绪压抑无论是有意识的还是无意识的,都会对个体产生负面影响。有时我们有意识地压抑自己的情感是因为工作或者外界的要求,但有时因为我们成长中的事件或者小时候的成长经历,我们可能在一些情况下无意识地压抑自己的真实情感。

Wegner的研究表明,一个兴奋事件或者情绪被压抑后,可能比能自由表达更具危险性或者更兴奋,即使这件事情上没有情绪表达,但是在其他事件上可能情绪表达过分,同实际情况不符的情绪的爆发,这就是我们所谓的"失态"。他进一步区分了压制(suppression)和压抑(inhibit),压制是有目的有意识地把一个念头或者情绪从注意中排除出去;而压抑的概念来自于精神分析理论,是无目的的、潜意识地把一个念头从注意或记忆中排除。压抑在精神分析理论中有防卫的作用。

情绪压抑的个体在外显行为(表情、语态和身体语言等)和生理唤醒水平上都会有表现。当一个人有情绪,不能表达时,身体会有一定表达,会有去甲肾上腺素增加,因此,长期压制情感是心身疾病的一个因素。

情绪本身是一种能量,让它安全地释放出来,才不会对个体产生不良影响。因此,工作中压抑的情绪应该找一个安全的方式释放出来。

(三)工作满意度下降

过度的情感性劳动会降低服务人员的工作满意感(job satisfaction)。当服务人员的情感性劳动的付出得到企业的奖励,如更多的报酬和精神上的鼓励的时候,或者当顾客对服务人员做出积极的反馈,甚至彼此之间建立起良好的个人关系时,情感性劳动就会提高服务人员的工作满意感。但是,当过度的情感消耗导致服务人员的抱怨、精神压抑甚至人格解体的时候,情感性劳动就会降低服务人员的工作满意感。因此,情感劳动对于服务人员工作满意感的影响不仅依赖于企业的绩效评估制度,也受到服务人员自身及接受其服务的顾客的影响。

研究表明,情感的不协调度要求越高,员工的工作满意度越低。例如,对于监狱看管人员而言,他们往往要压抑着自己对罪犯的憎恶之情,要对罪犯表示友好和亲善,这成为压力来源之一。而我们知道,在西方国家,监狱看管人员是压力高的职业之一。而对于那些,通过和顾客聊天或者服务得到顾客满意的美发师或者其他行业的人而言,顾客的赞扬可能成为他的激励因素,使得他对自己的工作满意感增加,并且有成就感。

工作满意度降低后,可能表现为工作热情的下降,成为工作场合的负性传染源,迟到早退,病假增多,甚至离职。

其实,上述三种结果可能混杂在一起,很难将它们区分开。另外,由于个体因素及环境的变化,结果也是非常复杂的。甚至有学者指出,上述的不好结果可能进一步导致认知功能的下降。我们并不清楚员工在进行情感劳动时真实的内心加工,因此,我们只能从行为上观测到有上述变化。

三、对企业的影响

情感劳动对于企业的影响,往往是通过其对顾客及员工的影响而间接地体现出来。随着信息技术的进步和普及,随着产品的日益丰富,企业仅仅通过产品的功能性利益已经很难完全满足顾客的需求。顾客越来越重视的是消费的感觉和体验,这种体验来自于特定的消费经历对内心情感和思想的触动。新加坡航空公司的成功在于它关心顾客的情感需要,注重顾客的情感消费体验。公司十分注重选拔、培养和留用周到细致的空中小姐,为她们支付高薪,提拔重用。因为正是她们对顾客周到细致的关怀和服务,正是她们美丽的笑容,使新加坡航空公司得以创造出"一种全新的飞行体验"。事实上,不仅是大企业,一些小的公司也开始了对顾客情感体验的注重。如一些小的个体诊所虽然医生的医术并不高明,但依然会门庭若市。因此,企业可以通过为顾客创造美好的情感体验来增强自己的竞争优势。要为顾客创造美好的情感体验,企业就需要做好服务人员的选拔、任用及培养等工作,并通过建立情感性的企业文化和相应的制度管理好服务人员的情感性劳动,使服务人员通过积极的情感性劳动满足顾客的情感需求,增强顾客的消费体验,从而提高顾客的满意感和忠诚感。

企业总是希望员工能够给予顾客更好的服务来换取自己更好的名声、效益及顾客对企业的忠诚度和重复购买。因此,企业希望情感劳动带来它所希望的结果。但是,这些都取决于同顾客打交道的员工的情感劳动的情况。我们前面已经知道,如果员工都是在进行表面表演,顾客对于职业表情是并不接受的,而且有可能不继续购买服务。而自发表演和深层表演可能会对顾客有比较好的作用。

对于企业的影响另外一个体现方面就是通过对员工的影响,因为长时间的情感劳动,却得不到足够的支持时,员工可能出现工作热情下降、病假事假率的提高以及跳槽等,而进一步对企业产生影响,比如:招聘、培训成本的增高,组织工作热情不高等。这也是我们导入案例中的第二个案例所提到的。

第四节 情感劳动的相关因素

一、个体因素

（一）个性

大五人格测验是在情感劳动中应用最为广泛和研究最多的测评工具,大五人格测验是美国著名心理学家 Costa 和 McCrae 在 1992 年编制的。大五人格模型是目前最主要的人格理论之一,它从外向性、宜人性、谨慎性、神经质和开放性五个方面描述一个人的人格。人格是指一个人习惯化的思维、情感和行为反应方式。人格受先天遗传和后天环境的影响,成年后比较稳定。严格地说,人格并无好坏之分,但是人格会影响个体与环境的互动方式,会成为一个人成长的有利或者不利条件。因此充分的认识自己的人格特征,善于发现自己的优点和不足,一个人就能更好的适应环境和社会,更好的走向成功和幸福。

1. 谨慎性

谨慎性指我们控制、管理和调节自身冲动的方式。冲动并不一定就是坏事,有时候环境要求我们能够快速决策。冲动的个体常被认为是快乐的、有趣的、很好的玩伴。但是冲动的行为常常会给自己带来麻烦,虽然会给个体带来暂时的满足,但却容易产生长期的不良后果,比如攻击他人、吸食毒品等等。冲动的个体一般不会获得很大的成就。谨慎的人容易避免麻烦,能够获得更大的成功。人们一般认为谨慎的人更加聪明和可靠,但是谨慎的人可能是一个完美主义者或者是一个工作狂。极端谨慎的个体让人觉得单调、乏味、缺少生气。谨慎性同可靠性和自主性有关,典型的行为包括努力工作、目标导向保守、办事仔细负责。因此,高谨慎性的雇员更可能愿意为了组织的目标而努力工作,并遵守组织的各项规章制度。同时,谨慎性高的个体通常也是极其诚实和正直的。这表明,谨慎性高的个体在同顾客打交道的时候不太可能隐瞒他们的情绪或者戴着假面具。相反的是,他们更愿意表达自己真实的情感或者尽可能地表达组织需要他们表达的情感以表达他们对于组织或者顾客的忠诚。

2. 宜人性

宜人性反映了个体在合作与社会和谐性方面的差异。宜人的个体重视和他人的和谐相处,因此他们体贴友好,大方乐于助人,愿意谦让。不宜人的个体更加关注自己的利益。他们一般不关心他人,有时候怀疑他人的动机。不宜人的个体非常理性,很适合科学、工程、军事等此类要求客观决策的情境。宜人的个体是有同情心的、有礼貌的和利他的。所以,宜人性是同服务工作的要求相匹配的。高宜人性的个体愿意在同他人交往过程中创造一种正性的人际关系,所以他们在日常生活中表现得非常合作和友好。高宜人性的员工在服务工作中不需要压抑他们的负面情感,他们本身就希望营造一种正性的环境。宜人性同这三种情感劳动都是高度相关的。

3. 外向性

外向性的显著标志是个体对外部世界的积极投入。外向者乐于和人相处,充满活力,常常怀有积极的情绪体验。内向者往往安静、抑制、谨慎,对外部世界不太感兴趣。内向者喜欢独处,内向者的独立和谨慎有时会被错认为不友好或傲慢。外向者是善于社交的,积极主动的,爱说话的,群居的。外向型同情感承诺或者组织承诺成正相关。通常而言,高外向性的员工对组织有很高的情感承诺,他们会将组织的目标和问题看做是自己的,而较高组织承诺的员工会感觉他们对于自己的组织有责任。这类员工在工作中通常会表达自己的真实感受。因此,高外向性的人会更多自发表演或者更多的深层表演。并且,由于外向性同正性情感相关,高外向性的员工会认为没有必要伪装正面情感,所以,会同表面表演成负相关。

4. 神经质

神经质指个体体验消极情绪的倾向。神经质维度得分高的人更容易体验到诸如愤怒、焦虑、抑郁等消极的情绪。他们对外界刺激反应比一般人强烈,对情绪的调节能力比较差,经常处于一种不良的情绪状态下,并且这些人思维、决策以及有效应对外部压力的能力比较差。相反,神经质维度得分低的人较少烦恼,较少情绪化,比较平静,但这并不表明他们经常会有积极的情绪体验,积极情绪体验的频繁程度是外向性的主要内容。神经质同表面表演正相关,同自发表演及深层表演负相关。因此,在同他人打交道的过程中,为了表达正面的情感,他们必须戴上假面具,并压抑他们不合适的情感。他们较少表达真实情感,而更多地表面表演,但很难说他们深层表演的情况。

5. 开放性

开放性描述一个人的认知风格。开放性得分高的人富有想象力和创造力,好奇,欣赏艺术,对美的事物比较敏感。开放性的人偏爱抽象思维,兴趣广泛。封闭性的人讲求实际,偏爱常规,比较传统和保守。对于经验的开放性同情感是无关的,同工作态度也无关,所以同情感劳动的直接关系比较少。

在不同情境下,个性的影响也是不同的。Mischel(1977)曾定义了强环境(strong situation)和弱环境(weak situation)。当环境为弱环境时,个性就会对情感劳动产生比较明显的影响;而当环境为强环境时,个性的影响就会比较弱。所谓的强环境就是指外界的规则多、规定严格的情况;弱环境是指个体在其中有一定的自主和灵活性。

(二)性别

性别差异通常是人们进行职业健康心理学研究的一个主题。在大部分的服务性行业中,正如我们所见到的,女性占了很大的比例。很多心理学家研究的对象也是女性。Wharton 和 Erickson 指出,同男性相比,女性更加善于管理自己的情感,并且也更有可能压抑自己的真实情感,所以,有可能她们感受到的压力感也比较大。在 Kruml 和 Geddes 的研究中,也发现女性更可能报告,她们真实情感同表现出来的情感不一致。但是,这并不能够说男性在面对顾客时表达的不是公司期望的情感或者他们的自我感受能力比较低。

有可能男性和女性管理情绪的动机不同,例如:女性的动机可能是要维护比较好的关系;而男性管理情绪的动机是要更好的控制,而经常表达比较强势的情感(例如:生气、骄傲等)。但是,在服务性行业中,男性的这种管理情绪的方式不太适用,所以,他们需要更多的培训以管理好自己的情绪。

(三) 情商

情商(emotional intelligence)是这几年在情感劳动领域提的比较多的一个主题。情商是指在同他人交往过程中,识别和利用情绪的能力,主要包括:知觉情绪、表达情绪、理解和分析情绪、调节情绪等。所谓知觉情绪首先强调对情绪的感觉,无论是对自己的情绪,还是对顾客的情绪都要有及时的觉察,准确的感觉到是谁的什么情绪;表达情绪是指能用恰当的词汇、不带任何指责对方的态度表达自己的情绪体验和感受;理解和分析情绪是指任何情绪,无论是积极的还是消极的,都具有意义,因此理解情绪所提示的信息,分析情绪背后的思维和信念是很重要的;最后调节情绪是指能够根据自身的条件和境况,采用合适的办法做情绪调节。也有学者认为情商包括自我意识、自我调节、激励、共情、社交等五个方面。具体见下图。在工作中情商往往也有所体现。

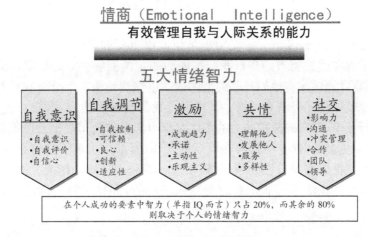

图 7-1 情商的五个维度

表 7-1 工作情商特征及其例子

	特 征	举 例
自我觉察	● 对自己的了解 ● 认识当前的真实感觉	小孙认识到自己很生气,因此需要先冷静下来并收集更多的信息,再作一个重要的人事决定
自我约束	● 控制自己的情绪以利于而不是阻碍手头的工作 ● 摆脱负性情绪并回到解决问题的建设性轨道上来	营业厅经理控制住自己不安的情绪,也不大声地反对客户的投诉,而是尽量多地收集关于该事件的事实材料
自我激励	● 坚持追求理想中的目标 ● 克服负性的冲动,在实现目标后才感到满足	尽管缺乏资源以及最高管理层的支持,他还是克服了挫折,坚持完成了这个项目
共情	● 能敏感地觉察并理解他人感受 ● 能够感觉到他人的感受和需要	因为知道高负荷的工作后大家都很疲惫,她及时地带领大家出去放松
社交技能	● 辨别社交场合的能力 ● 顺利与他人互动,形成社交网络 ● 能引导他人的情绪和行为	从员工的一些表现看出他们并不接受公布的新政策,会议结束后他一个个面谈,解释为什么他们可以从新政策中获益

那些情商高的人很擅长处理同人打交道的情形,不仅能让自己感觉舒服,让他人也感觉很舒服。因此,在服务性行业中,情商高的员工能够很好地适应工作并很好地完成工作。Trait Meta-Mood Scale 可以测评人们对他们感情及改变感情的努力所给予的注意力,这可以很好地研究情商和情感劳动之间的关系。

自我监控(self-monitoring)能力也是情商中重要的一个方面,是指个体对自己情绪的了解和监控能力。高自我监控能力的个体能够更好地知晓他人的情感线索,更愿意并能够改变他们自己的情感表达以适应情景。而低自我监控能力的个体往往比较钝化于外界的线索,固着于自我的情感表达方式,技巧性比较差。在服务性行业中,低自我监控能力的个体在学习和遵守公司规则上可能存在着困难,需要花费更多的时间。而且,在以后的工作中,如果出现了任何意外情况,他们可能不能够很好控制自己的情感,而出现违背公司规则的情况。因此,低自我监控能力的个体在服务行业中会感受更强的压力,并且更容易出现情感衰竭的情况。

(四)易感性

易感性(affectivity)是指个体对情感的感受性。对周围环境正性感受的易感性同热情、乐观相关;对周围环境负性感受的易感性往往同悲观、负面情绪状态相关。当环境要求同个体的易感性不一致时,就是所谓的情感不协调,情感劳动的压力就会增加。负面感受性（negative affectivity，NA）高的人往往看到事情的负面，从而体验到负面感受，在情感劳动中压力较大；而正面感受性（positive affectivity，PA）高的个体会看到事情的正面，从而体验到正面感受，在情感劳动中压力较小。负面感受性高的个体，往往体验到负面情绪，例如：焦虑、抑郁、愤怒、厌恶、蔑视、忧伤和不安等，而且他们还是负面情绪的传染源，把自己的负面情绪传递给周围的其他人。

服务行业中往往希望自己的员工是正面感受性高的个体。

（五）脱离工作情景的能力

脱离工作情景的能力是指 个人在工作结束，离开工作环境后，能够忘记工作时的情景，迅速融入其他情景中的能力。由于工作情景下，往往需要我们付出很多的脑力、体力、情感，而且相对是一个应激情景，脱离工作情景能力越强，表明这个人应对压力的能力也越强，也就能够比较快地从工作情景下恢复过来。所以，情感劳动者需要具备较强的脱离工作情景的能力。有的公司，除了在上班时有升旗仪式外，下班的时候也有一个专门的仪式来告知员工，现在已经下班了，帮助员工能够很好地从职业情景中脱离；还有的个体，在下班前喝一两杯红酒或者其他的饮料，并且给自己一些暗示，自己工作已经结束了，不要将自己的情绪带入自己的生活中去。

（六）人际交往类型

在人际交往中，每个人同他人建立关系的途径和渠道不同，每个人同他人建立的关系及方式也不同，从而自我的感受也不同。有关理论中，Schutz（1992）的人际取向理论非常有名。

其基本假设是：人在各种情景下同他人保持关系，并且在社会互动中寻求与他人建立协调的关系，而在这个过程中，人们普遍要满足自己的三种基本需要：接纳（inclusion）的需要、控制（control）的需要、情感（affection）的需要。而每个人都有表达这种需要的要求和表现，也有从别人那里接受这种需要的要求和表现。在三个需要层面每个人的要求和表现也不同，而这是非常有个人特色的，从而决定了每个人同他人交往的方式不同。

高表达低期望得分的个体被称作控制者模式，他们往往愿意表达，而不愿接受回报；而低表达高期望得分的个体被称作被动者模式，他们被动接受，而不愿意表达。

一个人在日常生活中的人—人交往模式会带入到他在服务行业中同顾客的交往。例如：一个喜欢控制他人的人在同顾客交往中也习惯用控制式的方式同他人交往，这样如果他与一个寻求他人控制式的顾客交往，就会比较容易沟通，而同一个同样控制式的人交往，就会不舒服。

人—人交往模式决定了我们的偏好和互动模式。因此，我们应用 FIRO－B 的分数可以了解人际相容性（interpersonal compatibility）——一个人是否同另个人相匹配。所以,作为一个服务业的工作人员,非常有必要了解自己的人际取向风格。

（七）其他因素

当然除了上述因素外,有很多同个人有关的因素影响到员工同顾客的交往。比如:应对风格(在工作压力一章中有介绍)、一个人对新环境的适应能力、责任感、自尊心、价值观念等。

社会心理学中有关社会沟通的理论也适用在情感劳动的人际交往之中。比如:依恋风格、自我评价、人际信任等。

社会心理学家近30年来的研究发现,依恋风格对人们的人际关系有着重要的影响。依恋一词最初是用来描述婴儿与哺育者之间关系的一个概念,在生活中,大多数时候母亲就是哺育者,在这种母婴交往互动的过程中,婴儿就体验着与母亲关系的安全程度,一方面,母亲的行为和情绪会给婴儿提供信息,使婴儿意识到自己是否是重要的、有价值的,从而形成了婴儿的自我评价,这是婴儿对自己的态度;另一方面,婴儿也会形成对他人的态度,是否可依赖、是否可信、是否可靠,这便形成了婴儿的人际信任感。以这两个方面为基础,婴儿早期的依恋风格就慢慢形成了。这种依恋风格可能对人一生中与人交往的活动产生重要的影响,以此看来,中国俗语中的"三岁看老"是不是也有了一些道理呢。

儿童心理学家发现了大致三种依恋的模式,分别是安全型,不安全—回避型,不安全—矛盾型。安全型的儿童在母亲离开时有轻微的不安,母亲回来后就很快平静下来。回避型的儿童会拒绝或回避母亲,与母亲分离后再相见时,还会有一定的情绪压抑。矛盾型的儿童总是处于矛盾之中,母亲离开时,他/她会大哭大闹,母亲回来时他/她可能还哭闹得更厉害。这些依恋风格虽然形成于婴儿时期,但他们对个人的人际行为影响则是终生的,人际关系的早期经验就成为他们处理以后人际关系的基础。总的来说,无论在哪一个年龄段,安全型的个体都能很好地与他人交往。依恋这一概念也不再局限于婴幼儿期与哺育者的关系,而已经扩展到恋人、挚友以及其他人际关系中。

在依恋风格中对个体人际关系有重要影响的两个概念即:

(1) 自我评价。婴儿在与母亲或其他哺育者的互动中逐渐形成了对自己的评价。安全型的婴儿就很可能成长为自我评价高,对他人态度积极,渴望人际亲密,在亲密关系中感到舒适的人。那些在人际交往时感到焦虑不安的人通常都是缺乏自信,自我评价水平低的人。当然,在哺育期就形成的自我评价不是一成不变的,它会随着个体在外部环境的经历和他人的反馈发生改变。生活中的重要他人,如父母、老师、同伴都会对自我评价形成影响。

(2) 人际信任。信任是个体所有的一种构成其个人特质之一部分的信念。一般人都是有诚意、善良及信任别人。有些学者将其具体描述为个人的言词、承诺,以及口头或书面的陈述可靠的一种概括化的期望。缺少人际信任的人通常很难与他人形成亲密关系。人际信任程度高的人一般会感到生活幸福,更容易为他人喜欢和尊重。他们愿意结交朋友,在人际关系中较少会产生内心冲突。

二、组织因素

（一）工作的自主性

对生活、工作中的事件缺乏控制往往是我们的压力来源之一。Hochschild 曾经分析了组织控制员工的情感表达对员工的影响,此时员工的自主性(autonomy)下降。在服务行业中,员工的自主性提高可以降低情感需求的压力,并且情感衰竭的可能性也显著降低,情感不协调性也降低了。

（二）上司及同事的支持

来自于上司及同事的支持可以营造一种积极正性的氛围,而且在其中工作归属感、安全感较高。研究表明,如果一个员工认为他工作的场所是互相支持的,工作满意感也会提高,压力感降低,人员流动倾向下降,从而组织工作绩效提高。

1. 我们知道情绪是可以传染的,周围人的积极情感也会感染自己成为积极的情感。在服务行业中,我们前面已经知道,员工正性积极的感情被期待,当周围工作环境是积极正性的时候,人们也就越容易表达积极正性的情感。

2. 应激心理学的研究结果告诉我们,面对服务业工作的压力,来自上司及同事的支持本身是很好的减压途径。

3. 上司及同事的支持可以对员工的具体事件提供真实的帮助和情感上的支持。

所以,一个良好的社会支持系统对于服务业中的工作人员应对压力是非常重要的。

例如:在某家营业厅,每天早上上班的时候,每个员工可以根据自己的情绪状态在自己的桌前选择一个表情图片悬挂出来,有"喜、怒、哀、怨、平和"等几种表情,当员工的桌上悬挂出负面情绪时,营业厅主任及其他工作人员就会很体谅地问他出了什么事情,并帮助及时解决,使他能够不带有任何负面情绪地参加到工作中来。还有一些公司,允许员工请"情绪假",也就是当你判断自己情绪不好的时候,可以向自己的上司请"情绪假",在家中休息,当情绪比较好的时候再恢复工作。

需要指出的是,即使来自上级和同事的支持度都比较高,一个人能否去寻求支持,并能很好地利用他们的支持非常重要。

三、情境因素

Hoschschild 曾经指出,不同的工作对于员工情感劳动的情感投入程度的要求是不同的。情境因素是指工作状况及可能发生的事件。

(一)工作状况

这里的工作状况主要指同顾客接触、进行情感劳动的情况,也就是工作相关情况。例如:同顾客接触情况,尤其是面部及语言接触的频率。Morris 和 Feldman 在 1996 年提到,接触的时间以及情感表达的类型。另外,还有就是组织对于员工情感表达的要求,不同的公司都有他们自己的员工守则或者工作流程等,甚至有的公司规定了什么情况下具体说什么话。比如:某 IT 公司的前台接待人员可能接待的顾客数量要远远低于银行的前台工作人员。另外,一个保险经纪人同顾客接触的深度也要远远高于杂货店的工作人员,保险经纪人可能要对顾客有比较深入的了解,并且完成一个保单可能需要花费很多时间;杂货店的工作人员则可能只需要几分钟,甚至没有什么太多的接触。关于工作是何种情况,这些都是工作之前就比较明确的,因此称之为预先决定因素。

而这些对于员工是否产生影响以及产生什么样的影响,取决于员工如何认识这些工作状况。

(二)服务中的事件

尽管工作环境对员工而言就是一个慢性压力环境,但是,工作过程中出现的事件可能是一些急性压力事件。正如 Weiss 和 Cropanzano 所说,工作中的应急事件导致了员工的行为和态度。尤其当这个事件,员工没有经历过或者没有明确的行为准则时,员工的应激水平就会更高。当发生的事件使员工不能按照公司要求解决时,对员工而言,就是一个负面事件。这种事件还有可能是顾客生气、大声责骂员工等,或者是责怪公司的规章制度但员工又无能为力时。这个时候,员工可能知道自己必须要保持客观和冷静地处理和解决事情,并且压抑下自己内心的真实感受。当然,如果事件是积极的,员工也会感受比较好。

根据调查,员工在这种负性应激事件下,通常的内心活动包括:将顾客转移到另外的场所,避免应激环境;转移自己的注意力,想一些有趣的事情;认为无论我怎样做,有的人就是很难满意(改变自己的认知);努力保持平静;深呼吸等。

长时间或者高频率地处理负面事件,员工的压力会非常大,并可能影响到他们的身心健康。例如,在我们的研究中,每天面对投诉的投诉处理人员压力非常大,离职率很高,甚至有人提到去上班就开始头痛,出现心身症状。

第五节 情感劳动的相关理论

一、情感调节模型

(一)情感调节模型简述

Gross(1998)提出的情感调节的过程模型(process model of emotion regulation)。这主要是输入-输出模型,个体感受到了环境的刺激,同时向外输出了情感。而此中的环境对于个体而言是线索,而每个个体的反应倾向(身体、行为、情感)对个体及社会环境中的他人提供了信息。

Gross认为,此过程中,两点在情感调节发挥了作用。第一点,叫做预先调节的情感控制(antecedent-focused),也就是说,在情感产生之前,个体调节环境或者改变对环境的认知来调节情感;第二点为行为中心的情感调节,主要指被试改变可以观测到的语言、表情、语态等调节情感输出。

(二)情感调节理论在工作场合的应用

根据情感调节的理论,个体可能会在情感过程中的几点进行调节。在工作环境中,我们认为:工作环境或者特定的工作事件让某个员工产生了特定的情感反应(例如:生气、难过、焦虑等),由此产生的行为(例如:恶语攻击、哭、抱怨等)对顾客而言是不合适的。因为,公司规定了这些行为是不允许的,此时员工就需要付出努力,即进行情感调节来改变他们的行为输出。调节包括通过"考虑该情境的好的方面"或者"重新评估事件"(即深层表演)或者通过假装来改变情感表达,即通过改变面部或者身体动作(即表面表演)来调节情感输出。

但是,这些情感调节如何导致了情感耗竭、工作满意度降低、或者"人格分离"等?神经心理免疫学告诉我们,在情感和应激状况下,生理唤醒水平提高,这包括了激素的释放、心率增快、呼吸频率增加、血压的升高、皮肤收缩等交感神经兴奋的表现。这个时候,机体将自己的资源转化为对当前事件的反应,这意味着,没有其他的资源进行其他任务。并且,情感和应激状况下,免疫力水平下降,并导致了身体健康问题,例如:癌症和心血管疾病等。

二、情感劳动模型

综上所述,服务工作环境下,情景因素、个体因素、组织因素都会影响到情感劳动的深度和效果。图7-2是情感劳动调节的框架图。情境因素包括:事先学到的同顾客接触的预期,如频率、持续时间、类别、公司规定的情感表达规则等;当时发生事件的情况,是正性事件还是负性事件。而个体因素包括了性别、情感表达方式、情商、个性特点等。社会因素则主要包括了工作的特性、来自上级的支持及来自同事的支持情况等。这三种因素共同作用于情感劳动(表面表演、深层表演和自发表演),当然首先的结果是顾客的满意、公司的满意、员工个体的感受。长期结果则包括了个体和组织两个方面。

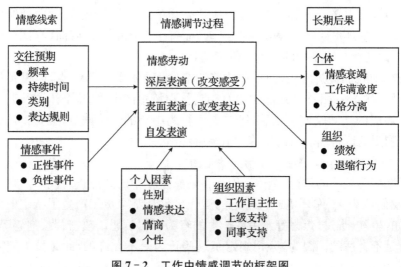

图 7-2 工作中情感调节的框架图

第六节 应　用

一、企业策略

服务人员的情感性劳动能够感染顾客,顾客会感受到愉快的情感。顾客因而愿意继续逗留、再次光临本企业并做出有利于企业的口头宣传,从而能够为企业创造经济效益。许多服务性企业正是基于上述原因,要求服务人员表现正面情感。但是,情感性劳动是一把双刃剑,员工表现企业需要的情感可能会引起员工精神疲惫、工作满意度降低,企业要求员工表现情感还需要采取培训、奖励等措施,不恰当的情感表现还可能会产生副作用。因此,服务性企业管理人员必须认真分析本企业的服务类型,选取合适的情感性劳动管理策略,才能在减少服务人员压力的情况下发挥情感性劳动的作用。

(一) 选拔

考虑到员工的个人原因会影响到他服务的质量以及他个人的适合性,我们需要对员工进行选拔。沃顿的研究结果表明,情感性劳动是否会造成员工产生角色误区要因人而异,取决于员工的性格、员工工作的自觉程度、员工对工作的热爱程度、员工投入工作的程度等。主要考虑这样一些方面:

1. 价值观。
2. 个性。
3. 应对方式。
4. 情商。

(二) 培训

1. 注意力转移。员工把注意力转移到其他事件上,从而调节内心的情感。例如,在遇到挑剔的顾客时,员工可以想一些令人愉快的、与当前的相互交往无关的事情,这样会改变员工内心的情感。
2. 认知的改变。员工改变对正在发生事件的认知处理过程,从而改变内心经历的情感。例如:当员工受到顾客的指责时可能会很难过,但如果员工想到顾客可能是对服务不满意或心情不好,就会感到好过一些。
3. 工作环境脱离能力的培训。
4. 员工之间服务技术及案例的共享。
5. 对组织的归属及自豪感的培训。
6. 开发自我意识,调整自我行为的培训。
7. 另外,在香港等地区还经常采用心理剧等形式对员工进行培训。

(三) 不同服务,情感劳动要求不同

无论在哪种服务环境中,服务结果对顾客感觉中的服务质量起到决定性作用。如果服务结果质量差,例如:餐馆的食物味道差、旅馆的房间卫生差,那么,无论服务人员是否表现出正面情感,顾客对服务质量的评估都不会好。因此,服务性企业应切忌舍本逐末,而是应集中精力提高产品或服务的技术性质量。在此基础上,再发挥情感性劳动的作用,提高服务的功能性质量。

在短暂接触性服务环境中,企业不必要求人员表现真诚的情感。我们提出服务性企业应首先关注技术性质量,并不是说情感性劳动不重要。事实上,在同等技术性质量的前提下,服务人员表现正面情感能提高顾客感觉中的服务质量。因此,企业管理人员应提倡和鼓励服务人员表现正面情感。但是,在短暂接触性服务环境中,一味地要求服务人员表现真诚的情感也是不足取的。一方面,由于表面表演和深度表演对服务质量的影响没有显著差异,服务性企业没有必要要求服务人员进行深度表演。

另一方面,服务人员进行深度表演需要调节自己内心经历的情感,而表面表演只需要按照企业的情感表现规则调节情感的表现形式,深度表演比表面表演更易于使员工疲惫,企业选拔和培训员工表面表演也比深度表演要容易得多。

在关系型服务环境中,企业应提倡服务人员表现真诚的情感。如果服务人员深度表演,顾客会感觉服务人员更加真诚、友好;服务人员表面表演,顾客感觉服务人员虚伪,对服务质量的评估也会降低。因此,在这种服务环境下,企业值得投资让服务人员表现真诚的情感,企业管理人员应培训服务人员深度表演的情感调节策略。

(四) 对员工进行员工援助计划

员工援助计划(Employee Assistance Program,EAP)就是组织为员工设置的一套系统的、长期的福利与支持项目。通过专业人员为组织、员工提供诊断、评估、

培训、专业指导与咨询,帮助员工自身及其家庭成员解决各种心理和行为问题,目的在于提高员工在组织中的工作绩效和身心健康,并改善企业的组织气氛与管理效能。

EAP 也可以被认为是帮助员工解决可能影响其工作表现和健康问题的多种策略的整合,通过 EAP 可以有效地整合多方面资源,包括个人、家庭、工作环境、企业和社会等,使员工在面临问题时能够将问题聚焦,利用多种资源和手段进行有效的解决与处理。这是企业通过员工心理与行为管理来提高企业绩效的有效途径。

如今,EAP 已经发展成一种综合性的服务,其内容包括压力管理、职业心理健康、裁员心理危机、灾难性事件、职业生涯发展、健康生活方式、法律纠纷、理财问题、饮食习惯等等各个方面,全面帮助员工解决个人问题。核心目的在于使员工在纷繁复杂的个人问题中得到解脱,减轻员工的压力,维护其心理健康,全身心地投入到工作中,提高其工作效率。

有关内容在 EAP 一章有专门介绍。

(五)团队凝聚力及企业文化的建立

建设有效的团队,并能给员工提供一种有归属感的组织。如果有条件在企业内部建立"教练式工作"环境,也就是在公司内部,每个员工身边都有教练,如果出现任何问题,能够迅速得到解决和帮助。另外,公司内部还可以给员工提供负面情绪有效安全释放的场所。

(六)合理有效的激励机制

建立合理有效的激励机制,员工的每一个良好表现都能得到及时的激励,留住最好的员工,并激励他们达到更好的绩效水平。

二、服务业员工策略

1. 改变自己的认知,热爱自己的工作,对自己的工作重新认识;
2. 改变对顾客的认知;
3. 建立自己的很好的职业生涯规划;
4. 学习情感劳动、影响他人的技巧;
5. 学习适度的个人压力管理技能;
6. 学习脱离工作环境的技能。

第8章 工作安全

第一节 安全氛围(Safety Climate)

工作事故是职业健康心理学领域中的一个重要结果变量,它与员工的身心健康有着密切的关系。同时,它也对企业的生产效率和生产费用有着重要的影响。根据美国国家安全顾问委员会(National Safety Council,1999)的关于工作事故的报告,除了导致人员的损伤甚至死亡以外,工作事故每年给美国造成的损失约为1084亿美元。在美国,平均每两小时就会发生一起致命的工伤,每8秒钟就会发生一起致残的工伤(National Safety Council,1999)。大规模的事故经常对经济和人力资源造成很大的影响,成为人们意想不到的灾难。然而,尽管安全问题在经济和社会层面都具有显著的影响力,但是管理学者们对安全问题的关注还远远不够(Gahlbruch & Wilpert,1999;Shannon,Mayer & Haines,1997)。过去的研究一般都认为工作事故的主要原因来自于生理疲劳和操作不当,但是近来的研究(如 Hofmann & Morgeson,1999;Zohar,2000a)则指出社会心理和行为相关的原因也占很重要的地位。这些研究的数据大量来自于制造业,畜牧业和军队也都是事故高发的职业群,因而很快获得了学界的注意。

在这些与员工心理相关的事故原因中,最受关注的是有关安全氛围的研究。自从切尔诺贝利核反应堆爆炸事件之后,研究者们对于安全氛围这一论题的关注程度不断升高,在该领域涌现出大量的研究文献报告。这是因为根据核反应堆爆炸事件调查,不充分的安全氛围是导致该次事件的一个重要的潜在因素(IAEA,1986,1991)。尽管如此,官方的调查文献提出的概念非常模糊(Cox & Flin,1998)。很多学者在后续研究中还使用了很多不属于氛围范畴的变量。从心理学的方法论出发,基于变量结构效度的考虑,安全氛围的概念必须要清楚地定义。本章从概念分析的角度对安全氛围研究进行综述,并提出一个安全氛围模型从而揭示它的本质。

一、组织氛围(Organizational Climate)的特征

(一) 什么是组织氛围

组织氛围是指组织成员对组织基本性质的共有知觉,这些基本性质包括政策、流程、制度等(Reichers & Schneider,1990;Rentsch,1990)。一种多层次(Multilevel)的理论框架认为:政策定义了组织的战略目标和达成目标的途径;流程为这些目标和途径相关的行动提供战术指导;而制度则与组织各阶层的管理者对政策和流程的执行有关(Zohar,2000a)。因为组织具有多重目标和多种达到目标的途径,高层管理者必须为组织的各个方面(例如:客户服务,产品质量,员工安全等)建立出一套政策和流程。如果这些政策足够明确,员工将在政策的影响下对于组织的性质形成共识。由于不同职位的员工在当前关注的组织功能各不相同,这些与员工职能相应的共识会使组织内部形成不同的氛围,例如服务氛围(Schneider & Bowen,1985;Schneider,White & Paul,1998),创新氛围(Abbey & Dickson,1983;Anderson & West,1996),和安全氛围(Dedobbeleer & Beland,1991;Zohar,1980)等等。

(二) 测量

1. 程序

氛围是在一组个体中自然生成的特质。测量氛围的一般程序是先把个体的知觉汇总到所需要的分析单元中(例如组织、部门、工作团队等),再用所有个体汇总后的均值来代表那个单元的氛围(Reichers & Schneider,1990)。比如说,如果我们需要测量工厂某个车间的安全氛围,那我们就应该测量该车间中的每个员工对安全氛围的感知,然后将所有员工的得分平均,作为该车间的安全氛围得分。

2. 标准

至今为止,相关研究指出了三项保证该测量程序有效的标准。首先需要满足单元内的同质性,或知觉的一致性。如果没有足够的同质性,均值分数就不能成为氛围的有效测量指标。因为氛围跟领导力、凝聚力类似,是一个群体水平上的变量,所以个体水平的分析方法不能用于氛围分析模型当中(Glick,1988;Patterson 等,1996;Rousseau,1988)。因此,有些个体水平的变量不应该被界定为氛围变量,例如,关于事故发生原因的个人观点,个人的工作投入程度等等。

第二个标准是氛围测量的结果必须在组织单元间有变异性。也就是说,不同的组织或者部门对于氛围的认知需要存在足够的差异度(Glick,1985;Patterson 等,1996;Payne,1990)。

第三,分析的单元应该与自然存在的社会单元相对应,例如现存的工作团队、工作部门、或者公司单位。尽管在这一个标准上学界还存在争议(Joyce & Slocum,1984),大多数研究者认为该标准是进行氛围分析必要的条件(Patterson 等,1996;Payne,1990)。然而,有学者认为该标准不符合心理学对氛围的界定(James

& Jones, 1974),因为即使个体之间互不相识,他们共同隶属的组织氛围也还是可以通过将个体对其组织共享的知觉通过统计方法聚合到一起。在笔者看来,这个争论没有什么实践意义,因为在绝大多数情况下,我们讨论的组织氛围,都是与自然存在的社会单元相对应的。

过去的研究使用一致性指数(indexes of agreement)来评估氛围知觉的内部同质性,例如类别内相关系数(Intraclass Correlation Coefiicent1—ICC1 和 Intraclass Correlation Coefiicent2—ICC2;James,1982)和组内同质性系数(Rwg;James,Demaree & Wolf,1984,1993)。严格地说,类别内相关系数更适合于被用来衡量氛围测量的第二个标准,即组织单元间的变异性。如果组织单元的变异性高,那么类别内相关系数所对应的 F 检验的结果就应该显著。因为类别内相关系数的大小代表了在多大程度上组间方差解释了全部个体间的方差。同时,如果组间方差占全部个体间方差的比例大,也从一个侧面说明氛围知觉内部同质性高。研究显示,氛围知觉的同质性在不同的研究环境中有所不同,一般来说,组间方差占全部个体方差的 5%～20%(Bliese,2001)。很少有研究发现高于 20%的组间方差。

由于组内同质性系数的统计数据并不提供显著性检验的结果,Glick(1985)为 Rwg 系数提供了一个衡量阈限,即当 Rwg 不低于 0.70 时,我们就认为个体的回答具有同质性,也就可以对其进行合计加总。这个指标实际上提示我们氛围会在"同质性"的层面上变化(当然是在满足了阈限值的前提下)。实际上,也有研究(如 Schneider,1983)认为氛围可以用两个互相独立的参数来描述:(1)氛围的强度,指人们对氛围的知觉的内部一致性的强弱程度,即人们在多大程度上能够达成一致的共识;(2)氛围的水平,指氛围的相对位置高低,例如,高的氛围水平可能与对安全和健康问题的政策支持相关联,不管员工对于这种氛围的知觉是否一致。对安全氛围的双参数描述为研究安全氛围的效应提供了重要的启示(Zohar,2000a)。

二、安全氛围的核心意义

组织有多重目标和实现目标的途径,因此高层管理者必须在各个方面建立起具体的政策和工作流程,这就形成了多种具体的氛围。安全氛围是员工所持有的与安全政策、安全生产流程及安全制度相联系的共识。但是,这些政策、流程、制度的评估可能非常复杂,需要区分正式公布的政策条文和工作流程以及实际必须实施的制度之间存在的差异。正式的政策是明确的,比如明文规定的条款和正规的程序,而真正施行的政策和组织实践则是隐性的,是员工通过观察高中低各个管理层的管理模式和对相关政策的应对执行模式而自然形成的(Argyris & Schon,1996)。从功能性角度来看,氛围的知觉应该仅仅包括实施中的政策,而不是那些条款里面规定的形式上的内容,因为只有真正执行的政策才能让员工了解到安全行为的可能后果。因此,当管理者在安全问题上采取一致的应对处理办法时,即使这些处理办法与正式条款中的描述不同,员工也能形成对于安全政策或安全流程的一致性知觉。例如,一旦生产进度比预定的时间表滞后,只要不威胁到生命安全,一些低层管理人员可能就并不要求工人们严格遵守公司的安全条例,甚至违背安全条例追赶进度。长此以往,就可能形成很低的安全氛围。

较之其他环节,例如生产速度,安全问题对于任何一个生产过程都至关重要。实施的安全政策和程序很大程度上取决于安全目标与生产目标的相对权重。由于相对权重为员工提供了用来理解政策实效意义的一个便捷的心理途径,安全氛围知觉被认为是那些真正能够表现出"安全"优先性的政策条文或执行方式。这与经济学中的最省力法则一致,即员工倾向于按照最经济便捷的方式来衡量公司执行的政策和程序。因此,安全氛围知觉的最终影响就体现于安全问题的优先性。所以,氛围水平,而非每个人对政策程序的认知,反映出人们公认的安全优先性的高低。从这个意义上讲,安全氛围被认为是一个社会性概念(Rochlin,1999),是组织运行的整个动态过程的一个部分(Drazin,Glynn & Kazanjian,1999;Weick,1995),而不是对一些互不相关的安全流程的被动观察。比如说,一旦安全问题被忽视或者要给产品生产过程让路,员工就会认为安全的优先级比较低。反之,只有当安全问题导致停工或停产,或与员工奖惩相联系时,员工对组织中安全问题优先性的知觉才会有所提高。

三、氛围—行为的关系

(一)氛围对安全影响的机制

除了精确的定义,安全氛围的理论模型还应该关注氛围知觉与安全记录之间的联系。尽管一些实证研究证明了氛围水平与工伤率之间的相关关系(例如 Hofmann & Stetzer,1996;Zohar,2000a),但是对可能存在的潜在变量鲜有研究。目前的研究认为氛围知觉可能以以下机制影响公司的安全记录:(1) 安全氛围的知觉影响对行为结果的预期;(2) 相应地,对行为结果的预期影响安全行为的发生及其普遍性;(3) 个人的行为安全影响公司的安全记录。

这个机制的第一个部分是明确安全氛围知觉与对行为结果预期之间的关系,对氛围的定义已经隐含了这层意思。前文提到,氛围知觉与现行的政策有关,这些政策暗示了公司对于工作各个要素的优先性考虑。员工往往更为关注公司现行的政策而非正式的政策条文,因为现行的政策能让员工看到他们的行为会引起怎样的结果,形成行为—结果预期。

这个机制的第二个部分是这种行为结果预期的效应,虽然其他理论也能够用于解释这个效应(James,James & Ashe,1990;Schneider & Reichers,1983),但是该效应主要基于社会学习(social learning)的观点以及预期的价值—效用结构(Expected valence-utility constructs)(Bandura,1986;Lawler,1971;Vroom,

1964)。如果员工觉得某种行为很可能引起特定的结果,并认为这种结果很有价值,那么员工就会有很强的动机表现出这种行为。这表现了安全氛围水平和组织行为安全之间的正相关。氛围的强度是这个关系的调节变量,因为如果氛围的同质性低,氛围与行为之间的关系就会比较弱。因此,氛围强度对于氛围水平与行为安全之间的关系有很大的影响。

这个机制的第三个部分主要基于实证研究的结果。既然人为失误能解释85%的工业事故(Heinrich,1931;Reason,1990,1997),行为的安全应该与公司安全记录存在正相关。以上一系列的机制关系完整地解释了安全氛围与安全记录之间的关系。

(二) 意义

这个理论模型与组织氛围或组织文化(Glenn,1991;Thompson & Luthans,1990)的观点相一致。当员工感觉到很多程序都建立在特定的安全优先的基础上,这就带来一个具体的促进安全行为的环境。

基于效果律(Skinner,1974),这样的促进环境应该导致安全行为频率的增加并降低工伤率。但是需要注意的是,这种解释并不排斥传统的以价值为基础的解释,因为任何安全优先性都与特定的价值和基本假设相关(Schein,1992)。换句话说,价值和基本假设都是组织政策和制度的先导。研究证明,政策制度对员工行为的影响至少有一部分通过影响员工的安全氛围知觉来实现,这种中介作用为模型提供了更强的解释力。

(三) 其他变量

1. 组织管理

此外,组织的管理对于员工的安全行为也具有直接作用,不需要通过安全氛围的中介。这里有两种解释:其一,环境限制直接作用于行为。如果安全设施完备,不论氛围知觉如何,员工必须操作具有安全保障的机器完成工作,减少事故的发生。其二,内部选拔和淘汰机制非常重要(Schneider,1987)。通过让高层管理者注意到违反安全规定行为的存在,或者把安全作为工作表现评估的一个标准,都可能使相关人员进行人事决定时更敏锐的辨别出那些违规者。长此以往,在具有恰当的安全程序的公司里,安全违规者就可能被调配到风险比较低的岗位上,或者被公司解雇。不管氛围知觉如何,这种内部人事调动机制也会影响安全行为的发生。

2. 外源性变量

考察企业的安全氛围还需要注意两种外源性变量。一种是那些可能影响氛围水平或者氛围强度的变量。比如说,战略目标和相关利益集团/个人的压力可能带来更好的安全氛围,而财政压力和认为只有员工个人应该对安全负责的观念都将导致较差的安全氛围。在部门或团队层面上,某个部门或团队的领导目标和特定的技术水平也可能影响该部门的安全氛围水平和强度。例如,使用可燃原材料的部门由于面临更大的技术风险所以更为强调安全问题。另一种外源变量是那些已经被证明的与安全氛围无关但是可以预测安全结果的变量(例如工作时长,设备机能等),在研究中它们应该被作为控制变量放入统计模型中。

3. 氛围知觉

氛围知觉的中介作用是建立在我们之前对氛围的定义的基础上的,即氛围知觉关系到安全在整个组织运行系统中的优先性。正因为关系到安全的优先性,即使在某些情境中并没有明确具体的程序或对行为的规定,安全氛围知觉也会影响到这些不同情境下的行为表现。换句话说,由于程序和制度往往只覆盖到那些常规的工作(Hall,1987;Perrow,1979),并没有覆盖到工作的方方面面或各种可能情况,有很多时候行为就必须由一种内化的标准来指导,这种内化的标准就是建立在组织运行体现出的优先性基础上的。这时,氛围知觉就会发挥重要的中介作用,从而影响行为。氛围知觉的中介作用也可以被归因为他们对于行为—结果预期的潜在影响。事故调查和人为错误模型都证明这些没有具体程序指导的情境往往是事故的多发地带(Brown,1991;Rasmussen,1982,1990;Reason,1990,1997)。

在对安全行为的预测中,氛围知觉的中介作用表现在另一个方面,这与员工对于安全问题的认知偏差有关。尽管 Maslow(1970)提出人们自我保护的动机压过了其他任何动机,安全研究却指出粗心的行为在日常工作活动中屡见不鲜。例如,不使用工作场所提供的保护性设施解释了大约40%的工作事故,这个比例20多年以来都几乎没有改变(National Safety Council,1999)。员工对于安全行为的认知偏差可以用决策理论来解释:人们倾向于更看重近期的收益,并低估低发事件发生在自己身上的可能性(Herrnstein,Loewnstein,Prelec & Vaughan,1993)。对安全问题的疏忽大意一般都被看成一项即刻生效的"投资",例如,保护性设备经常引起工作人员的不舒适感,例如出汗、视觉清晰度受影响、灵活度受到限制等等。如果在常规工作活动中发生事故的可能性被低估,即员工认为事故发生的可能性非常低,使用这些保护性设施的好处就会被它们带来的不适感掩盖,使得员工更倾向于表现出不安全的工作行为。

根据前景理论(Kahneman & Tversky,1979),与安全行为相联系的损失的价值函数比收益函数的斜率大得多。一个可以调节安全行为的价值函数的因素是来自管理层的即时奖惩。研究已经证明,这种策略比安全保证书或者威吓策略(例如提供详尽的风险信息)更为有效(Cooper,Phillips,Sutherland & Makin,1994)。即时奖惩是对安全问题实施行为干预的基础(Krispin & Hantula,1996)。

一些间接的研究证据证明了氛围知觉的附加促进效应。例如 Saari & Nasanen(1989)的研究。在很长一段时间里,他们为一个造船厂提供关于厂房管理的反馈。两年间,与厂房管理有关的事故发生率显著下降。但是与此同时,与厂房管理无关的事故率也下降了。该现象表明,安全氛围的促进效应或者氛围变化带来的积极效用并不止于环境变化本身或者该变化直接作用的对象上。该研究指出,氛围变化带来的这种附加促进作用超过了提高厂房管理标准的直接作用。类似的结果也出现在其他研究中(Komaki,Collins & Penn,1982;Reber,Wallin & Chokar,1984)。

四、安全氛围的多水平模型

与氛围模型相关的另一要点在于,氛围存在于不同的两个水平上:组织水平和部门/工作团队水平(Glick,1988;Patterson,Payne & West,1996;Rousseau,1988)。直到今天,对这两个水平上安全氛围的研究都是分开进行的。研究者往往针对两者之一进行分析(Zohar,2000a)。这种现象在组织心理学的其他领域研究中也有所体现:研究者只关注一个角度,或者微观,或者宏观(O'Reilly,1991)。尽管如此,研究者们不断指出组织运行过程同时发生在多个水平上,不同水平的过程以某种方式相互联系(Dansereau & Alutto,1990;House,Rousseau & Thomas-Hunt,1995;Klein,Dansereau & Hall,1994)。换句话说,在某一个层级上发生的状况对其他层级有影响,大多数是作为层级间互相依赖的结果或者平衡层级间互相交换的需要(Katz & Kahn,1978;March & Simon,1959)。在安全氛围的研究框架下,这种层级关系表明理论模型需要分辨不同组织水平上的安全氛围的不同意义,以及跨水平的互动关系。

(一)前提假设

氛围作为一个多水平的结构,需要满足一些前提假设。

1. 组织水平的政策和程序必须被整个组织中各个层级的管理者(如部门经理)接受并执行。也就是说,高层管理者必须关心政策制订和程序设置以便促进政策的实施,低层管理者通过与下属的互动执行这些政策和相关程序。这样就出现了正式颁布的政策与真正执行的政策之间的潜在差别。

2. 政策执行被部门/工作团队水平上的人力与科技所影响。以工作的常规化/程序化为例,低常规化要求在政策执行中有更大的自主性,因为程序或制度不能覆盖所有可能发生的情况(Hage & Aiken,1969;Perrow,1967)。对公司政策执行的差异容易引起团队间差异。例如,在高层管理者设定的安全标准的大框架下,部门经理对标准的贯彻可松可紧。

3. 员工对于高层管理者颁布的政策程序和直接管理者所执行的政策程序采取不同的态度。来自两方面的信息会促进这种差异的形成:首先,通过对不同部门员工之间的社会比较,员工能分辨出不同部门政策执行的差异(Schneider & Reichers,1983)。例如,通过社会比较,一个部门的员工可能会总结出他们的直接领导在使用保护性设施这个问题上比其他领导的管理更宽松。这样,尽管大部分领导在工作中明确执行公司关于使用保护设施的规定,但是一旦某个个别领导的行为与大多数领导之间有差异,就会影响到该部门的政策执行和工作程序。另一方面的信息来自于员工对部门管理行为是否得到上层管理者支持的评估。比如，如果一位领导对违反安全规章的下属进行惩罚，这就暗示了这位领导对安全的重视。高层管理者对此事的态度则可以反映出公司是否重视安全问题。这样的信息能够帮助员工分辨公司水平上和部门/工作团队水平上对安全问题的重视程度的差异。

4. 对氛围研究分析的水平同时定义了氛围知觉加总的单元和氛围知觉的对象或参照点。在组织水平，氛围知觉在整个公司的水平上进行加总，以公司所强调的政策制度作为评估的参照点。在部门/工作团队水平，氛围知觉在各个部门/团队内部进行加总，以部门/团队管理者的关注点作为评估的参照点。不同水平的知觉具有不同的参照点，假设员工能够区分不同水平的安全氛围，那么安全氛围的多层次模型就得以建立。

（二）多水平模型

以上的所有假设共同解释了一个重要的跨水平现象：在组织水平上的氛围并不是独立存在的，不同部门/工作团队水平上的氛围的差异存在于一个组织当中。部门/工作团队之间差异的一个关键问题在于制定的管理实践程序的限制效应。

前文介绍的第一个假设提到部门经理必须把公司的政策程序转变为与部门具体情况相适应的行动指导，第二个假设提到这个转变过程需要自主地进行决策，因为公司的政策程序无法覆盖所有可能发生的情境。因此，部门经理总是需要考虑具体的工作情况，并决定怎样把公司程序付诸实施。需要强调的是，管理工作需要非常慎重，因为管理者并不是直接操作机器而是管理他人。这可能造成复杂的人际关系上的问题，使我们把监管定义成一项本质上常规性/程序性很低的工作(Hage & Aiken, 1969; Perrow, 1967)。

例如，一位管理者知道在温度较高的环境中工作会使得部分工人容易疲倦或容易恼怒。这时，似乎该管理者应该对安全进行更严格的控制从而避免在工人疲倦或情绪不好的时候发生事故，但是，如果过分强调安全的重要性，可能会使工人感受到更多的监管压力，从而更容易疲倦或恼怒。因此，该管理者必须要决定应该更多地强调这种环境下的工作安全问题，还是减少对安全的强调。

综上所述，管理工作内在的自由决定权是产生部门/工作团队之间氛围差异的充分必要条件。这一结论得到了近期研究的支持(Zohar, 2000a)。该研究采用一个工厂中的53个工作团队作为研究对象，发现了安全氛围知觉具有很高的组内同质性和组间变异性，因此可以在工作团队的水平上进行加总。研究还发现，在控制了部门风险水平的基础上，安全氛围水平的高低能预测5个月间工作团队的轻微受伤记录。另一项军队研究以3个旅辖下的61个团为研究对象，也得到了相似的结论(Zohar & Luria, 2001)。

（三）阈限模型

既然管理上的自主性是部门/工作团队的氛围存在变异的充分必要条件，那么我们可以推断在一个组织内部,管理的自主性越高,预期的变异也就越大,因为各个层级的管理自主权增加了正式的成文政策与实际现行政策之间存在差异的可能性。因此我们提出这样一个阈限模型:在某个阈限界限之下,部门/工作团队水平上的变异会被认为仍然在公司设定的政策之内,超过该界限的差异则会被认为与公司政策存在差异。这样的差异可能发生在某个水平内部(例如高层管理者不履行他们自己制订的政策),也可能发生在不同的水平之间(例如部门经理过度执行或没有执行公司的安全规定)。

组织水平的因素也可能影响到管理的自主性,例如组织结构和组织文化。一个相关的结构参数是"形式化"(Hage & Aiken,1969)。在一个高度形式化的组织里,公司的规章制度非常详细具体,程序严格,政策的界限也非常严格,留下的可变异的空间狭小,相应使得管理的自主性较少。因为组织结构能反映出组织文化,所以形式化的组织结构可能反映着公司内不同层级之间较大的权力距离(power distance;Hofstede,1998)。其他的部门/工作团队水平上的变量也可以影响在安全问题上的管理自主性,例如部门内的困难,部门管理者对权力的期望,部门与公司总部的距离远近等。一位经验丰富的管理者面对一位消极被动的上级可能会享有更多的自主权,从而更有可能导致氛围在部门/工作团队水平上的差异。

公司制定的规程与部门/工作团队的执行之间的差别与程序公正(procedural justice)和互动公正(interactional justice)之间的差别类似。在组织公正的研究中,程序公正是指员工对于公司正式规程是否公平执行的评估,以程序执行的一致性、避免偏见和及时更正为评判标准(Skarlicki & Folger,1997;Thibaut & Walker,1975)。而互动公正是指员工对于在规程执行中是否得到上级公平对待的评估,以是否尊敬下属,听取意见建议和为下属提供真实的解释为评判标准(Bies & Moag,1986;Moorman,1991)。组织公正的研究不断表明这两种组织公正在员工进行评估时往往是被分开独立考虑的(Ball,Trevino & Sims,1994;Tyler & Lind,1992)。与此类似,员工在评估组织氛围时,同样能够区分开高层管理者制定的规程和低层管理者对这些规程的执行。

第二节 安全氛围的测量

一、评估管理者对于员工安全和健康的重视程度/管理承诺

根据对安全氛围研究文献的综述,研究者通常通过评估管理者对于员工安全和健康的重视程度/管理承诺来测量安全氛围。Flin,Mearns,O'Connor & Bryden(2000)分析了研究中用过的安全氛围量表,发现管理承诺是常用的主题,在分析的全部18个安全氛围量表中,有13个都用到了管理承诺。Guldenmund

(2000)也通过分析15个量表发现了类似的结果。这两个综述性研究都指出,除了直接测量员工知觉到的管理承诺,大部分量表还包括了一些测量安全系统的程序特征的分量表,例如安全相关的培训、安全审查和关于安全问题的交流。实证研究发现这些方面能够预测重要的安全结果变量,例如事故率(例如 Niskanen, 1994; Ostrom, Wilhelmsen & Kaplan, 1993)。

为了增强量表的区分效度,除了直接的安全管理承诺的测量,安全氛围的测量应该只包括那些能够预示管理承诺的安全程序特征,作为衡量安全优先地位的具体测量因子。

二、测评条目的分类

(一)通用和具体条目

氛围的测量因子可以被分为通用条目和对应于不同行业的具体条目。

1. 通用条目

通用条目是那些适用于所有行业的与安全相关的条目,包括程序特征,例如安全负责人在公司的实际地位,安全行为在人事决定上的影响,对安全设施和安全培训的投资,以及关于安全问题的即时交流程度(例如 Dedobbeleer & Beland, 1991; Glennon, 1982; Zohar, 1980)。

2. 具体条目

与通用条目不同,具体条目与不同行业各自的特征相关联,比如核电站的限制通行系统(Lee, 1996),海外原油开采工作中安全程序(Mearns, Flin, Gordon & Fleming, 1998),以及医疗机构在输血过程中的严格控制(DeJoy, Murphy & Gershon, 1995)。

这表明安全氛围的测量可能包括三类条目:直接的管理承诺知觉或安全优先性测量,通过通用条目进行的间接测量,和通过具体条目进行的间接测量。前两类条目可以用于不同行业间的比较,而第三类条目可以用于行业内的比较。每个类型中都有一些条目描述安全与生产效率发生明显冲突的情况,被称为敏感条目。员工会特别关注在这样的情况下管理者如何应对,从而判断出安全和生产效率孰轻孰重。当生产任务重时间紧,或者必要的安全设施需要一笔可观的花费时,员工对于管理方如何处理都会给予较大的重视,认清安全问题是否确实被管理方优先考虑。

(二)按照分析的水平分类

对于测量氛围的条目还有另一种分类方式,即按照分析的水平分类。具体来说,一个氛围调查可能包括公司水平和部门/工作团队水平的条目,分别测量高层和中低层管理者对于安全问题的管理承诺。这符合前文提到的多水平的氛围模型假设。公司/组织水平的条目考察公司对安全设施的财政花销,为保证安全控制生产速度的管理行为,把安全行为作为人事测评和决策的考量标准之一等等。

部门/工作团队水平的条目针对具体的管理监督和赏罚措施,对部门成员进行针对性督导等等。

因此,尽管氛围量表所包括的条目可能由于工作环境和分析水平的不同存在千差万别,但是任何测量都应该直接或间接考察安全在实际生产中被给予优先性高低。

第三节 安全氛围的研究界限

对于安全氛围结果的说明可以帮我们划清该概念的界限以及越过界限的后果。当安全氛围的分量表考察安全系统的一些与安全优先性无关的特征时,就会导致概念的模糊。例如,当氛围分量表指向管理满意度、管理支持(Safety Research Unit,1993)、员工技能和工作动机(Niskanen,1994),或乐观、自尊或风险偏好(Geller,Roberts & Gilmore,1996)等内容时,安全氛围的概念就变得模糊,因为这些与安全氛围的核心指标——安全优先性没有关系。这些变量可以与安全氛围一起,作为独立的变量放入安全模型,它们都可能与安全本身有关,例如技术和工作本身带有的危险性,往往难以控制,但是它们与安全是否被给予优先性无关。测量风险知觉的条目经常被用在安全氛围的量表当中(Flin 等,2000)。当分量表与由于管理行为引起的风险有关时(这时风险知觉成为衡量安全与生产技术相对优先性的指标),风险评估就应该被包括在安全氛围的分量表中。否则,当风险本身与管理层对安全问题的重视程度无关时,风险知觉就不应该成为安全氛围测量的一个部分。

第二,如果氛围是一个组织水平或部门/工作团队水平自然存在的特征,那么个体水平的变量就不应该成为氛围测量的一部分,否则可能引起概念的模糊(see Dansereau & Alutto,1990;Glick & Roberts,1984;House 等,1995;Klein 等,1994;Rousseau,1985)。例如,Williamson,Feyer,Cairns & Biancotti(1997)在已有测量问卷的基础上设计了一个包含 62 个条目的安全氛围问卷,尽管其中半数的条目测量了高层管理承诺和公司水平的安全规程,但是另外一半的条目指向个体水平,测量员工的个人信念(例如"是否认为不管我怎么做,总会有事故发生")和安全归因(例如"我用不安全的方式工作,是因为我没有得到恰当的培训")。虽然安全归因可能对安全状况有重要的影响,但是它们应该被作为个体水平的独立变量而非安全氛围的一个组成部分。这一点对于统计分析非常重要,需要采用多层次分析模型(Multilevel Modeling)而非单一水平的回归模型(Hofmann & Stetzer,1996;Zohar,2000a)。

另一个概念界限问题关系到氛围分析所必要的知觉的同质性。如果同质性前提不能满足,那么根本没有氛围可言,任何水平上的加总都不能反映出氛围的高低。当管理者在安全问题上的处理办法不一致的时候，员工对于安全被给予的优先性无法形成统一的认识，这种情况就可能出现。例如，管理者可能强调在正常操作条件下的安全事项，但是当生产进度滞后的时候，安全就被抛诸脑后，这种不确定的表现就会降低员工的知觉一致性。值得注意的是，很多已经发表的研究在没有进行同质性检验的情况下包含了一些本来就很难具有同质性的变量作为氛围的指标。由此得到的研究结果也值得商榷。我们认为只有进行了同质性检验，才能确定哪些氛围变量可以进行单元内的加总。

第四节 总 结

本章从两个方面介绍了安全氛围：概念和测量方法。从方法学上来说，安全氛围研究应该使用员工用来评估安全相对优先性的指标进行测量，它们可能是通用于各个行业，也可能与行业本身的特点有关，同时，它们可能针对不同的层级。致力于发展新的、更好的氛围测量因子的研究应该应用以下几个策略。

第一，组织水平和部门/工作团队水平的氛围在高事故率单位和低事故率单位之间的对比。近期的一篇综述总结了与较低的事故率相关的一些程序变量 (Shannon, Mayr & Haines, 1997)，其中有一些并没有在安全氛围的量表中提到过，例如事故调查的完整性，对危险因素处理的速度，对不安全行为的监督，安全负责委员会的职责范围，安全培训的例会等等。而这篇综述里面的其他一些变量尽管具有较好的区分效度，但不应该作为氛围量表的一部分，例如良好的员工关系，员工权利，员工构成的老龄化等等。

第二，采用专题小组讨论法收集相关的质化信息。在 Cox & Cheyne（2000）的研究中，采用了专题小组讨论法为海上采油工作平台设计了安全氛围问卷。他们请员工讨论他们如何理解"安全"和"安全文化"。分量表的编制就基于专题小组的信息和以往类似行业问卷中使用过的条目。

第三，正式制订的政策与实际现行政策之间的差异可以为氛围测量提供信息。可以请在不同组织层级的员工回忆一些管理行为与政策有出入的事件 (Zohar & Luria, 2001)。

该方法基于这样的假设：员工能回忆起对他们具有意义的片断，他们对这些事实片段的描述会流露出他们对于安全优先性的感知。例如，一个金属加工厂的工头回忆说，由于管理方担心手套更换得太频繁，所以花了好几天才为一名工人更换了已经破了的安全手套。在此公司另一个工作团队的工人回忆起，金属碎片被丢在电锯旁边直到政府相关部门检查时才被收拾走。这种一贯的混乱和滞后与突然的整理之间的差异使这个工人意识到了管理上的有形无实。这些事件提示，保护性设施的更新或厂房管理等等都可以作为安全氛围测量中的条目。这种方法还能够帮助确定出一些"敏感条目",因为在安全与生产率发生明显冲突的时候,最容易暴露出政策执行上的漏洞。例如,一个食品加工公司的管理人员说在主要假期来临之前的一个星期,总是有非常多的订单,他不得不在温度超标的情况下去疏通一个堵塞的管道。这与公司的规定相违背。这种在工作量压力之下违背安全标准的情况就可以作为一个敏感条目来测量安全氛围。这种条目可以在给出生产量压力高低的框架下进行评定。

方法学角度的另一个研究方向是不同测量工具之间的心理测量学指标比较。现存的满足最低标准的安全氛围测量问卷有不下20个(Flin等,2000;Guldenmund,2000),新的问卷也层出不穷(Cox & Flin,1998)。因为这些量表为概念结构提供了操作化的定义,研究它们之间是否互相支持就变得非常重要。Mueller,DaSilva,Townsend & Tetrick(1999)在研究中比较了四个安全氛围量表,力图建立一个更好的测量模型(Brown & Holmes,1986;Coyle,Sleeman & Adams,1995;Dedobbeleer & Beland,1991;Zohar,1980)。他们请500名工作学生分别完成了这四个量表,并进行了确定性因素分析。最终的模型是一个四因素模型,与Zohar在1980年提出的八因素模型很相似。这四个因素分别是管理层对安全的承诺,安全工作的奖励,安全行为对于员工地位的影响,以及必要的工作节奏对于安全的影响(这里的前两个因素与前文所说的安全优先性更为一致)。也有研究证据指出在所有分量表的背后还存在一个更高层级的安全氛围因素潜变量,可以用于总体评价和比较。

从理论和概念的角度来看,需要有更多的研究探索前文提到的安全氛围模型,检验假设的安全氛围—安全行为—事故率的逻辑路径是否成立。虽然很多研究者认为氛围—行为的关系已经被很好地证明了,但令人不解的是很少有实证研究证明这一点。另外,很多研究提出安全行为和事故报告的自陈(self-report)测量方法存在偏差,所以最近有研究者采用客观记录对安全氛围的预测效度进行了研究(Hofmann & Morgeson,1999;Zohar,2000a;Zohar & Luria,2001)。这条研究线路具有潜在优势,因为开放的、奖励式的安全管理实践比纠正为主的、惩罚性的方式对工伤事故的发生更具有预测力(Zohar,2000b)。

最后,如果要把安全氛围作为联系到组织行为研究的桥梁,那么氛围与领导力和工作动机之间的关系也不能被忽视。有研究发现,领导—下属之间的互动能够影响对于员工利益的领导承诺,从而影响员工的安全氛围知觉,并最终影响安全行为。这表明,领导类型可能是安全氛围的一个预测变量。这个模型建立的基础是,亲近的高质量的领导—下属关系能够促进领导对于员工福利的重视(Bass,1990)。在高风险的情况下,员工福利也包括了员工的舒适感(Hofmann & Morgeson,1999)。对下属的安全承诺和相关的管理实践都为氛围知觉提供了指标,从而建立了领导类型和安全氛围之间的关系。类似的安全氛围的中介作用被近期的两个研究所支持(Barling,Loughlin & Kelloway,2000;Zohar,2000b)。他们证明了转换型领导类型和建设型领导类型都能够通过影响安全氛围对工伤事故率发生影响。领导力的不同维度与安全氛围之间的关系应该得到进一步的探索,包括检验可能存在的这些关系的调节变量。

安全氛围和员工动机之间的关系也得到了一些研究的支持。前文提过,员工的安全行为对管理者来说是一个挑战,因为员工往往对于常规工作条件下事故发生的可能性抱有错误的认识,对自己发生意外的预期不足。这可以通过建立一个短期的奖励制度来进行干预,使得员工意识到安全行为带来的好处大于损失。一个能干的、重视安全问题的管理者将检查员工是否安全恰当地完成了工作,包括使用保护性设施等等,然后立即根据工作情况对员工给予表扬或者批评纠正(Komaki,1998)。如果这种办法能够在所有情况下公平一贯地对所有部门成员执行,那么成员就会认为安全的优先性很高,从而形成较高的安全氛围知觉,并提高安全行为的动机。由于管理的即时奖励已经被证明可以影响员工的动机和行为(Komaki,1998),我们就不需要像很多基于行为的安全干预措施那样附加外部奖励机制(see Krispin & Hantula, 1996; McAfee & Winn, 1989; O'Hara, Johnson & Beehr, 1985)。因此,改善管理安全实践的干预办法可能是改变安全氛围和员工动机的一个新途径,Zohar(2002c)的研究为此提供了证据。未来的研究应该致力于探索其他的能够有效改变安全氛围的方法。

第9章 工作倦怠综合征

第一节 绪 论

小王是某企业部门经理的秘书,大学毕业后即到了这家公司这个岗位,刚开始满怀抱负的她还是信心满满、热情高涨,面对着与学校完全不同的环境,她努力的学习各种公司业务和处事方式,使自己很快适应了职场的生活。可是随着时间的推移,她在这个岗位上干了三年多,她发现自己要处理的全都是琐碎且重复的事情,似乎再也学不到新鲜事物了。小王渐渐发现她对工作丧失了热情和主动性,她想换工作,却又觉得除了秘书其他的也胜任不了。她认为自己虽然年轻,但是无法下定决心放弃这份稳定的工作而另找其他。就这样,她无奈的维持着现状。

在日企工作了三年的刘某说道,他每天工作压力都非常大,周围其他员工似乎也拼了命的做项目,下班后领导没走,谁也不走。通常一个项目分配下来时间紧、任务重,他们只能用自己的业余时间、甚至通宵完成。他每天都筋疲力尽,回到家,想到第二天还要踏进公司就很烦躁,真希望有个长假好好地休息一下。工作显然成为他的负担,令他身心疲惫。

上述案例正是反映了近年来在上班族身上经常发生的现象,而这一现象在国外也存在多年,并且得到广泛的关注。随着社会的发展、生活节奏的加快,越来越多的职场人士开始排斥单调枯燥或者压力过于大的工作,不断的跳槽。也有人选择毫无热情的维持,直到成为机械化的劳作。工作似乎仅仅为了养家糊口,也就按部就班的走下去。

与此同时,这种现象造成的结果也是显而易见的。对个人来说,这无疑是身体和心理的双重折磨,对工作产生厌恶,甚至影响家庭生活。对于企业来说,员工的消极怠工势必影响企业组织文化和绩效。北京易普斯咨询公司首席顾问张西超发表在《财富》(中文版)上的一篇文章中写到:"我们有理由惊呼:上帝在赋予企业家名誉、财富和成就的同时,也顺手拿走了阻挡侵袭职业健康的洪水的闸门。"

国外的学者很早就发现了这一问题,并开始了广泛的研究,涉及了服务、医疗以及教育等多个领域,提出了一个新的研究领域——工作倦怠(Job burnout,国内也有学者译为"职业倦怠",在本章里我们统一称之为"工作倦怠")。此后30年工作倦怠引起广泛的重视,其研究范围从最早的医疗服务类行业扩展到教育、军队、管理等领域。近年来,随着我国经济的迅速发展,工作任务的加重,以及企业、顾客对员工高的要求,使得员工更加努力来适应现在的工作环境。加之经济危机的爆发,一些外企员工面临着裁员危机,天天处于惶恐中,更加倍努力的干活,承受着巨大的心理压力。因此,工作倦怠这一现象被心理学家、人力资源研究者以及企业管理者广泛关注。

在一项由中国人力资源开发网主持完成的题为《2008中国职场人士工作倦怠指数调查》的报告中显示:职场人士总体工作倦怠程度不容乐观;男性工作倦怠比例与程度要高于女性;本专科学历人群成为工作倦怠状态的主流群体;三资企业的职场人士工作倦怠程度最高;企业中市场部人员的工作倦怠现象最严重;高级专业人员的工作倦怠程度位居前列;25岁以下的年轻人工作倦怠程度最高等。

一、工作倦怠的概念及其演变

(一) 创始人 Freudenberger(1974)的观点

在过去很长一段时间里,国外学者在对特定职场人士的职业健康研究中就发现了一些工人常年精力消耗、工作热情减退,进而产生对人漠不关心以及对工作抱持负面态度的症候。

早在1974年,美国临床心理学家 Freudenberger 首次将工作倦怠(burnout)作为一个术语,用来专指个体在面对过度的工作需求时,所产生的身体和情绪的极度疲劳状态。最初他用"倦怠"描绘的是那些关注健康的机构中的工作者因长期与药物滥用者接触体验到的一组负性症状,如长期的情感耗竭、身体疲劳、工作卷入程度降低、对待服务对象态度差和降低的工作成就感等。Freudenberger 即被认为是现代心理学关于倦怠感研究的创始人。

(二) 较为流行的 Maslach(1981)的定义

在众多定义中,Christina Maslach 的定义得到广泛认可,也是被后人研究引用最多的。Maslach 从心理社会角度来探讨工作中的情感压力,将重点放在工作环境与工作倦怠的关系上。将工作倦怠定义为"在以人为服务对象的职业领域中,个体的一种情感耗竭、去人性化和个人成就感降低的症状"。提出了具有代表性的工作倦怠三个维度:情感耗竭(emotional exhaustion)、去人性化(depersonalization)以及个人成就感降低(diminished personal accomplishment)。

"情感耗竭"被认为是倦怠最具代表性的指标,是工作倦怠的压力维度。表现为个体情绪和情感处于极度疲劳状态,有效的身心资源过度透支,做事情没有兴趣和激情。它的特征是缺乏活力，有一种情绪资源耗尽的感觉。此外，情绪耗竭经常伴随着挫折、紧张，所以员工会在心理层面上自认为无法致力于工作。

"去人性化"反映了工作倦怠的人际交往维度。其特征是视其服务对象为"物"，而非当成"人"看待。表现为个体以一种负性的、否定的态度和冷漠情感去对待同事或工作对象，出现易怒、消极、不屑一顾等现象。

"个人成就感降低"则反映了工作倦怠的自我评价维度。特征是倾向于对自己产生负面的评价、感到无能、工作没有成效，对自己工作的意义和价值的评价低。以这样一种消极的态度来评价自己，对自己的工作的满意度也随之降低，进而自尊心下降。

Maslach 后来修正了这一概念，认为工作倦怠包括耗竭、玩世不恭（cynicism）及低职业效能感（reduced professional efficacy）三个维度。其中玩世不恭反映的是个体对待工作的一种冷淡的和疏远的态度。而低职业效能感与个人成就感低落相似，是指自我效能感降低以及倾向于对自己社会性和非社会性的职业成就作出消极评价。

（三）Pines 的定义

Pines 和 Aronson(1989)把工作倦怠定义为由于个体长期处在对其情绪资源过度要求的情境之下，进而产生的一种生理耗竭（physical exhaustion）、情绪耗竭（emotional exhaustion）和心理耗竭（mental exhaustion）的状态，认为工作倦怠正是由这三种成分组成。可见，Pines 的理论将关注点放在 Maslach 提出的三维度中的"耗竭"这一维度上。此外 Pines 等认为倦怠现象不仅发生在工作情境中，还发生在日常生活中的许多方面，包括婚姻关系、政治冲突等。

（四）Shirom 和 Melamed 的定义

Shirom 与 Melamed 在 2003 年也对工作倦怠进行了定义，与 Pines 的定义类似：认为工作倦怠应被看做是个体的精力用尽的一种情感状态，表现为生理疲劳（physical fatigue）、情绪耗竭（emotional exhaustion）及认知疲劳（cognitive weariness）。

根据 Shirom 等人的观点，他们理论的基础是来源于 Hobfoll 所提出的应激资源守恒（Conservation of Resources，COR）理论。COR 理论认为，个体拥有一些资源，并且努力获取、保持和保护自认为有价值的资源，当资源面临失去的危险、资源真正失去或者投入了资源却没有得到预期的回报时，应激就产生了。从 COR 理论出发，Shirom 等人提出：应激是一个不断演变的过程。在这个过程中，那些缺少有力资源储备的人就有可能经历反复的资源失去，造成恶性循环。当个体在工作中长时期经历不断循环的资源失去时，工作倦怠的状态就可能产生。

（五）Densten 的定义

Densten 在一定程度上认可了 Maslach 的三个维度的定义，另一方面，他又认为其并不完善。他从 Maslach 的耗竭、疏离与无效能感这三个维度出发，提出了三个方面的假设：(1) 耗竭应该由心理紧张（psychological strain）与躯体紧张（somatic strain）两方面的因素构成。(2) 疏离维度是由对工作的疏离和对人的疏离两个方面因素构成。(3) 无效能感维度包括自我评价的（self-views）与外部评价的（external views）两个方面。经过对 480 名高级执法警官实证研究，最后结构方程模型结果得出一个五因素的工作倦怠模型，它包括心理紧张与躯体紧张、自我评价的无效能感与他人评价的无效能感以及疏离。

（六）Dworkin 的定义

社会学家 Dworkin 则认为倦怠是指对特定工作的疏离感，包括无意义感（meaninglessness）、无权力感（powerlessness）、孤独（isolation）和无规范感（normlessness）。工作中的疏离本是组织行为学中一个独立的概念，因而 Dworkin 认为要消除个体工作倦怠，应该从组织结构的变革着手。

尽管研究者对工作倦怠的定义不一，但却在某些方面达成共识：首先，必须是与工作相关联的；其次，个体有一定程度的身心耗竭，以及一系列的负性情绪、态度体验。再次，伴随有相应的行为问题和工作绩效降低。最后要注意的是，个体没有气质病变和精神病理学方面的症状。

二、工作倦怠产生的理论机制

（一）心理动力的倦怠观

Freudenberger 提出的工作倦怠产生的观点可以被看做是心理动力的倦怠观。心理动力的理论假定：人们选择职业是为了解决那些在童年期未能解决的问题。另一方面，职业选择的无意识决定反映了个体本身以及家庭的历史，人们通常会选择那些能够让他们复制童年重要经历的职业。Freudenberger 认为，那些极度富有责任感和具有献身精神的人，把工作作为了他们社会生活的一种替代品，这些人最有可能对工作产生倦怠感，当他们屈服于苛刻的要求和恶劣的工作环境，但是预先的期望没有顺利实现时，也就是说童年的某些"未完成情结"仍没得到解决，倦怠就不可避免地发生了。Freudenberger 第一次系统地诠释了工作倦怠的产生原因。但这种理论也受到了人们的质疑，因为它仅仅关注了个体早期经验而忽略了现实环境的影响因素。

（二）与环境有关的倦怠观

Maslach（1978）曾指出，要找到倦怠爆发的原因，最好分析那些不健康的人当时的工作环境。他们研究发现，员工接触的顾客人数比例、与顾客直接接触的时间都与倦怠的发生存在着显著的正相关。Cary Cherniss 也开始关注组织的本质以及社会文化环境对倦怠的影响，他认为倦怠是由于工人觉得他们的付出与获得之间失去平衡所产生的。这种失衡可能被两种相反的情形所激化：个体受到过度刺激的环境；个体面对的是刺激或挑战非常有限的环境。当个体不能通过有效的手段来缓解所面临的这些压力或紧张时，倦怠就会发生。在现实工作环境中，工作的任务量、上司的评价、制度的考核、同事的人际关系、工作对象的不合作态度等等都可以看做是相应的环境因素,显而易见这些确实能够带来一定的心理压力,处理不好,就会带来更多负面的结果。

(三) 与资源论有关的倦怠观

其一就是在概念中所介绍的 Hobfoll 提出的应激资源守恒(Conservation of Resources,COR)理论。当现有的资源被一定的压力和倦怠占用后,当个体或组织面对新的压力源,便不能获得足够的资源来应对,进而体验到倦怠以及其他与压力有关的反应。

另外一个重要的观点就是 Demerouti(2001)提出的工作要求—资源理论(job demands-resources model,JD-R)。每种职业都有其特定的导致倦怠的因素。例如,对于护士,造成她们倦怠感产生最重要的便是病人的要求;服务员的倦怠感也是源于顾客对其的要求;对于工人来说,工作量和缺乏自主性是最重要的问题。JD-R 理论的核心假设是每种职业都有它特定的影响倦怠的因素,不管这些具体的影响因素是什么,都可以归为两类:工作要求和工作资源。工作要求涉及工作中要求持续不断的身体和心理努力的物质的、社会的和组织的方面,与特定的生理和心理付出有关。工作资源是指实现工作目标所需要的资源,也涉及物质的、心理的、社会的或者组织的方面。JD-R 理论认为,倦怠的发展遵循着两个过程:第一个过程:要求较为苛刻的工作引起了持续的、负担过重的耗竭;第二个过程:资源的缺失使得难于满足工作要求,并导致了退缩行为的发生,这种退缩的长期影响就是对工作的脱离、即产生倦怠感。

(四) 工作匹配理论

Maslach 和 Leiter 还于 2001 年提出了工作倦怠的工作匹配理论(Job-Person Fit Theory)。该理论认为,工作倦怠是个人与工作之间的一种非建设性关系所致,并非由工作或本人单方面原因所致,而是由它们之间的匹配程度来决定的,匹配差距越大,越易产生工作倦怠。此外他们认为,员工与工作在以下六方面越不匹配,就越容易出现工作倦怠,包括:工作负荷(workload),工作任务多、难度大。控制感(control):个体对工作中的资源没有足够的控制,或者指个体无法自主选择他们认为最有效的工作方式。报酬(reward):除了经济方面的,还包括一定生活方面的报酬。团队(community):员工与同事以及上级之间的人际关系,以及沟通和协作。公平(fairness):包括工作量或报酬的不公平,以及评价和升迁的不公平等。价值观(values):员工和周围的同事、上级或整个组织的价值观不一致。

三、工作倦怠与相关概念的区分

(一) 工作倦怠与工作应激

应激是指机体对各种内、外界刺激因素作出适应性反应的过程。应激的最直接表现即精神紧张。工作应激是指由工作或与工作直接有关的因素所造成的应激。

例如,工作负担过重(overload)、变换生产岗位、时间压力、工作责任过大或改变、机器对人要求过高、工作时间不规律、倒班、工作速度由机器确定、上班过远、工作的自然和社会环境不良等。研究表明,这些因素是工作人员日常生活中最主要的应激。

工作倦怠和工作应激在概念上的一个明显区别就是前者包含有对待服务对象、工作和组织的负性的态度和行为,并且是一个动态的形成发展过程;而应激反应通常是产生于个体所知觉到的工作要求与个体能力之间的不一致,而工作倦怠则是产生于个体所知觉到的对工作的投入与从工作中获得的回报之间的不一致,其中情绪因素占重要地位。

如果考虑两者产生的前因后果,我们可以说,工作倦怠是一种由于工作中的不良应激长期积累,最后超过了个体的应对水平,导致个体心力消耗过大、情绪消沉、个人成就感降低的心理现象。由此可见,工作倦怠是个体长期应对不良工作应激积累的最后阶段,其原因是工作要求和个体应对资源的长期不平衡的工作应激效应。我们可以用下图来解释这一过程:

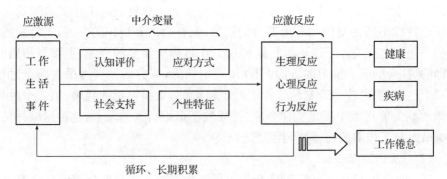

图 9-1 工作应激和工作倦怠关系图

Pines(1993)的研究认为,那些希望从工作中获得价值和重要性的个体会经常体验到倦怠,而那些对工作没有较高期望的个体所体验到的是工作应激而不是工作倦怠。这样来看的话,我们可以认为工作倦怠也包含了更多的认知因素在其中,应该从多维的角度来研究。

(二) 工作倦怠和全身适应综合征(general adaptive syndrome)

应激学说的奠基人加拿大心理学家 Selye 提出了涉及全身生理、生化反应的全身适应综合征(GAS)。认为机体自稳态受威胁、扰乱后,会出现一系列生理和行为的适应性反应。是非特异的应激反应所导致的各种各样的机体损害和疾病。GAS 分为三个时期:

1. 警觉期:出现早,机体防御机制快速动员期。以交感—肾上腺髓质系统兴奋为主,并伴有肾上腺皮质激素的增多。警觉反应使机体处于最佳动员状态,有利于机体增强抵抗或逃避损伤的能力。此期较短。身体表现为短暂的神经张力降低、肌张力降低、体温下降、血压下降、血糖降低、血容量减少、心跳加快等。

2. 抵抗期：警觉反应后进入该期。此时，以交感—肾上腺髓质兴奋为主的警觉反应将逐步消退，而表现出肾上腺皮质激素分泌增多为主的适应反应。机体代谢率升高，机体表现出适应，抵抗能力的增强，但有防御贮备能力的消耗。

3. 衰竭期：持续强烈的有害刺激将耗竭机体的抵抗能力，警觉期的症状可再次出现，肾上腺皮质激素持续升高，但糖皮质激素受体的数量和亲和力下降，机体内环境明显失衡，应激反应的负效应陆续出现，应激相关的疾病，器官功能衰退甚至休克、死亡。

（三）工作倦怠与抑郁

抑郁症是一种常见的精神疾病，主要表现为情绪低落，兴趣减低，悲观，思维迟缓，缺乏主动性，自责自罪，饮食、睡眠差，感到全身多处不适，严重者可出现自杀念头和行为。显而易见，抑郁是具有普遍性、弥散性的，存在于患者的生活中。没有情境的限制和要求。而工作倦怠的个体则是和工作相联系的，尤其在倦怠感产生的初期。比如说，一个人当他进入公司，或者想到没有完成的任务就产生强烈的负性情绪体验以及疲劳感，但是给他放一个星期的假，没有任何任务，他也许就像换了一个人一样。这也是很多的工作倦怠者想要放假的原因，能让他们得到暂时的缓解和放松。

当然，工作倦怠和抑郁是有部分相似的：如都会产生无望感、无助感、空虚和悲伤；都可能出现植物性神经系统的症状，如睡眠和饮食障碍、精力缺乏、疲惫、性趣丧失等。Leiter 和 Durup 指出，情感耗竭包含有精力衰退和慢性疲劳等内容，而这些又被认为是抑郁的典型症状；人格解体包含有社会退缩和习得性无助的含义，而这些内容在理论上又被认为是抑郁状态的重要成分。

至于二者的前后因果关系，Iacovieds 等（2003）指出，现在没有一个明确的先后顺序，但从理论上看，抑郁应当是出现在倦怠之后的。这一论断与 Glass 等（1993）的实证研究结果是相吻合的。Glass 等根据结构方程模型的拟合度得出：把抑郁看做倦怠的后果变量，比将其看做倦怠的前因变量要好。

第二节　工作倦怠的测量和诊断

国外有关工作倦怠的测量工具很多，其中影响较大的几种测量方法是 Maslach 1986 年编制的工作倦怠问卷（Maslach Burnout Inventory, MBI）以及其修订版 MBI-GS；Pines 和 Aronson 于 1988 年开发的倦怠测量表（Burout Measure, BM）；Demerounti 于 2003 年开发的 Oldemburg 倦怠量表；Shirom 和 Melamed 在 2002 年开发的工作倦怠问卷（Shirom-Melamed Burnout Measure, SMBM）等。

一、工作倦怠的测量

（一）Malash 倦怠量表（Maslach Burnout Inventory，MBI）

MBI 最初是 Maslach 和 Jackson 在与服务行业人员的访谈与个案研究基础上编制而成的，包含 3 个分量表：情感耗竭（EE）有 9 个项目、去人性化（DP）有 5 个项目和个人成就（PA）有 8 个项目。该问卷采用 7 点记分法，要求被试者按每种症状出现的频次进行评定。从 0 到 6 表示出现症状的频次依次增加。三个子问卷的得分相互独立，不能相加。在情感耗竭和去人性化这两个分量表上，个体的得分越高，表示体验到的工作倦怠程度越重。而个体在个人成就分量表上的得分越高，表示体验到的工作倦怠程度越轻。一般说来，高度倦怠的个体在情感耗竭和人格解体分量表上得分较高，而在个人成就分量表上得分较低。我国学者李永鑫等在此基础上编制的 CMBI（Chinese Maslach Burnout Inventory），探索性因素分析结果表明，工作倦怠问卷由耗竭、去人性化和成就感降低三个因素构成。问卷的信度和效度都达到了心理测量学的要求。

（二）Maslach Burnout lnventory-GeneralSurvey，MBI-GS 量表

Maslach 倦怠问卷通用版是 Schaufeli 等在 MBI 的基础上编制的一个职业适用领域更为广泛的工作倦怠测量量表，也包括三个因素：情感耗竭、玩世不恭（Cynicism）和低职业效能感（reduced professional efficacy）。MBI-GS 的一些项目直接来自于 MBI，也有一些是由 MBI 的项目稍加修改而成，还有一些项目是新编制的。包括 3 个子量表：(1) 耗竭（Ex），有 5 个项目。典型的例子是：在一天的工作结束之后，我觉得筋疲力尽。(2) 玩世不恭（Cy），5 个项目。例：我对工作变得不那么热心了。(3) 职业效能感（PE），有 6 个项目。例：在我看来，我擅长于我的工作。所有项目都在从 0 到 6 的七点频率评定量表打分，0 代表"从不"，6 代表"每天"。在情感耗竭、玩世不恭分量表上，个体的得分越高，表示情感耗竭和玩世不恭程度越高，相应的倦怠感就越高；在职业效能感分量表上的得分越高，表示职业效能感越高，相应体验到的倦怠程度越低。与 MBI 不同，MBI-GS 中的情感耗竭是比较一般性的，而不仅仅将工作中的服务对象作为个体情感耗竭的来源。

（三）BM 倦怠调查表

BM 是由 Pines 编制的一个包含 21 个项目的自我倦怠程度诊断工具。Pines 认为倦怠可以产生于任何职业和任何人群，因而 BM 问卷项目的设计针对各种职业、各种人群，且项目的含义是非常宽泛的。BM 包含三个部分，每个部分包括 7 个项目分别测量"生理耗竭（physical exhaustion）"、"情感耗竭（emotional exhaustion）"、"心理耗竭（mental exhaustion）"，最后合成一个总分，因此 BM 所测量的倦怠是单维的。身体耗竭的个体多为精力不足、长期疲劳、虚弱和厌倦，具有较高的事故倾向性、疾病易患性、经常的头痛、恶心和身体的各部位疼痛，并可能伴随

有饮食和体重的改变；情感耗竭的显著特征为抑郁、无望感、被诱骗的感觉等，极端严重者甚至会产生自杀的意念；心理耗竭则涉及对待自我、工作和他人负性态度的发展。这21个项目，均为描述主观感受的陈述句，如"我觉得疲倦"、"我感觉很虚弱，很容易生病"等，要求被试回答自己在生活中所感受到的发生频率，在从1（从来没有）到7（一直是这样）的七点量表上打分。BM的项目全都是负向题，得分相加，总分越高说明倦怠程度越高。据BM的编者Pines综述，BM的内部一致性系数在0.85~0.90之间，再测信度在0.66~0.89之间，且构想效度良好。

（四）Oldengurg倦怠量表

英文全称Oldengurg Burnout Inventory，简称OLBI。该测量工具是由德国心理学家Demerouti（2003）开发的，OLBI的理论基础是工作要求－资源（JD-R）模型。该量表包括了两个维度：耗竭（exhaustion）和疏离工作（disengagement from work）。其中，"耗竭"指的是在应激状态下严重的身体、情感和认知反应，而不仅仅只是MBI中耗竭（情感耗竭）维度所包含的情感反应。"疏离工作"是指远离了自己的工作，对自己的工作目标、工作内容以及整个工作产生了消极的态度，丧失对工作的兴趣，或者认为自己的工作没有挑战性、低估自己工作的价值以及机械性地执行工作，而不仅仅是指对工作中的他人的态度，所以该量表可以应用于更为广泛的领域。OLBI共有15个项目，均为陈述句，要求被试判断自己的认同程度，采用四点记分：1代表"完全不同意"，4代表"完全同意"。OLBI在一个维度里既有正向题，又有反向题，从而克服了MBI的单向性偏差（one-sided bias）。例题如"工作之后我经常感觉到疲倦和厌烦"（正向题）、"工作之后我常常享受闲暇时光"（反向题）。两个分量表单独计分，不加总分，因此它所测量的枯竭是个二维结构。Ebbinghaus对OLBI量表的心理测量学特性进行了研究，发现其结构效度、汇聚效度和判别效度都较好。

（五）SMBM量表

SMBM全称为Shirom Melamed Burnout Measure，是以色列心理学家Shirom和Melamed在COR理论基础上编制的工作倦怠问卷。与BM量表相似，该问卷也由三个部分构成：情感耗竭（EE）、生理疲劳（PF）和认知厌倦（COG）。第一部分包含4个项目，后两部分各包含6个项目。例题如"早晨我没有精力去上班"、"我感觉没办法对同事和顾客的需要保持敏感"、"我的思维缓慢"等。采用1到7的七点频率评定量表打分，1代表"总是"，7代表"从不"。合计总分越高，说明倦怠程度越高，因此SMBM量表也是一个单维度量表。Shirom等人的研究表明SMBM具有较好的结构效度，但对于该问卷的其他心理测量属性，如信度、判别效度、汇聚效度等则需要进一步探讨。

表9-1 各枯竭测量问卷的比较

测验名称	作者/年代	编制基础	操作定义	单维/多维	反应方式
MBI	Maslach 和 Jackson 82	临床个案	情绪耗竭 去人性化/玩世不恭 个人成就感降低/职业效能下降	三维	频率七点
BM	Pines 和 Aronson 81	临床个案	生理耗竭 情感耗竭 心理耗竭	单维	频率七点
OLBI	Demerouti 2003	JD-R	耗竭 疏离工作	二维	赞同度四点
SMBM		COR	生理疲乏 情感耗竭 认知疲惫	单维	频率七点

王芳,许燕,蒋奖. 职业枯竭的测量方法. 心理科学进展,2005,13(6):814-821

二、工作倦怠的诊断

国外的学者提出了不同的工作倦怠的评价方法。加拿大的心理分析学家、社会学家和人类学家曾经提出了一个工作倦怠的评价标准(Bibeau,1989),认为可以以个体疲劳的程度作为工作倦怠的主观指标,具体包括三个方面:由于工作不满意感和职业的不胜任感所导致的自尊的丧失;出现多种身体症状,而没有可以识别的器质性病变;注意力难以集中、易怒和负性情绪,并以个体在长达数月的时间内工作绩效的显著降低作为工作倦怠的客观指标。国内学者李永鑫等采用在MBI基础上编制的CMBI量表,通过对834名被试进行调查,初步制订了工作倦怠的评价标准。结果发现:可以以耗竭分数>25、人格解体分数>11、成就感降低分数>16作为工作倦怠的临界值,且该评价标准具有较好的区分效度。

第三节 工作倦怠的前因变量及后因变量

一、工作倦怠的前因变量

工作倦怠的前因变量可以从工作特征、组织因素、个体特征以及家庭环境这四个方面共同探讨:

(一)工作特征因素

1. 工作量

工作量体现在数量和质量两个方面。数量方面指个体感到工作量大以致无法在规定时间内完成;质量方面指个体感到缺乏必要的技能去有效完成工作。多数的研究都表明了工作要求的数量与工作倦怠有重要关系,尤其体现在"耗竭"这一维度上。

2. 角色压力

角色压力分为角色冲突、角色模糊和角色超载三个层面。角色冲突是指个体在工作中面临的角色定位与角色期望不一致;角色模糊是指个体在工作中缺乏清晰明确的工作责任、权力、目标、标准等。Moore 和 Harden 的研究都将角色冲突和角色模糊作为工作衰竭或工作压力的重要预测变量。

3. 工作要求和工作控制

Karasek 和 Theorell(1990)提出"要求控制模型(demand control model)"。在这个模型中,员工自主决定的范围和工作要求是决定工作紧张的两个因素。裴改改等人(2009)对武警警官的研究中也得出:控制感越高,工作倦怠的三个维度（情感耗竭、玩世不恭和低成就感）越低。

4. 信息和资源

国外研究表明,在工作中的信息方面缺少反馈与倦怠的三个维度都相关。工作资源是个人希望额外获取的资源。Lee 等人的研究发现,与资源相关因素能有效减缓情感耗竭、玩世不恭和成就感低落的恶化。

5. 工作类别

研究表明,不同性质的工作也会对倦怠产生影响。斯古特（Schutte）等的研究发现,蓝领比白领群体体验到更多的个人无效感和消极倦怠。另一项研究比较了美国和荷兰的五种工作类别(教师、社会服务、医药、心理健康以及司法执行)的工作倦怠状况。结果表明,工作倦怠在两个国家有相似的工作特征。在司法界,职员表现出高工作倦怠和高无效感,而耗竭水平较低;教师却表现出高耗竭,以及一般水平的工作倦怠和无效感;在医药业则呈现出较高的无效感以及低水平的耗竭和工作倦怠。

（二）组织因素

除工作本身的特征外,研究证实组织特征也是导致工作倦怠的主要因素。组织特征包括组织制度、结构,组织公平,组织期望,组织变革等。

其中,组织公平就是一个重要的研究因素。组织公平是指个体对组织对待他们的公平性的知觉,具体可以分为分配公平和程序公平。缺乏公平感是导致工作倦怠的一个重要因素。Gabris 等对政府部门员工的研究表明,对于专业人士,程序公平性和分配的公平性与工作倦怠有中等程度的相关,但与成就感降低的相关并不显著。李超平、时勘的研究指出,组织公平对工作倦怠具有较强的预测作用。其中分配公平和参与工作会影响企业员工的情感耗竭;分配公平、参与工作和投诉机制会影响企业员工的玩世不恭。

（三）个体特征

1. 人口统计学特征

已有研究证明的一些相关的人口学变量有：年龄、性别、婚姻状况、教育程度等。在年龄方面，年轻人较容易产生工作倦怠。在性别方面，两者没有显著差异，台湾地区工作倦怠的分析结果表明，性别变量不是倦怠的良好预测指标。涉及婚姻状况的研究表明，未婚者的倦怠得分更高，而且单身者比离婚者高。在教育程度上，受教育程度高者的倦怠状况更为严重。

2. 人格特征

以往研究表明，人格特征是工作倦怠的重要影响因素。包括个体的自我概念、自尊、控制点、A型人格、自我效能感、应对方式以及自我效能感等。Mills等曾采用大五人格模型来对人格与倦怠之间的关系加以考察，相关分析的结果表明，神经质和外向性与情感耗竭的相关达到了显著性水平。苏文明等指出，外控型较容易顺从外在压力，而内控型显示出反抗性，因此外控型更容易发生工作倦怠。

（四）社会、家庭因素

1. 工作家庭冲突

近年来，越来越多的职业健康方面的研究关注工作家庭冲突对员工身心健康以及工作绩效的影响。如谢义忠等（2007）研究得出，工作家庭冲突是导致工作倦怠的原因，并进一步影响心理健康，工作倦怠充当中介角色。

2. 社会支持

不同来源和类型的社会支持与工作倦怠的关系研究发现，无论来自领导、同事、朋友或家庭的社会支持，对减少情感耗竭、玩世不恭和个人成就感提升都有积极的意义。在支持的类型上，情感支持的积极意义更显著。

二、工作倦怠的后因变量

我们已经得知，工作倦怠是由一些因素导致的，那么反过来，工作倦怠又会产生怎样的结果呢？可以从以下几个方面来探讨：

（一）身心健康

工作倦怠最明显的表现即在身心健康方面。如身体感到疲乏、有失眠现象、偶有头痛感、胃肠功能紊乱。心理方面：情绪烦躁、易怒，焦虑，对前途感到无望，自身有无助感，对自己工作的意义和价值评价低。陈亮霖（2003）的研究发现，工作倦怠还可能使患者容易得失眠、感冒等疾病，日常生活还会表现出缺乏活力、整日感到精疲力竭和疲劳等现象。引起的心理情绪症状主要包括无助感、沮丧抑郁、悲观自怜、缺乏成就感、工作不满意、多疑与猜忌等。

（二）人际关系

工作倦怠感高的个体，会降低自己与顾客和同事的交往，且易急躁，使工作中的人际关系恶化。除此之外，也会引发一定的家庭冲突。Maslach和Pines 1977年对日托中心的研究结果显示，有更高的工作倦怠会表现得更不耐烦，容易喜怒无常,缺乏忍受力。1982年,Lerter进一步研究发现,工作倦怠所导致的态度后果主要表现为对人冷漠、生活消极、经常改变自我的信念、工作缺乏热情等,主要体现在人际关系应对方面。

(三)工作态度

工作倦怠的个体工作态度消极,没有热情。对待工作对象也没有耐心,对待工作本身有较高的不满意感,工作承诺较低。Kahill(1988)指出,工作倦怠会导致个体对工作、组织甚至自身形成消极的态度。

(四)行为

1. 个体行为层面

我国学者程言美2001年研究认为,工作倦怠后果主要表现在过度的抽烟、酗酒和药品滥用的习惯,有暴力攻击行为或消极回避行为三个方面。

2. 组织行为层面

Jackson(1986)发现,员工的离职意向与工作倦怠的三个维度都有显著相关,而实际离职行为则与情感耗竭有显著相关。Maslach(2001)的实证结果显示,工作倦怠对员工士气和工作绩效有负面影响。

第四节 工作倦怠的干预

工作倦怠带来了诸多负面的后果,这也使得人们意识到对工作倦怠进行干预的重要性。目前已有的干预手段主要集中在个体与组织这两个层面上。在一篇由Wendy最新发表的有关工作倦怠的干预的综述来看,在25篇主要的干预研究中,68%采用直接个人干预(person-directed interventions),8%采用直接组织干预(organization-directed interventions),24%结合两种干预方式。80%的项目都使员工工作倦怠得以减弱。直接个人干预能使工作倦怠感在6个月以内得到缓解,两者方式结合的干预将有更长久(一年以上)的积极作用。

一、工作倦怠的个体干预

从个体层面对工作倦怠进行干预,主要是对工作倦怠可能产生影响的个体因素加以控制与调节,强调自我调节。具体的干预方法有放松训练、社交训练、归因训练、压力预防训练、时间管理、理性疗法、压力评估管理、认知重构训练等。这些方法可以针对个人进行单人训练,也可以采用少于100人的小团体进行团体训练。有关干预训练的有效性的研究发现,个体干预能有效地减轻个体的工作倦怠症状,尤其是情感耗竭方面。

渐进式放松法是由美国医师Edmund Jacobson于上世纪20年代发明的理疗方法。主要通过逐步调动全身肌肉群,来达到消除身体紧张状态,缓解焦虑情绪的效果。渐进式放松训练的关键在于,要按照全身肌肉群循序渐进地运动。主要方式是首先用力收紧某处肌肉群,再放松下来,重复几次后转向下一处肌肉群。这样做主要是因为切身体验过肌肉的收缩和松弛后,更能明显感觉到由之产生的放松感。

渐进式放松法的具体步骤:

锻炼时一般按照"紧张,放松,更紧张,更放松,最紧张,最放松"的原则,由上至下进行放松。您可以试试采用以下步骤牵动头痛部位:

1. 选择一处不受干扰的地方,或坐或躺,保持脊背舒展。
2. 做几个深呼吸:用鼻子慢慢吸气,再用嘴慢慢呼气,由此重复几遍。
3. 抬起眉毛,向上挤压前额肌肉,或者用力皱眉,然后缓缓松开。重复几次。
4. 紧闭双眼,再慢慢睁开。
5. 大笑,然后慢慢停下。
6. 咬紧下颚,然后放松。
7. 舌头抵住上颚,然后慢慢放下。
8. 紧闭双唇,再缓慢放松。
9. 用头顶住地板或椅背,继而放松。
10. 耸肩膀,让肩膀尽量接近耳朵,然后放下。重复几次。
11. 时间充裕的话,继续向下活动到脚趾,进行全身放松锻炼。放松时要注意深呼吸。

渐进式放松训练通常的建议顺序是:头、双眼、脸部、脖颈、肩膀、上臂、前臂、双手、背部、胸部、躯干、后腰、臀部、大腿、膝盖、小腿、脚踝、双足。不过这并非死要求,你大可以倒过来从脚开始。很多人喜欢从头开始,是因为锻炼头部和眼部可以使他们彻底进入放松状态。

二、工作倦怠的组织干预

因为工作中的许多因素是不由个体控制的,而这些因素正是引起工作倦怠的根本原因。所以组织进行干预是必不可少的。

工作倦怠的组织干预着重强调对个体所在的工作情境的改造和改善。这一干预手段的目的主要是从影响工作倦怠的情境因素出发,采取一些有利于减轻个体工作倦怠的措施,如减轻个体的工作负荷、提高个体工作的自主性、提供更多的工作支持、改变不利的组织结构和工作流程等。早期有关组织干预的研究主要侧重于对工作量改变的研究。

组织干预的潜力很大,但施行起来却很困难。在所必需的合作以及大量的时间、金钱、努力的投入上都很难得到必要的保证。因此这部分的实证性研究还不多,但所作的研究都取得了积极、有效的成果。

Elloy,Terpening 和 Kohls(2001)用自我管理团队来对工作倦怠进行干预。

自我管理团队会最大化员工的参与性和工作卷入,是力图在员工需要和组织需要间达到匹配的一种方法。他们的研究发现,自我管理团队的确可以避免很多工作倦怠发生的因素,如角色模糊、角色冲突、缺少参与、缺少上司的信任和支持、缺少同事的支持、缺少工作能力。

第五节　工作投入:一种新的研究视角

随着"积极"心理学(关注人类力量和积极机能的心理学)的兴起,学者们开始对倦怠概念进行拓展。这次拓展的主要表现是将研究的重点从"倦怠"这一消极概念转向其积极对立面"工作投入(Job engagement)"。Maslach 和 Leiter(1997)将工作倦怠重新定义为对个体工作投入的侵蚀,也就是使重要的、有意义的和有挑战性的工作变得不愉快、无成就感和没有意义的过程。他们认为投入和倦怠是一个三维连续体的两个端点。对应于工作倦怠三个维度,工作投入的三个维度分别为精力(Energy)、卷入(Involvement)和效能(Efficacy)。位于其中一端的是工作投入,一种感觉充满精力,并能有效地进入到工作状态并与他人和谐相处的状态。这是一种对个体与组织都是积极的、高效的工作状态。而在相反的另一个极端则是倦怠,一种感觉无效能、耗竭以及与工作及他人疏离的状态,在这种状态下,个体的精力发生耗竭,工作卷入变得怠慢,效能感丧失。我们采用李永鑫绘制的模型图来进一步诠释:

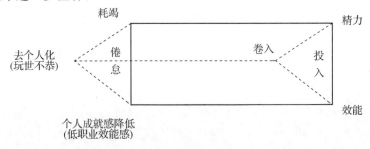

图 9-2　Maslach 等的倦怠和投入关系模型

Schaufeli 则采用另一种途径来定义投入的概念。Schaufeli 和他的同事将投入定义为员工的一种充满着持久的、积极的情绪与动机的完满状态,它以活力(vigor)、奉献(dedication)和专注(absorption)为特征。"活力"是指具有出众的精力与韧性,愿意在自己的工作上付出努力,不容易疲倦,面对困难时具有容忍力等。"奉献"是指一种对于工作的强烈的卷入,对工作意义的肯定及强烈的热情,伴有自豪和鼓舞的感觉。而"专注"则是一种全身心投入到工作中的愉悦的状态,感觉时间过得很快,不愿意从工作中走出来。并且认为倦怠和投入是雇员幸福感(Well-being)的两种原型,雇员幸福感包括两个维度:激活(Activation)和快乐

(Pleasure)。倦怠的特征是低的激活和低的快乐,而投入的特征则是高的激活和高的快乐。

总的来说,从这样一个新的视角来研究工作倦怠扩大了研究的范围,也为员工的职业倦怠的干预起到了指导作用,但是现有的实证研究还很缺乏,本土化研究更为薄弱。这将会成为今后研究的一个重要领域。

第三部分

干预篇

第10章 职场压力干预

在过去的50年里,出现了许多关于工作压力、职业伤害和职业病成因的研究,这些研究不仅仅继续关注了传统上认为影响职业安全和健康状况的工作场所的物理和化学等主要因素,还进一步地扩展到其他因素如组织因素对职业安全和健康状况的影响。比较有代表性的是在1999年,美国职业安全与健康研究所发布报告称组织对职业健康会起到直接的或者潜在的影响。而人们已经认识到,工作压力在职场上广泛存在,过重的压力将会影响身体、心理健康,并可能会导致工作绩效的下降等。因此,人们也开始关注于如何应对职场压力,促进职业健康。

传统上对于职业健康促进的研究主要关注员工高危险生活方式的行为改变,因而可以利用工作场所人员集中的便利进行人口学数据的收集,成人常模的建立,组织结构的分析,并根据这些数据制定能有效促进个体健康行为改变的措施,比如通过雇主提供的奖励进行激励,或者通过员工之间的相互社会影响来提供健康促进项目。

而对于职业压力通常的三级预防措施是:首先,也是当前最为常用的是为有问题的员工提供咨询和帮助,这就是医学上通常所说的三级预防;所谓的二级预防,通常叫做压力管理,指通过改变相应的工作环境,防止已有的、较轻的压力症状发展成为慢性的、长期的压力症状,这往往是聚焦于个体的,通过培训,使个体掌握有关压力的知识,并学习放松及认知改变技术;初级预防是试图寻找和减少应激源的情况,从工作应激源入手,防止它成为真正的应激。许多对压力的干预的预防性工作都结合了一级和二级预防的手段。

我们知道,工作压力会对员工及组织产生影响,尽管我们讲适度的压力可能有利于身体健康及工作绩效,但是只要人们感受到压力,总是感觉不够好的。因此,本章将重点讨论如何对这些压力进行干预。

在进行干预项目之前,必须要明确干预的目标,是针对应激源的一级干预,还是压力管理的二级干预。当然,一个具体的项目中,必然包括两个方面。

第一节 工作压力源

如前面第三章所述,工作应激源来自环境因素、组织因素、个人因素,就工作而言,主要包括以下几个方面:

(1) 环境因素,主要包括社会环境、行业环境、新技术和知识发展的要求、工作的物理环境等。

(2) 组织因素,主要包括六个方面:工作任务要求;角色要求;人际关系要求;组织结构界定;组织领导作风和组织变革。在工作任务要求中又包括工作类型或状况、勤务及行政人员的工作效率、工作的自主性和多样性、工作负荷、工作意义感和价值感、职业发展等。

(3) 个人因素,包括人格、应对方式、认知风格等。

所有这些工作应激源都有可能影响员工的工作绩效以及压力应对,因而有着重要的意义。因此,一份理想的工作应是在各个方面都比较好的,例如:工作的物理环境很好、工作任务要求清晰、工作要求不过分苛刻、人际关系协调等。

那么为了对工作压力进行干预,首先需要识别应激源;然后识别可改变的部分,或者首要或核心需要改变的部分;再者就是针对希望改变的部分,设计程序,使之发生变化,在这个阶段明确个体和组织的责任;最后检测对工作压力的干预是否见效。

在第三章,对于环境因素、组织因素、个人因素已经有了详尽描述,这里主要探讨工作本身的压力源,当然压力源之间也是相互作用和影响的,很有可能是互为因果的。

一般而言,对于工作压力源的识别和分析可以从以下几个方面逐步进行。

一、职业

某些职业本身的特点,例如长期处于受控制较多,可利用资源较少的情况下,这些职业本身就是高压力的。因此,在识别压力源时,我们首先分析该职业是否是属于高危险高压力的职业,尤其是可能带来心身疾病的职业。

在患高血压等心血管疾病的几率上,专业司机(尤其是长途司机)、空中管制人员、各种救援人员、矿工等远远高于其他职业人员的患病率。

在职业倦怠或其他心理问题上,护士、内科医生、其他健康从业人员、教师、画家和救火员等是患病率较高的职业。

一些重复动作的工作可能会导致肌肉酸痛等问题,例如:长期一个姿势工作的流水线上的工人、长时间在电脑面前操作的工作者、专业司机等。

二、工作特征

（一）工作特征的定义

我们在分析了职业特点后，需要分析具体的工作特征。工作特征（Job characteristics）是指工作本身所固有的特性。

工作特征的提出可以追溯到"科学管理之父"泰勒，他按照科学管理四原则——工作专业化、系统化、标准化及简单化，于 1911 年最先提出了工作设计的结构。按照这个原则，可以使组织降低培训成本和减少劳务支出，提高工作绩效。许多研究证实，根据这些原则组织确实可以有一定的受益。然而，这些科学管理原则的应用也带来了周期短、技能水平低、工作重复的问题，结果会降低工作满意度水平，增加缺勤率和离职率，以及其他不良后果。

Herzberg 和 kilbridge 在 20 世纪 40 年代进行任务设计的相关研究时指出，任务特征中增加工作重要性和工作挑战性，可以减少因工作单调、重复、枯燥带来的缺勤、离职或工作不满意。自此之后，工作特征领域的研究逐渐受到工业或组织心理学者的关注。

Turner 和 Lawerence 在 1965 年提出了"必要任务属性"理论。他们假定满意度和出勤率相关，其中 6 个任务属性分别为：多样性、自主性、必要的互动、选择性交互、必要的知识技能、责任。在此理论的基础上，他们还发展了一套测量工具：必要任务属性量表——the Requisite Task Attribute scale（简称 RTA）。该量表得分直接反映了员工的工作满意度，得分越高，其满意度越高，缺勤率和离职率越低。虽然 Turner 和 Lawerence 的研究没有明显系统统一的理论，但是，他们的分类框架在相关的任务特征中得到大量使用。他们认为"目前的结果框架应该被视为阐明或改善那些变量的一个过渡阶段"。

Seahsore 和 Taber 认为工作特征主要包括与工作者有关的工作环境、待遇、福利、安全感、人际关系、工作必备技能、工作所提供的回馈、工作的自主性、工作的挑战性、工作中学习发展的机会及内在报酬等（如满足感、成就感、自我实现等）。

然而，最具代表性的工作特征概念是 Hackman 和 Oldman 提出的工作特征概念，也是目前为止为研究者所广泛采用的概念，本文也使用这一定义：工作特征是工作自身所具有的能够促进个体工作结果和工作满意度的客观属性。该定义认为工作特征是工作自身具有的一种客观属性，并且认为通过工作再设计，这种客观属性可以促进个体的工作结果和工作满意度。

（二）有关理论

1. 工作特征模型（Job Characteristics Model）

（1）Turner 和 Lawerence 的必要任务属性理论（Theory of Requisite Task Attribute）

最早对工作特征进行系统研究的是 Turner 和 Lawerence(1965)，他们提出了必要工作任务属性理论。他们使用观察法和访谈法进行研究，评估了 47 种不同性质的工作对员工的工作满意度和缺勤率、离职率的影响。研究指出，员工比较喜欢复杂、有挑战性的工作，他们在研究中总结出了工作特征的 6 种必要的属性，分别是：

① 多样性(variety)；

② 自主性(autonomy)；

③ 必要的互动(required interaction)；

④ 有选择的互动(optional interaction)；

⑤ 必要的知识和技能(knowledge and skill required)；

⑥ 责任(responsibility)。

研究证实了"必要任务属性"的分数越高，表示员工的工作满意度和工作参与率越高。他们之后的研究发现，员工的个人背景或工作环境对任务属性和工作反应之间的关系有调节作用。这项研究扩展了工作特征后续的研究领域，将工作特征扩展到个体差异和工作环境等因素的影响。

Turner 和 Lawerence 根据"必要任务属性"发展了必要任务属性指数(the Requisite Task Attribute Index，简称 RTA)。该指数主要评估任务属性和出勤率的关系。Turner 和 Lawerence 预期，员工的 RTA 指数越高，其工作满意度越高，缺勤率越低，但是研究并没有得到完全支持。因为他们在研究中发现，RTA 指数和员工反应的相关只有在小城镇工厂的背景下才支持。城市环境中的工人在 RTA 指数高的情况下，会报告较低的工作满意度，所以 RTA 指数和城市工人的缺勤率没有相关。后来，Blood 和 Hulin 也进行过相关研究，他们的研究结果都表明：员工的个体差异和工作环境对任务属性和工作满意度之间的关系有调节效应。虽然该量表目前在研究中使用得很少，但是它为后来的工作特征相关量表的完善和发展奠定了基础。

(2) Hackman 和 Lawler 的工作特征理论(Job Characterics Model，JCM)

Hackman 和 Lawler 结合 Turner 和 Lawrence 的必要任务属性理论，于 1971 年提出了工作特征理论。他们假定，工人对行为的反应是由于其想要得到某种东西，如果从事这种行为会带来他想要的东西，那么该行为反应就会增加。而他想要得到该东西的程度，要根据这件东西能够满足其需要的程度而定，也就是说，工作能够满足员工的需求是员工工作的主要动机。低层次的需要(如生理需要、安全需要)已经得到普遍满足，没有激励作用，只有员工从事有意义、有价值的工作时，可以给他带来高层次的需要，这样才会体验到满足。

具体说来，Hackman 和 Lawler 提出的工作特征包括：技能多样性、自主性、任务重要性、任务完整性和反馈性、涉及他人、友谊机会，其中前 4 个工作特征为核心工作维度(core job dimensions)，后两个工作特征是核心心理状态(ciritical psychological states)。

① 多样性：员工在工作中使用不同技术和各种设备或程序的程度。

② 自主性：员工可以自主安排他们的工作计划、选择使用的设备、决定应遵循的程序的程度。

③ 任务重要性：工作对他人的工作或生活产生实质性影响的程度，既包括与特定工作相关的组织内人员，也包括其他一般人员。

④ 任务完整性和反馈性：个体得到有关自己所从事的工作效果的清楚认识的程度。员工完成一项完整工作的程度，可以清楚的确定他们努力的结果。

⑤ 涉及他人：工作要求和其他人合作完成的程度。

⑥ 友谊机会：工作允许员工和其他个体联系，建立非正式关系的程度。

但是，这6个工作特征都是员工主观感知的工作特征，他们认为，影响员工的工作态度和行为的其实不是客观的工作性质，而是他们的主观经验。Hackman和Lawler提出，核心工作特征即技能多样性、自主性、任务完整性和反馈性，可以带给员工较高的工作动机和满意度，给组织带来较高的工作绩效。

Hackman和Oldham对工作特征理论进行了许多研究，并对之进行不断修改和完善，将工作特征和个体对工作反应之间的关系进一步系统化，目前该模型被公认为是最有影响力的工作设计理论。

他们的研究在工作特征4个核心维度的基础上，增加了任务重要性维度，形成了5个核心维度，即技能多样性、工作自主性、任务重要性、任务完整性和反馈性。另外，他们又增加了来自他人的反馈和涉及他人两个维度作为辅助维度，有助于理解工作和员工的反应。技能多样性是指完成工作要求许多不同种类活动的多样化程度，员工需要使用不同的技术和才能；工作自主性是指工人能够自主、独立地安排自己的工作进程和工作程序的程度；任务重要性是指工作对组织内外其他人的生活或工作产生重大影响的程度；任务完整性是指工作要求完成一项完整任务的程度，即从头至尾完成一项工作并取得明显成果的程度；工作自身的反馈，是指员工完成工作相关的活动，并从工作中获得自己工作的直接而清晰的工作效果信息的程度。来自他人的反馈是指员工可以从管理者或同事那里得到他或她的工作绩效信息的程度（严格地说，这个维度不是工作自身的特征，它是对工作自身的反馈维度的补充）。涉及他人是指工作需要员工和其他人密切合作完成的程度（包括涉及组织内外的成员）。

Hackman和Oldham把工作特征的5个核心维度结合成单一的激励潜能分数（motivation potential scores，简称MPS）来预测潜在的工作动机，其公式为：

$$MPS = \frac{技能多样性 + 任务同一性 + 任务重要性}{3} \times 自主性 \times 反馈$$

工作特征模型提出五种核心工作特征可以产生三种关键的心理状态，分别是：对工作意义的体验（指员工对所从事的工作感知到意义、价值的程度）、对工作结果责任感的体验(指员工对所从事工作的结果负责的程度)和对工作结果的感知(指员工对工作结果了解的程度)。这三种关键心理状态会导致个人和工作的积极结果,包括内部高工作激励、高工作绩效、高工作满意度、低缺勤率和离职率。

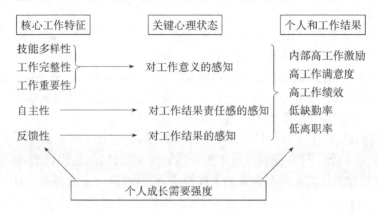

图 10-1　核心工作维度、关键心理状态、工作结果的理论模型(受成长需要强度调节)

另外,Hackman 和 Oldham 也解释了个人及工作结果相关的变量:
① 内部工作激励:指员工激励自己高效工作的程度。
② 整体工作满意度:指员工对工作整体的满意程度。
③ 成长满意度:指员工在工作中获得自身成长机会的满意程度。
④ 低缺勤率和离职率:指员工缺勤或离职的状况。

工作特征模型中还加入了个人成长需要强度(Individual Gorwth Need Strength,GNS),是指个体在工作中获得成长的需求程度。研究者认为,因为个体之间存在差异性,并不是所有的个体都适用这个模型,不同的个体面对相同的工作特征时,有可能产生不同的心理状态和反应,因此加入个人成长需要强度作为调节变量,可以预测个体对一份高激励或高挑战工作的态度。在模型中的调节作用体现为:如果个人需要成长强度分数高,那么激励潜能分数和满意度的相关就高。或者可以这样理解,如果个体的个人成长需要强度分数高,那么他会对一份设计良好的工作感到满意,如果个体的需求强度分数不高,那么他对工作特征的设计是否得到改善的感受则不明显。

工作特征模型指出:个体的心理状态感知程度直接影响其工作动机和工作绩效,若个体的心理状态程度高,那么其工作动机和工作绩效也会高,相应的,其工作满意度也会高,缺勤率和离职率也会下降。但是,也会受到个体差异的影响,个体的个人成长需要强度越高,其心理状态感知对工作动机或工作绩效的影响越大。

该理论尽管目前应用较为广泛,但同样存在一些缺陷:首先,工作特征核心维度的数量、特点以及它们之间的关系到底怎样仍存在着质疑;其次,这些概念的可操作化与测量问题;第三,这些维度的问题到底是真实存在的,还是人们的感觉。

2. Herzberg 的双因素理论(Two Factor Theory)

Herzberg 和他的助手们,考察了 200 多名工程师和会计师的工作满意度和生产效率的关系,通过访谈调查,发现了影响工作满意度的两种性质不同的因素,提出了双因素理论,也称为激励－保健理论(Motivator-Hygiene Theory)。Herzberg 认为存在两类独立的因素影响员工的工作动机,它们分别是激励因素和保健因素。

第一类因素是激励因素,包括工作自身、认可、成就、责任、晋升、个人成长的可能性等因素。具备这些因素,可以令人感到满意。这些因素涉及对工作的积极因素,又和工作本身的内容有关,属于内部激励因素。这些积极态度和个人过去的成就、认可及责任有关,它们的基础在于工作环境中持久的而不是短暂的成就。

第二类因素是保健因素,包括公司的政策和管理、技术监督、薪水、工作条件及人际关系等,属于外部激励因素。这些因素涉及工作的消极因素,和工作氛围、环境有关。它们是员工保持适当激励水平的必要条件。

3. 密西根组织压力模型(Michigan Organizational Stress Model,MOS)

这是个非常有影响力的解释压力源和压力反应,以及个性和社会支持调节作用的模型。由于它的核心概念是角色冲突、角色模糊和角色期待,所以该模型又叫做"角色－压力模型"(role-stress approach)。它强调了"主观环境"的作用,角色模糊、角色冲突、缺少参与、对他人的责任、工作未来的模糊、工作负担重、关系紧张、缺少应有的技术和能力等。

该模型因为过度关注个体对外界环境的感受,强调主观环境的作用,对于外界环境的关注较少,将压力更多地视为主观的个人现象。因此,涉及压力预防问题,它更多地关注于招聘策略、人员选拔、增加个体的应对技巧,而并不是特别关注于工作环境的改变。

4. French 和 Caplan 的人－环境匹配理论(Person-Environment Model,P-E 理论)

人－环境匹配理论是由 French 和 Caplan 于 1972 年提出来的,是关于工作特征和个体承担工作的能力、需要之间的一致性或匹配性的理论。认为人和环境会对个体的行为起到促进作用,提出个体和环境的一致性或匹配性会产生积极的心理结果。人－环境匹配的理论和研究涉及环境的各个水平,包括工作、组织、职业等因素。经研究也证实,环境和个体之间的一致性高,往往会带来较高的工作绩效、工作满意度、稳定性和较低的压力。反之,匹配程度低则会导致工作绩效、工作满意度、稳定性的下降以及较高的压力水平。例如,Mount 和 Muchinsky(1978)发现,工作满意度和环境、人格类型,以及两者之间的一致性显著相关。有较高的人－环境匹配程度的被试相比匹配程度较低的被试,报告较高的工作满意度。类似的,Spokane(1985)在一篇研究综述中发现了一致的结论,即人－环境的匹配和工作满意度之间的稳定关系。Dawis 等进行过人－环境匹配和工作满意度的关系研究,结果指出人－环境匹配对工作满意度有影响作用。

P－E理论在过去的几十年中已经进行过大量理论性和实证性的研究,Saks和Ashforth(1997)称其为"工业/组织心理学和人力资源管理的基础"。目前有大量研究将P－E理论进行了概念化,包括人与工作、群体、组织或职业的主观或客观一致性,其中主要是关于人－工作匹配的研究。

在P－E匹配研究和理论的基础上,Schneider (1985,1987,1989;Schneider, Goldstein & Smith,1995)概述了一个理论,即吸引－选择－摩擦理论(attraction-selection-attrition model,简称ASA模型)。该理论提出大多数的组织结果是员工行为的结果,组织保留员工是3个互相联系的过程的结果:吸引、选择和摩擦。一般来说,个体会寻找和其个性契合的组织,即吸引(Attraction),然后组织选择与其相契合的个体(Selection)。如果对个体和组织来说职位匹配,那么他们会成为公司的一部分,若职位和个体不匹配,个体则会离开(Attrition)。最终的结果是组织的员工拥有相似的特质。而大多数人－环境匹配理论家指出,这个结果会导致组织期望的结果,例如积极情感,社会化效应,正向关系,但个性的同质也可能给组织决策和行动带来消极的影响。

组织中的个性特征可能是静态的,但有观点认为:个体的个性有被他所在的环境和组织改变或改造的可能性。如果个体的个性被他所在的工作环境改变,那么个体和工作环境之间的"匹配"应该被视为一个动态的而不是静态的相关。若是这样,在设计或重新设计个体和他们的工作之间的相关时,应该考虑工作的动态特征。

5. 努力－回报不平衡模型(Effort-Reward Imbalance Model,ERI)

德国公共卫生学者Johannes S.和他的同事提出该模型,也就是在工作中投入的努力是否得到了相应的回报,回报主要指经济、社会评价(也包括社会支持)和职业机会。其基本假设就是成本－收益不平衡,也就是努力－回报不平衡。

综上所述,Hackman和Oldman的工作特征模型是目前最为成熟的工作特征理论,也是进行工作再设计的基础。

(三) 相关研究

目前,关于工作特征的研究,在过去的30多年中已经取得了大量丰富的成果。学者们对工作特征的研究主要涉及:工作特征的维度、主观和客观工作特征、工作特征的结果反应变量、工作特征的中介/调节变量等。

1. 工作特征维度的研究

关于工作特征的维度,工作特征模型是应用最广泛的,但是有研究者认为模型存在不足之处,研究的对象和目的的不同,工作特征的维度也存在不同之处,有的研究证实了工作特征模型中的结构,但是有的研究却和模型中的工作特征结构不一致。另外,有研究者认为工作特征模型的维度不够全面,建议增加一些维度,如工作复杂性、工作危险性等。

2. 主观和客观工作特征的研究

Hackman 的工作特征理论认为,个体对工作特征的感知会影响其对工作的结果反应。感知的工作特征使用工作诊断调查来测量,它依赖于个体的主观评估。但是个体对工作特征的主观感知是否能反应客观的工作特征,当客观工作特征发生改变时,个体感知到的工作特征是否会随着客观工作特征的改变发生变化,研究者对上述问题进行了大量研究,Fried 和 Ferris 的研究指出,当客观工作特征发生变化时,个体主观感知的工作特征往往也会发生相应的变化。他们的研究也指出,在职者对工作特征的评价和其他人(同事或上下级等)的评价有很大相关。有研究者也得到了类似的结论。因此,主观工作特征和客观工作特征没有本质的区别,研究中个体感知的工作特征可以代表客观的工作特征。

在对工作特征分析时,要考虑在不同的维度上,该工作的工作特点,例如技能多样性的维度:是否是单调作业、严格时间表、无创造性机会等;高心理需求:是否总是有大量的新信息的输入、是否需要传递大量技术革新等高负荷的信息给他人、是否对注意力资源要求较高。

3. 工作特征的结果变量的研究

关于工作特征的大量研究中,工作特征对个体及组织的影响主要是工作满意度、工作绩效、人员流动及离职倾向等。因此,工作满意度、工作绩效、离职倾向等变量是其主要结果变量,且已积累了大量研究成果。这里我们主要介绍工作特征和工作满意度的相关研究。Judge 发现,工作特征和工作满意度有强相关。Berg 等的研究指出,工作特征和工作满意度存在相关。Kim 等的研究结果证明,警察工作特征的自主性和反馈性是其工作满意度的一个重要的预测源。

4. 工作特征的中介或调节变量研究

很多研究指出工作特征对工作满意度、工作绩效的影响作用,但是有研究者提出在工作特征和工作满意度或其他结果变量之间可能存在中介或调节变量,如人格、个人成长需要强度等的作用。有研究指出,个人成长需要强度对于工作满意度的影响主要是通过感知工作特征而实现的,感知到的工作特征对个人成长需要强度与工作满意度有中介作用。Berg 等的研究指出,工作特征的反馈性是成就动机和工作绩效的中介。Thomas 等人进行的研究认为人格特质在工作特征和工作满意度之间没有调节作用,总的来说,关于工作特征对于工作满意度影响的调节或中介变量的研究不多,且结论不一致,仍然需要进行大量研究。

三、特定工作条件的分析

对于一个具体的组织而言,我们还要通过访谈、问卷、观察、二手或历史资料的分析等,了解其具体特定的工作特点。可以从如下几个方面来考虑:

(一)工作日程

这里主要包括实际工作时间、如何倒班、加班或者不规则工作状况、休息情况以及工作的短暂休息情况和休假情况等。并且,我们还需要知道,在工作日程中个体有多大的决定作用。

(二)实际工作负荷和在不同时间的工作负荷

例如,我们需要了解特定组织中的教师,具体每周多少节课、班级多少人、需要花费多长时间备课等。

对于医生,我们需要了解,每周有多少新病人入院、总共管理多少病人、疑难杂症的患者有多少、每周处理多少突发事件等。

(三)对于危险环境的暴露程度

对此,我们需要具体了解环境中的主要危险因素是什么、通常和最严重的情况是什么、每天或者每周具体要暴露多长时间等。

(四)工作事故的数量

对工作事故的发生,我们需要了解经历事故的数量、严重程度、是否亲历、目睹、耳闻了致死事件等。

(五)对工作绩效影响的因素

是否相互矛盾的要求、技术上的问题或者其他问题等,都是需要考虑的。

(六)社会支持状况

主要包括上级、同事和组织的支持状况等。

四、新变化或意外变化

针对一个具体组织,按照上述三步考虑之后,还要把时间维度考虑进去,即考虑该组织近来是否有些新变化或者意外的变化。

这主要包括,近来是否比通常状况下有了更多的加班或者工作负担、是否应激性事件增多、是否目睹或亲历了重大事故或者危险性事件、社会支持状况是否发生变化等。

五、其他特殊问题

这些主要包括了组织中的一些小群体情况(移民、少数民族、外来务工人员等)、即将退休或辞职员工的情况、最近社会整个的变化情况导致的就业机会减少带来的压力等问题。

第二节 对工作应激源的调查和管理

组织层面的压力管理首先应该是对应激源的调查、分析和管理,这是进一步对工作压力进行干预的基础。采用定性或者定量的手段,了解组织整个应激源情况,从而有针对性地进行管理。

为了对工作压力进行干预,在识别压力源的基础上,要识别可改变的部分,或者首要或核心需要改变的部分;针对希望改变的部分,设计程序,使之发生变化;最后检测对工作压力的干预是否见效,通常以因变量作为有效性的指标。主要包括:个人健康、组织健康、工作满意度、产量、请病假率等。

一、工作压力改变的入手点

在逐层分析了工作应激源之后,就是要确定工作压力改变的入手点,也就是首要改变或者核心需要改变的问题,然后才能够进行干预。

在分析工作压力改变入手点的时候,要考虑组织和个体的实际情况,确定目标,在管理者、员工和专家反复沟通的基础上确定首先进行干预的要素,或者主要核心要素。

入手点选择的通常原则是:

1. 该问题是所有工作应激源中的最主要问题;
2. 该问题是核心问题,这个问题的处理可以引起其他问题的改变;
3. 这个应激源是当前人们最关注的问题;
4. 这个问题是最主要原因,其他问题的产生也是由这个问题带来的;
5. 虽然不是最主要问题,但是这个问题的改变会让员工感受改变最大的问题;
6. 现实条件下,最容易改变的工作应激源。

二、工作应激源管理

在进行工作应激源管理之前,必须首先明确应激源的良性和劣性。研究已经发现某些压力源因素,如任务的困难性可能会带来积极的压力结果,绩效增加与满意感提高;而另一些压力源因素,如角色冲突,则往往带来消极的压力结果。

对于不同压力效能的压力源应该采取不同的压力管理策略。良性应激源(eu-stress)有良性效用,因此应尽量帮助员工学习提高,培养工作能力,从而更好地应对。同时给予积极的技术和团队支持,帮助员工共同处理问题。带来消极效果的劣性应激源,应当在可能范围内尽量解决和消除。在这里,依据双因素模型和工作特征理论,对于如何对工作应激源进行管理进行了分析。

(一)双因素模型

首先保证保健因素得到满足,即企业为员工提供能维持员工个人及其家人生活所需的薪水、和谐的工作环境、合理的工作时间及其他福利,同时也为员工提供职业保证、社会养老及医疗保险等制度,这是保证员工从事工作的前提。虽然不能保证职工高效率参与到工作中,但如果保健因素没有得到满足,员工将会非常不满。

其次,满足员工激励因素的需要,使激励因素发挥应有的激励作用,调动员工的工作热忱,投入到工作和组织中来。通过在企业内实施一些具体的制度和措施,如人事考核、晋升、利润分配、参与制度和研究发展计划等一系列方法满足员工尊重、自信及自我实现的需要。除此之外,还要从员工的个人角度考虑,帮助他完善自己的工作计划和安排,制定职业发展规划,对员工进行不断的培训,加快企业人力资源开发的进程。企业培训将对企业的长远发展和员工个人能力的完善起至关重要的作用。

(二) 工作特征

可以根据不同的理论基础,选择改变不同的维度。根据工作特征模型,可以选择如下维度进行干预:多样性、自主性、任务重要性、任务完整性和反馈性、涉及他人和友谊机会。在现场研究中,研究者往往追踪具体的组织,观察不同的干预措施可能的结果,随时进行调整。

1. 工作的多样性

如前所述,多样性是指员工在工作中使用不同技术和各种设备或程序的程度。通常,人们对于一件事物的兴趣基于两个过程:自上而下的加工(top-down)和自下而上的加工(bottom-up)。自上而下的加工指的是自己有意识地始终对工作充满兴趣,并在其中进行更多的加工,这是我们下面提到的提高工作自主性的问题。自下而上的加工指的是,事物本身非常有趣、挑战较多,使得个体始终能保持较高的关注程度。也就是我们所谓的增加工作的多样性,从而增加员工对于工作的投入。

在通常的干预措施中,组织经常采用岗位轮换(job rotation)和岗位扩大化(job enlargement)来解决。但是,一个成熟的技术员工需要一段时间才能掌握新的技术,过于频繁的岗位轮换对于某些员工来讲是一个巨大的压力;另一方面,有可能破坏了已经建立的团队支持系统,也带来某些压力;另外需要考虑的是,频繁换岗是否会带来换岗初期绩效的降低,这是组织要考虑的。因此,重要的是一种平衡,也就是针对具体的职业或者组织,设计能保持持续兴趣、又不会带来更大压力的轮换制度非常重要。

并且不同的人对于工作多样性的需求程度也不同,在具体工作多样性改变上还要依据该职业员工个体的特点而进行。

当然我们知道,长期从事单一工作,可能会引起工作倦怠,绩效的下降,这些都是我们需要考虑的。

2. 工作的自主性

员工是否可以自主地安排工作对于员工积极性的发挥非常重要,这也是上述提到的自上而下的加工过程。在一件工作中,可控制的要素越多,从中发现的兴趣也会越多,成就感也会更高一些。大量研究表明,员工普遍对于工作自主性高的工作,工作满意度高,控制感和参与度也会提高。

给予员工更高的工作自主性,也意味着更加相信他们,并认为他们是负责任的,并给予了他们适度的决策权。研究表明,随着学历、年龄和个人技能的提高,人们对于工作自主性的要求也会提高。

3. 任务重要性

大量研究证实,一个人认为自己的工作越重要,他对自己工作的满意度就会越高,并且自我效能感也会越高。组织主要通过工作再设计、轮岗,以及对员工比较好的职业发展规划,来帮助员工认识到自己的任务重要性。赋予具有挑战性的任务也可以帮助员工认识到自己的重要性。另外,还可以通过长期企业文化的宣贯,使员工的集体效能感、责任性增强。

4. 任务的完整性和反馈性

清晰明确地传达任务,并包括任务的条件、要求、奖惩措施、组织支持等各方面;另一方面,建立明确的即时的反馈机制、激励机制,使员工明确自己任务完成情况。Robins 认为:"压力是一种动态情境,在这种情境中,个体要面对与自己所期望的目标相关的机会、限制及要求,并且这种动态情境所产生的结果被认为是重要而又不确定的。"使员工及时了解其工作绩效以及上级对其工作的评价,有利于缓解压力。通过 360 度绩效反馈计划使一个组织的成员从与自己发生关系的所有主体那里获得关于自己工作绩效信息的反馈,进而缓解其责任压力。

5. 涉及他人

不同的人对于涉及他人要求和感觉不同,在进行工作再设计时,必须要考虑不同员工特点来设计工作中涉及他人的程度。对于性格内向的人来讲,过多地涉及他人,会增加其人际沟通的压力,反而成为新的压力来源。

6. 友谊机会

工作中要允许员工和其他个体联系,建立非正式关系,从而进一步增加团队凝聚力,并在彼此的扶持下释放和缓解压力。

(三) 组织因素

在组织因素方面,管理者要创造良好和谐的工作环境,帮助员工完成工作。从硬件方面,比如提供环境舒适和设施完善安全的工作条件,有利于员工减轻疲劳而舒适高效地工作。更主要的是针对软件方面,主要针对组织的各项规章制度,力图做到共同参与制定,公平,合理,有良好的激励机制、晋升机制、员工参与机制、沟通机制等,并能严格执行。做好各种基本保障,并努力建设健康的人际沟通环境,建立互相支持制度,从而建设有利于企业和员工发展的工作环境,创造和谐的组织氛围,建设健康的组织文化,培养员工的企业合作精神,增强员工对组织的认同感,提高组织凝聚力。

(四) 个人层面

主要涉及个人认知的改变,耐压技能的学习,以及参加有关专业技能知识的培训,尽快适应组织变化,提高自己的抗压水平。

增强个人责任感,以及组织公民意识,在压力管理中承担起个人的责任。

在组织帮助下,做好工作家庭平衡,获得更多家庭支持。

三、工作压力预警机制

所谓"工作压力预警机制",就是当压力由积极压力向消极压力发生转化的拐点上,也就是过高的压力状况产生消极作用以前,能够及时做出预警,从而最大限度消除过高压力带来的消极作用。

工作压力预警机制的目的,是使压力与工作绩效的关系保持在倒U型曲线的最高点上,从而保持高效率的工作绩效。对于一些同安全关系密切的组织,这时也是进行安全教育以及减压的最好时机。当然在实际的管理工作中,这种理想状态是很难达到的。

工作压力预警机制的建立,很大程度上依赖于对工作应激源的调查和分析,只有在较好地明确组织整体压力状况下,才有可能确立组织的压力是否处于预警状态,并有一系列综合指标可以参考。当然,这时可以参考的变量主要包括工作满意度、工作效率、请假率等。

第三节 工作压力管理策略

工作压力管理策略包括两个方面:员工层面与组织层面,并且在整个工作压力管理过程中,明确双方的责任。对于一个具体的组织而言,对于压力的干预也是一个多层次和多阶段的。这就意味着,必须根据员工的不同层次、性别、文化、需要等设定不同的目标群体;第二,作为一个项目来讲,必须考虑干预的时机问题,什么时候针对什么目标群体干预效果会比较好;第三,工作压力管理的具体内容;第四,采用什么样的途径是目标群体最能够接受的;第五,如何评估干预效果。

一、组织层面

从组织层面主要涉及工作再设计、(包括对于员工和领导者的)培训、团队工作模式、给予社会支持等。而在组织层面就会涉及组织发展与变革,Porras 和 Robertson将组织发展定义为,把一系列以行为科学为基础的理论、价值、策略和技巧,应用在组织运行层面,进行有计划的变革,目的在于通过帮助组织成员,修正其行为,从而最终增强个人的发展和改善组织的绩效。

(一)组织发展的特点

1. 这是一个有计划的过程,是一个逐渐推进的过程。
2. 组织发展鼓励参与,也就是鼓励管理者和员工都参与到其中。
3. 组织发展的目标有两个:组织发展和个人发展。并且改善个人在组织中的生活、工作质量是组织发展的重要目标,在心理健康、自我实现水平和能力方面都有所提高;而组织发展方面则主要体现为工作绩效、生产率等。

4. 组织发展强调整个系统的变化。

5. 组织发展着眼于未来。

6. 组织发展依赖于行动研究模式,需要不断的实践和应用。

(二) 职业健康心理学中组织发展研究的影响因素

工作场所健康问题的研究者和提供干预的服务者,使用的理论和方法多基于个体层面,较少的使用组织理论以及与之相关的大量团体的研究。

下面这些因素会妨碍组织变革理论和相关工作场所健康项目的研究。

1. 组织发展与员工健康之间的关系

尽管组织发展的目标之一是帮助个体的发展,但是相关研究很少涉及员工健康问题。由于研究时间较短,组织发展的作用没有完全发挥,是否对员工健康产生影响还有待进一步研究。

2. 具体研究与推广之间的关系

因为有关组织发展的研究往往会在一个具体组织中进行,而不同的组织及其中的人员有不同的特点,在强调针对性、有效用的同时,由于采用案例研究,很难总结出规律,推广到其他组织或者行业。

3. 关于组织发展策略、流程的标准化问题

从组织层面进行干预,涉及多个方面,并涉及干预方案的制订,目前还缺乏标准化的策略和流程,而这也影响了它的进一步推广。

4. 组织发展的效果

尽管从较为长期的经验来看,组织发展会促进组织健康和员工健康,但是,也经常有这样的案例报告,共同参与制定的发展方案,经过一段时间执行后,由于新问题的产生,还不如以前的制度、模式等,又回归到以前的模式上。

(三) 组织发展的过程

尽管这些组织变革的研究结论彼此矛盾,关注重点并不一致,然而还是有学者从这些复杂的文献中尽最大可能归纳出了一些能够促进组织变革的成功战略。1951年Lewin提出的组织变革模型是非常有名的理论之一,正是在此基础上,逐渐产生了许多新的理论。Lewin的基本假设是大部分员工是动态变化的,而且是抵御变革的,因此,变革的目标就是"解冻"、"变革"、"再冻结"。基于此,才有了很多新的理论和实践。组织发展的过程可以分为以下步骤:

(1) 当前状况的分析和诊断:通过问卷调查法、访谈法等收集信息,了解此时组织处于什么状况,并判明问题的严重程度。

(2) 发现变革需求,创建变革的共同目标,这时要求所有的人都参与进来,创建出属于整个组织的合理目标。

(3) 确定组织发展的领导和责任分配,与所有相关人员沟通变革项目,确信所有人员对此比较清楚,并能承担个人的责任。

(4) 提供必要的教育和培训，主要是关于新的知识技能和适应新的规章制度等。

(5) 修正组织架构，制定变革的相应政策，考虑来自于员工的创新建议，此时制定明确具体、可执行的方案，并促成行动。

(6) 提供改进的评价，反馈和修正，此时要告诉所有员工改进的效果，不断监控，巩固成果。

(四) 员工参与与欣赏式探寻

1. 员工参与

员工参与是职场压力干预措施是否能够有效执行，组织发展能否达到最终目标的重要组成部分。在组织中，员工以多种形式参与到健康干预措施中来，例如：可以通过问卷调查、一对一访谈、小组访谈等形式来了解员工的需求及目标，并请员工在整个过程中进行评估，促使员工能够积极地参与到干预措施中来，并在整个计划中约束、计划自己的行为，参与到培训和各种活动中来。在一些干预措施中，甚至只要员工参与进来，就是干预的目标。

员工的参与还有另外一个方面，就是不仅员工的声音能够被听到，还要保证有所反映和反馈，这样的反馈机制才可能保证员工的持续参与，并且能够提出自己的观点和建议。例如，在一些组织，组织了建议箱、公开论坛等，并保证员工提出来的问题得到答复，使员工看到他们的建议是怎样体现在了最后的决策中。当然，有时还可以通过员工代表的参与来保证问题的提出、计划、评估等，反映了员工的想法。而员工代表由员工自己来选举，能够代表他们。

2. 欣赏式探询

欣赏式探询是合作地探究人、组织以及周围世界中的亮点。它包括系统地去发现一个组织在经济、生态和人等各个要素最为有效地运行时，究竟是什么赋予这个系统"生命"。通常涉及几百甚至几千人。欣赏式探询是改变以解决问题为导向的变革方法，而代之以激发、动员、探询优势为导向的积极变革模式，也是将积极心态逐渐转变为员工自己的行为、态度和价值观，从而使员工及企业发展逐渐形成积极的模式。

进行欣赏式探询需要满足以下前提：高度的参与性和合作性；整个组织发展过程速度较快；组织发展需要各种人员或者团队之间的合作；组织发展的动力需要加以整合；组织高层的支持等。

界定欣赏式探询的主题为变革后个人及企业的目标，寻找个体及企业的优势，探讨将来达到的情况，共同探索如何能够达到这些目标，确定个体行动计划。最终成为每个员工及组织的一段时间的行动规划。

欣赏式探询的基本过程是：

(1) 界定阶段。界定欣赏式探询的主题，在此过程中每个人都可以发表意见，最后汇总出来最希望探询的一个主题，最多不超过三个。

（2）发现阶段。发现人们对于所在群体、组织等最为有活力，或者最为骄傲的经历，以及这些经历的具体情况，为什么会有这样的辉煌。

（3）梦想阶段。通过对优点、能力、成功经验的回顾，表述对未来的愿景。

（4）设计阶段。不同的人分工，分配责任和任务，确定具体的行动方案。

（5）陈述阶段。每个人确定自己具体的行动步骤，并在组织内分享自己的行动计划，请其他成员督促自己完成。

二、个人层面

个人层面的干预主要涉及企业中的压力管理培训机制，通过培训改变员工的心态，学习合理认知方式，学习压力释放技术，培养自我的责任心，提高自我效能等。

（一）提高员工的适应性

提高员工的适应性包括降低员工的期望。工作压力是一种主观感受，个体的期望过高往往是造成工作压力的原因。组织中的员工，特别是组织中的新员工往往对组织抱有不切实际的期望，期望与现实之间的落差导致压力的产生。帮助员工认识真实的工作，不要有太高的期望，也可以达到降低工作压力的目的。

组织应帮助员工尽快地了解企业，熟悉企业的工作及组织环境。在有的企业中实行"师徒"制，也就是每个新入职的员工都有个老员工作为师父，帮助他们尽快获得人际支持，熟悉企业文化，尽快融入整个组织中。

（二）帮助员工改变不良认知

按照理性情绪疗法，一个人的心态与思维方式很大程度上决定了他对某一事物的态度和看法。乐观、积极、自信的人面对挑战会适当地调整自己的行为，缓解压力并迎难而上。而悲观、消极的人遇到困难会犹豫徘徊、焦躁不安。

（三）帮助员工学习减压技巧

个人的减压技巧主要包括生理、心理等方面。这主要包括时间管理、身体锻炼、健康的生活方式、放松、冥想、积极想象暗示、业余爱好、正确处理愤怒等负面情绪等。当然，重要的还有学会自我心理保养。

（四）培养员工的自我责任心

员工在工作中要自主做好个人的职业生涯规划，主动学习企业文化或内在潜规则，对可能出现的压力做好评估和预测，增强工作积极性。

三、从人力资源管理角度进行压力管理

从人力资源管理的角度看待组织的压力管理，往往会聚焦于人、工作、组织环境是否匹配上，因此在这个问题上会涉及如下工作：

（一）选拔

组织可以通过选拔，选出同组织以及工作最为匹配的员工入职，这样可以在

未来的工作中减小工作及企业文化带给员工的压力。主要的手段包括：访谈、问卷调查、心理测评、写自我传记等。选拔主要涉及技能、能力、未来发展的可能性、人际沟通模式、工作价值观、耐压水平等。当然，在进行选拔之前，首先应该有工作分析，明确组织、岗位需要什么样的人。

（二）职业规划

在满足个人和组织利益需要的基础上，人力资源帮助员工进行职业规划，使员工在组织中看到自己的目标实现可能性与步骤，而这需要在专业人士的帮助下完成。这可能在员工的整个职业生涯中，分阶段进行，并在整个职业规划中，考虑员工的个人进步、问题、期望、观点、健康状况、家庭状况、受训需求等。

（三）轮岗

为了避免长期从事一项工作带来的厌倦感，轮岗是一个重要的策略。在相关工作间的轮岗往往可以帮助员工有更好的工作发展。如果轮岗的两个工作相差太多，可能会给员工带来不停学习新工作、新技能的压力。对于一些可能人一工作不匹配的员工或者同周围人人际关系不好的员工来说，轮岗可能帮助他们达到更好的人一工作匹配和重新建立较好的人际关系。

（四）培训和教练

尽管人力资源在组织中安排了培训和教练，但是效果主要取决于个体是否愿意和需要进行培训和教练。

培训可能涉及员工入职教育、企业文化教育、工作技能、工作能力，也包括社会技能和个人成长方面。这可能主要包括：个人效能及自信培训、时间管理、自我管理和就业力、压力管理等。

（五）工作再设计

工作再设计的目的是使得工作变得更加多样化、工作内容丰富化、有一定自主性，并有一定的社会交往的机会和成长的机会。

第四节　干预项目推广

一、概述

任何预防性干预的影响取决于两点：干预目标产生预期变化；参与计划的员工"达到"预期的期望。如果这个预防性的干预措施的有效性得到证实，就可以考虑将这个项目推广应用到其他组织中进行运用。

二、项目推广

那么如何将一个有效的干预项目推广到新的组织中运用呢？虽然不同的研

究者对于这个问题有不同的看法,但是基本上对于需要下列四个阶段达成了共识:宣传阶段;启动阶段;实施阶段;制度化阶段。

第一个阶段:宣传阶段。让组织内部的成员意识到干预项目的意义和程序。第二个阶段:启动阶段。让组织内部的成员适应将要开展的项目并开始实施。第三个阶段:实施阶段。为该组织及其成员提供相关的服务和实施相关的程序。第四个阶段:制度化阶段。也叫维持阶段,让项目成为组织日常事务的一部分,并成为组织流程的标准之一。

在以上四个阶段的每一个阶段中,组织的架构,现有的制度以及相关的资源都会影响到项目推广的效果以及具体实施方法的选择。同一组织内的不同部门,或者不同分公司间的推广会较为容易。但是从一个组织推广到另一个组织则会由于组织结构、领导支持程度、制度等的制约存在难度。一个具有广泛推广性的项目往往是考虑同一社会环境下的共同问题,并且相对更加流程化。

推广应用成功与否,与推广原则和推广研究能被接受的程度有关。

而目前有关推广的报告往往集中在项目设计、项目中某些方法上,将这些应用在另一个组织中,并结合第二个组织的特点,在第二个组织中得到发展。据目前已经发表的报告和研究结果来看,没有见到同一健康干预措施在不同组织之间推广应用的效果报道。

第11章 员工帮助计划(EAP)

随着心理服务的宣传和普及,以及企业在变革过程中暴露出各种组织和个体层面的心理问题,使得越来越多的企业意识到员工心理健康状况与工作表现和绩效的关系,同时考虑借助员工帮助计划来保障变革重组顺利完成。心理学在企业中的需求和服务必要性使得员工帮助计划这样一种心理服务形式备受关注。在本章将介绍如下内容:
1. 员工帮助计划界定、内容、价值。
2. 心理服务需要的增加。
3. 员工帮助计划的实施和效果评估。
4. 未来发展趋势及存在的挑战。

第一节 EAP 历史与定义

一、EAP 发展历程

(一) EAP 近 80 年的发展历程

EAP 最早起源于美国,最初的服务对象是二战老兵,随后企业发现酗酒是导致旷工、怠工等的根本原因,设计了用以帮助员工戒酒的项目。随后服务内容随着企业暴露出的管理和心理问题的变化而逐步扩大到更具体的行为问题和身心健康问题。现在 EAP 范围、内容不断的丰富,并成为一种涉及身心健康、压力管理、情绪调节、职业发展、组织文化等的综合服务。

正式 EAP 起源于职业戒酒计划(Occupational Alcoholism Program,OAP)。20 世纪三四十年代随着企业扩大规模,暴露出许多管理层面的问题,管理层意识到旷工、怠工、离职和工作事故的主要原因是酗酒。因此为酗酒员工设计实施"职业戒酒方案",即 EAP 的最初形式。后来拉尔夫、亨德森和大卫发展出耶鲁计划取得显著成果,增加了企业对 EAP 的信心。

20 世纪 60 年代,美国社会变动剧烈,工作压力、家庭暴力、离婚、法律纠纷等个人问题更多的影响员工的情绪和工作表现。OAP 项目扩大范围,把服务对象扩展到员工家属,内容也扩展到精神健康领域。1974年James Wrich出版了《员工帮助计划》,第一次提出用这个术语来描述工作场所计划,这使得EAP成为系统的服务体系。

20世纪80年代以来,伴随着企业壮大、改制,EAP在英国、加拿大、澳大利亚等国家有了长足发展和广泛应用。企业为了保持和提高员工心理健康度,要求员工定期接受心理咨询,并将其作为制度化的福利措施。同时,企业还将传统OAP范围进一步延展到所有影响员工精神健康问题,包括了个人财产、情绪、婚姻家庭、医疗、职业危机、工作需要等方面。组织提供合理的政策和程序来帮助员工识别和解决个人问题,为员工提供培训。同时强调服务重点在于扩展员工的应对选择,通过帮助避免和解决那些影响员工最佳绩效的个人、工作、家庭问题来帮助扩大员工的应对方法,而不是发现并辞退问题员工。

近几年,EAP已经从最初的酗酒、滥用药物等行为矫正发展到现在对个人问题的全面帮助,成为与企业的人力资源管理联系的管理手段。日本企业的爱抚管理模式便是EAP的变形。企业通过设置放松室、发泄室、茶室等,来缓解员工的紧张情绪;定期为员工做健康检查,心理训练、性格分析等。EAP的目标也逐步确定为预防策略,即尽早的预防可能影响员工和企业的问题。

(二) EAP在中国

中国历来重视管理,制人之术在中国历史悠久。但是真正意识到员工的心理健康与组织绩效的关系始于近几年。外资的引进为管理方法注入新的血液,同时自杀、离职、怠工等现象引起了企业的关注。加之心理咨询的宣传、职业健康心理学研究的深入,让更多人认识到了心理健康的重要。

随着改革开放的深入,越来越多的跨国企业入驻中国,同时也带来了现代的管理方式。起初惠普、三星、爱立信、可口可乐等公司的分支机构先后引进EAP帮助企业在中国的海外员工适应新的工作环境,帮助解决工作生活问题。随后EAP的服务对象扩展为更多的员工,其中多数是中国员工。由于文化背景、观念或意识等差异,需要了解本地员工的特点,这促使中国心理学工作者加入到EAP队伍中,加快了EAP本土化的步伐。与此同时,中国社会经济地位的提高,让国际EAP组织看到了广阔的发展空间,纷纷把注意力投向中国,并于2007年11月开展了首届中国国际EAP培训。

中国EAP服务是从企业的心理培训开始的,一些企业暴露出急需解决的心理现象,如企业改制、压力、裁员等,邀请心理学专家为企业做培训,内容主要是针对心理健康、压力管理、工作生活协调、裁员心理调适等。国内最早是张西超于1997年为三星集团开展心理培训。2000年12月,张西超主持联想电脑公司客户服务部的EAP,这是国内第一个完整的EAP。2001年10月,第一家专业的EAP服务机构——北京易普斯咨询服务公司成立,实现了EAP发展在中国的本土化、专业化和商业化的开始。近几年越来越多的心理机构开始提供EAP服务,更多的心理学专业人员开始了心理服务之路,为企业和员工的心理保健保驾护航。自2003年以 EAP 在中国的实践与探索为主题的中国首届 EAP 年会以来,EAP 年会每年一届,已召开六届,分别关注于健康型组织、吸引激励人才、职业心理健康、危机管理等,中国 EAP 正向本土化、专业化发展。

二、EAP 定义

（一）基本概念

员工帮助计划(Employee Asisstance Programes,EAP)是在工作场所实施的帮助识别和解决员工担心的问题的服务。主要关注那些影响员工健康和工作表现的工作相关、个人家庭相关的问题。即由企业内部或外部专家为企业提供保密、有效、及早的干预咨询等形式的帮助（EAPA,1994）。

Megranahan 提出了基于 EAP 提供者角度的定义,利用企业的资源为员工提供关于个人和工作生活方面的建设性和支持性的管理服务,使员工受益,服务是保密和专业的。同时指出 EAP 要与企业目标、文化以及员工动机、管理实践相结合。提供者在保证服务的专业性同时还要遵循组织的结构和程序。简而言之是为组织中正在经历不同类型的工作和生活问题的员工提供直接的服务。

Berridge 和 Cooper 发展了更广泛的定义,工作背景下干预计划,通常在个别员工层面,使用行为科学的知识和方法来控制一些对工作表现产生不利影响的工作相关的问题(特别是酗酒、药物滥用和心理健康),目的是促进个体重新投入工作和达到个人生活的全面协调。这个定义试图调解两个可能冲突的 EAP 关注的焦点,员工个人和组织。因为在欧洲甚至更多的地方,EAP 服务有两个基本的目标,一是帮助那些受到个人问题困扰的员工应对困扰,以及控制压力反应。另一个是帮助组织识别缓解生产效率问题。

我国学者认为 EAP 是由组织为其员工设置的一项系统的、长期的服务项目;通过专业人员对组织的诊断和建议,对员工及其亲人提供的专业咨询、指导和培训,帮助改善组织的环境和气氛,解决员工及其家庭的心理和行为问题,以及提高员工在组织中的工作绩效,并改善组织管理。

Addiction Research Foundation 给 EAP 下了最广泛定义,① 员工公平的享有企业为所有的需要帮助的员工提供帮助指导;② 保证员工机密地寻求帮助;③ 使员工能够接触到最有效的帮助;④ 努力把员工带回到安全生产的岗位上,而且避免纪律处分或丢掉工作;⑤ 从长远看,它鼓励员工在面对压力时主动寻求帮助,而不是顺其发展;⑥ 它属于企业中的每一个人;⑦ 它花费很大但肯定比什么也不做的花费要少。

（二）特点

从上述对 EAP 的分析可以看出,EAP 不同于心理健康福利(mental health benefits)的有条件限制、长期专业治疗、需要自己付费、只关注疾病本身的医学模式,EAP 具有其独特的特点。

1. 解决生活中的问题。EAP 只解决可能影响员工工作表现的问题。一般设在人力资源和医疗部门,当然 EAP 关注的范围在不断扩大,已不限于物质滥用、工作压力。

2. 服务专业性,所有的 EAP 都提供由专家指导的行为健康方面的建议。

3. 员工不受限制的获取服务。EAP 作为组织为员工提供的福利,所有员工享有公平的使用权。

4. 快速的解决方案、建议和追踪服务。EAP 针对突发事件及时进行危机干预,并且服务性质多数为积极预防策略。

5. 工作表现模型(work-performance model)。它是设置在工作场所内的服务形式,便于寻求帮助。最后 EAP 时间短。持续的时间一般为 3 个月到 1 年。

(三) EAP 受益者

EAP 受益者包括员工和企业。在个人的水平,EAP 定位于所有的管理者和员工,近年来随着职业健康心理学研究表明,员工家庭对工作表现有着关键的影响,如工作—家庭冲突,因此 EAP 的服务对象也扩展到了员工家属。通过对员工及其家属帮助促进个体应对和适应工作和非工作生活。在企业的水平,把 EAP 作为企业福利的一部分,反映和培养组织文化,作为组织解决问题和改变机制的一部分。

三、EAP 服务原则和内容

(一) 原则

EAP 服务的提供者一般遵循如下原则进行服务:

1. 保密原则,服务提供者严守职业道德,尊重参与 EAP 的员工个人隐私和自我价值,寻求 EAP 员工的名单和相关信息只有在得到其本人的授权同意后才能给企业的管理者看。而且授权一方面要签订必要的书面说明,另一方面给管理者查看的信息也限定在一定的范围——如起初接触,具体服务建议,服务建议的履行或完成情况,服务的进展。

2. 专业原则,保证服务质量,帮助员工解决问题的方式方法要求专业。并且服务的提供者是经过专业训练的心理咨询师、管理人员。强调专业性的同时考虑到职业地位、专业人士的认可以及服务的保密和信任。

3. 公平原则,EAP 对象包括所有员工及其家属,服务是每个员工应有的权利而不是个别员工的特权。EAP 是企业给本企业内部员工的组织福利。

(二) 核心服务

在充分遵循上述原则的前提下传统 EAP 提供四个最核心的服务:诊断评估、宣传教育、咨询指导、管理培训。EAP 顾问还提供工作训练、企业变革管理、管理者培训等服务。

如今 EAP 已经发展成一种综合性的服务，其内容通常包括：涉及个人方面的身心健康、人际关系、经济、情感困扰、法律、焦虑、酗酒、药物成瘾及其他个体相关问题，以及逐渐引进的婚姻家庭问题指导；涉及工作方面的工作要求、工作中公平、工作中人际关系、欺负与威吓、家庭/工作平衡、工作压力、裁员、换岗等问题。特别在企业改制重组或者经历危机事件时尤其需要 EAP，此刻实施 EAP，保障留职员工安心工作，安抚被裁员工，解释企业所面临的危机，鼓励他们重整旗鼓再选职业。在危机事件发生时安抚员工的创伤。

（三）服务内容

1. 从服务的受益者的角度分析，EAP 提供两个层面的服务内容。

（1）个人层面服务。EAP 为需要的员工（包括管理者）提供个别问题的指导、咨询，以促进员工心理健康和工作绩效的改进。也包括对员工和其家属的有关 EAP 教育。如压力管理、工作与生活平衡、发展目标、特殊培训等。运用建设性的对质、激励和短期的干预手段，使得那些被个人问题困扰的员工，认识到个人问题和工作表现之间的关系。必要时转介员工到其他机构。特别在服务过程中提供保密及时的评估，以保证员工的个人问题不会对工作表现产生负面影响。

（2）组织层面服务。企业生长在不断变化的环境中，一方面变化向组织和员工提出了挑战，工作改变、组织重组伴随着旧有模式被打破，组织和员工在一定程度上感到压力和不适；另一方面变化也是组织发现隐藏问题的机遇。服务内容涵盖组织咨询，帮助它们与服务提供者建立和保持有效的工作关系；针对酗酒、药物滥用、怠工、抱怨等行为问题进行咨询；给组织改善工作效率、提高生产提出建议；开展情绪管理、沟通能力、时间管理等方面的培训；做好 EAP 在组织和个人表现中的有效性评价。

EAP 试图深入到组织程序内，成为组织一部分，它反映和滋养组织文化，成为组织学习、问题解决和适应的机制。

2. 从健康角度分析可以把 EAP 提供的服务内容分为五个方面。

（1）身体的健康——涉及健身、营养、适当的休息和睡眠、自我保健、改善影响生物功能的疾病和行为，如吸烟和药物使用。

（2）情绪的健康——面对危机生活事件时对情绪的控制、压力管理和适当情绪反应。

（3）社会的健康——涉及家庭、工作、学校、宗教部门、社会价值、文化和社会支持，有效地沟通交流，以保持与朋友、家庭、同事和社区之间适当关系的发展。

（4）智力的健康——涉及教育、成就感，角色实现和事业发展，培养独立的批判思维、清晰的思考能力、自信心。

（5）精神的健康——涉及培养塑造爱、慈善、人生目标、心理和谐、照顾他人，并扩大个人的交往群体。

3. EAPA 对 EAP 服务内容的划分

EAPA 把 EAP 提供的具体服务分为：(1) 24 小时免费电话危机咨询；(2) 保密的评估和咨询服务，要求服务者是专业的、在提供 EAP 方面有足够的经验，同时保证在保密、私人的办公室提供问题解决的咨询；(3) 指导支持、追踪，EAP 为那些需要特殊关注的客户提供指导、评估以及后续跟踪服务，满足他们的需要、推荐治疗方案，同时考虑客户偏好、财务和其他的资源；(4) 紧急干预、关键事件压力管理；(5) 物质滥用和药物依赖治疗，如有物质或者药物滥用并对工作造成严重的影响的情况，EAP 提供者应该用特定的知识、训练和经验来评估和治疗。

除了上述核心的服务内容外，还有针对特殊客户要求提供的 EAP。例如：工作/生活服务、一系列家庭支持服务。企业管理者作为企业员工，除了享受上面的服务以外还有管理者培训，即培训领导和企业的管理者，如有效管理技术及领导训练、工作动机激励策略、如何识别受困员工、EAP 管理指导等。

随着 EAP 目标由传统的帮助企业中问题员工应付应急事件，掌握心理调适方法以获得成长转化为更积极的预防策略，EAP 范围随之扩大，心理健康培训、健康指导手册等慢慢兴起。

4. 整合模式划分法

此外还有着眼于整合模式的划分方法。整合模式同时照顾了员工及其家人的需求，也关注组织的利益，保障了健康的工作环境。EAP 整合模式从干预层面、干预方法两个维度分析如下图。干预层面是指 EAP 实施时重点在组织或者个人。干预方法主要分为专业的干预和多维的和自助式结合的交互干预。

图 11-1　EAP 内容整合模式的内容分析

(1) 个体—专业的四分圆，主要内容为：

① 一对一的咨询，由受过正式训练的专业人士来实行：社会学工作者、心理学者、顾问、职业健康护士以及其他的相关专业人士。

② 为员工提供危机干预，集中于解决问题的咨询、个案管理。

③ 为员工的家人提供危机干预，简要的集中于解决问题的咨询、个案管理。

④ 员工教育的研讨会和工作坊。

⑤ 自愿的健康检查或健康评估。

⑥ 自我照料的活动,如焦点集中的图书馆或阅读材料。
⑦ 专业顾问主持的危机事件的报告。
⑧ 24 小时的危机评估或咨询。
⑨ 员工的追踪服务。

(2) 个体—交互的帮助四分圆,主要内容为:
① 使用同辈支持(联盟顾问、指导代理人、同伴资源小组或同伴顾问),给员工恰当的帮助或情感支持。
② 使用社区为基础自助小组作为个人支持的附属支持。
③ 现场(on-site)自助小组。
④ 受过专业训练的同辈简报(debriefers)以回应危机事件。

(3) 组织—专业的四分圆,主要内容为:
① 提供基于工作场所的促进健康、保障安全或觉察危机事件等相关的健康教育项目。
② 为组织提供咨询和培训。
③ 提供专业的调解或冲突解决服务,增强工作场所的健康,包括员工和组织的健康。
④ 参与 EAP 小组,宣传 EAP 相关的议题。

(4) 组织—交互的帮助四分圆,主要内容为:
① 团队组建练习以教育员工作为小组成员的期待、权利和职责。
② 发展工作场所内部的和外部的相互帮助的团队,并对员工开放,以发现压力源,促进个体和小组的健康。
③ 发展工作单位支持团体,以减少工作压力。这种工作支持团体担任的角色是解决问题或者作为同伴支持。

第二节　日益凸显的 EAP 需求

一、个人心理健康需求

经济制度转型期伴随着企业技术革新,绩效考评规范,工作任务量加大,家庭—工作冲突加剧,同时在国际环境特别是金融危机对经济市场和群众心理的冲击,这些危害个体健康的不确定因素大致表现为如下几个方面。

(一) 工作压力

世界卫生组织曾提出工作压力是一个"世界性的流行病"。认知交互作用理论提出压力是人与环境动态交流系统的一部分,是个体和环境交互作用的变量。人处在环境之中,当个体认为环境中某个事件非自己能力范围之内或对自己形成危害时，就会产生压力。压力产生于个人对环境评估互动过程。Lazarus认为个体和环境是动态关联的，是个体不断地对环境进行评估的变量。认知评估过程包括初级评价和次级评价。初级评价是感知环境重要性、环境要求及评估刺激事件性质（积极、消极）的过程，用以回答遇到的事件对自我的意义。初级评价分为三种，即无关的、良性的和有压力的。如果情境中的事件对个体没有影响，就会作出"无关的"评价，如果事件是积极的就会作出"良性"评价，只有个体认为事件会对自己构成伤害、丧失、威胁或挑战时，才会作出"有压力的"评价。次级评价是对现有资源的评估，包括社会支持、物质资源或个人努力的评价，个体将考虑使用哪种应对，应对选择可以达到什么样的预期结果。

Lazarus指出压力事件至少有三个要素，首先与事件相联系的情绪性；由于缺乏足够的信息来评价情境或由于无法应对情境的模糊性而产生的不确定性；意义评定。也就是说环境中某一事件若被评估为压力事件，它至少要有两个特点：一是它对人的威胁状态与其他事件不同；二是它对人的应对资源及应对技巧的要求不同。当我们感觉到（初级评价）一个情境中含有一些对身体或心理的伤害时，不管这种伤害是真实的还是想象的，而且我们对之无法有效反应（次级评价）时，压力便产生了。当改变赋予事件的意义，使得威胁不复存在，或当使用某一些应对方法消除了威胁或使威胁中性化时，压力就可以消除了。

适度的压力具有激发动机、集中注意力、提高效率的积极作用，但同样的环境对于不同的人格特征和经验的个体，也会有不同的意义。部分个体会将其评估为挑战并努力克服，部分个体会将其视为大山，透不过气。那些使个体产生压力的情境或事件称压力源，库伯（Cooper Masrhall, 1975）列出了一个相对完整且简明的工作压力模型。工作压力源被划分为工作本身的特点，组织内角色，职业发展，人际关系，组织结构与气候，组织外因素等几个维度。

工作本身特点主要指恶劣的劳动作业环境（包括物理和社会环境），如：工作环境的温度、噪音、照明、安全事故、空气污染会加重员工的心理负担；工时太长、出差频多，以及经常倒班（见第3章）、工作量大时间紧都可能给员工造成压力。组织内角色表现为角色不稳定、性别偏见或刻板印象、角色模糊、角色冲突等带来的压力。组织结构和气候主要指僵化或非个人结构、政治斗争、不能参与决策、组织缺乏有效的激励机制等；来自组织外的压力，家庭问题、经济状况。还有来自工作者本身的因素，由于缺乏必要的技能不能适应工作要求、付出与回报不平衡、期望与现实差距大等。人际关系如同事、上下级关系、政治竞争等，以及职业发展的困惑都是可能的压力来源。

不同职业群体的工作压力源有所不同，刑警的工作压力主要是工作危险，销售人员的压力主要是较高的业务量，一些化学化工工作者更多遭受来自工作物理环境危险，航空管制员则长期在高度紧张状态下工作。

工作压力会引起生理、心理、行为三类反应。心理反应主要表现为情绪激动、焦躁不安、多疑、孤独、兴趣减退；生理反应表现为头痛、心率加快、疲劳、失眠等；行为反应则包括迟到、缺席、怠工、吸烟、酗酒、滥用药物、上下级关系紧张、迁怒于家庭成员等。持续的压力严重损害个体身心健康，可能诱发或加重高血压、冠心病、消化道溃疡等身体疾病。工作压力对员工的健康和生产力都可能会产生不利的影响。

（二）情绪情感问题

除了上述工作压力会导致负面的消极情绪之外，各种生活事件引起的愤怒、焦虑情绪时有发生。例如人际冲突、失恋、子女教育、夫妻不和谐、亲朋去世等生活事件都会导致负面情绪。负面情绪干扰信息加工和选择，降低认知加工的质量。焦虑会使注意加工变得狭窄，甚至影响记忆的准确性。研究表明那些对刺激反应过于强烈、情绪激惹后又很难平复、易焦虑、紧张、冷漠、敌意的飞行员对应激生活事件多采取消极应对策略。长期处于疲劳、烦躁、压抑的精神状态下，如不及时宣泄，会严重损害个体身心健康。因此适当的情绪管理对于心理健康和高效工作有特别的价值。

（三）职业发展困惑

职业发展主要指职业变换、晋升、失业等所有与职业有关的活动的变迁。国家劳动和社会保障部劳动科学研究所2004年的职业发展调查表明24%的人存在职业选择和发展困惑。面对职业发展困惑，加之对自己缺乏正确认识、没能对职业生涯成功进行综合评价，许多人表现出迷茫、无助、焦躁不安、情绪低落、没有激情，甚至徘徊在留职、离职的冲突中。职业发展也是工作压力源之一。但其重要性日益凸显，恰当的职业生涯规划和职业生涯成功综合评估尤为重要。

（四）人际冲突

作为工作压力源之一的人际关系问题表现为人际冲突，冲突类型为个人间、个人与组织间、组织间以及组织内部冲突。这些冲突可能由于信息缺失和沟通不足，消极情绪状态，对特定事情的偏见和刻板思想，对事物认识水平，资源竞争，权限模糊以及个体目标价值观的差异等造成。冲突具有较强的传染性。冲突不能正确处理会损害个体健康，伤害组织与成员的感情，影响团结，影响组织目标的实现。

（五）突发公共事件

自然灾害和意外事件会给人们带来一定的心理冲击，地震海啸以及事故等带来物质经济损失的同时给人们心理留下阴影。随着金融危机波及中国的就业、财政、安全等领域，大量的企业倒闭，庞大的人员失业，进而引起人们心理超负荷。被裁员工安全感和信心严重下降，出现职业丧失感和生存危机感。留职员工一方面对降薪裁员恐慌；另一方面工作量增加，引起不良情绪。

上述所有的不确定的因素共同威胁着员工及其家人的身心健康问题。如今健康已不再是身体没有疾病，而是身体、精神和社会适应同时达到完好状态。身心健康对个体生活幸福、工作和谐有着重要价值。健康的个体时常是积极乐观的,即使面对困难挫折也能采用更积极的策略。但是调查表明各群体身心健康状况并不乐观,中西部地区教师的心理健康水平低于国内成人常模,40岁以上教师躯体症状、强迫症状问题较突出;68%的刑警存在心理问题,主要集中在强迫症状、躯体化、人际敏感、抑郁、焦虑和敌对。工作压力、情绪情感问题、突发公共事件、职业发展困惑加剧了原本不如意的健康状况,需要专业人士及时有效的介入,提供物质帮助和心理关怀。

二、企业发展需求

来自个人、工作、家庭的不确定因素时刻冲击着个人心理健康,并可能导致工作效率降低、缺勤率高、事故增多。首先工作压力损害个体健康,同时表现为消极情绪,并在群体中传播扩散,可能引起抱怨增加、工作动力减退、注意力涣散、创造性下降、拖延和逃避工作;特别是压力间接导致工作事故的发生,国际劳工组织报告60%~80%工伤事件是与压力有关。其次员工对工作满意度低,没能看到企业发展的愿景,没有足够的精神酬劳,加之缺乏必要的职业发展规划,导致跳槽和怠工倾向。核心员工离职或跳槽不仅是重要的人力资源的流失同时降低企业实力和竞争力,带走某些客户关系,对企业产生巨大经济损失。最后突发事件产生心理危机,恐慌、安全感丧失、担忧都可能干扰正常工作。

企业自身发展中重组、减员、改制、薪酬变革等也会冲击员工的心理,直接干扰工作表现和绩效。对变革不满意的员工伴有种种行为表现,怠工、迟到、早退、抱怨,上述表现会降低工作绩效,同时可能损毁企业公众形象和产品质量,企业效益整体下滑。如何恰当处理上述问题、营造积极向上的企业文化、提出恰当的变革建议和管理制度成为管理学和心理学共同关注的问题。如何挽留核心员工、激发员工工作积极性、引导愿景探寻是目前很多国有企业面临的重大挑战。

三、EAP员工健康管理模式

不断变化的不确定因素和对未来的期望增加了工作压力,引发了生理、情绪和行为问题,摆在眼前急需处理的就是如何进行健康管理。压力管理、情绪调节、职业生涯规划、工作家庭平衡等都是迫切需要的心理帮助。以工作压力为例,高效的压力管理无论对个人还是组织都很重要。当然对于压力管理和干预有很多选择。最关键还是干预(intervention),尽量减少压力的产生。干预工作压力可分为三个层次,分别是初级、次级和高级干预(primary, secondary and tertiary levels of intervention)。

初级干预关注的是积极的采取行动减少或消除压力来源,创设一个支持性及健康的环境。组织所采取的行动会依据压力源的不同而不同,而且所有的行动都要在早期的调查分析或压力核查之后进行,以便确认压力的类型和受压力困扰的个体。压力核查一般使用自陈式调查问卷，一个广泛应用的诊断工具是职业压力指标（Occupational Stress Indicator，OSI）。初级干预作为一个组织所需要采取的积极压力管理策略主要有改变人事政策、诊断压力、发展有支持性的组织气氛、多沟通、让员工多参与公司决策、减压、开展健康生活活动或课程。

二级预防主要通过加强个人和集体的压力意识和改善压力管理技能、及时发现和管理如抑郁和焦虑等心理问题。一般集中在培训和教育，涉及提高认识的活动和技能培训如渐进式肌肉放松和问题解决技巧。压力教育和压力管理课程可以帮助个人识别自己和周围人的压力症状，发展压力应对技巧和复原力。

三级预防主要针对因压力遭受心理或生理疾病的个体，帮助他们恢复健康。其中主要的方法是组织可以考虑帮助受压力困扰的员工接受压力咨询。一种以工作场所为基础的专业咨询便是员工帮助计划（EAP）。职场咨询和 EAP 是最常见形式的压力管理，它可以尽快引入处理员工情绪波动的资源。一般提供保密的专业辅导服务、24 小时热线服务。

EAP 发展历史表明，EAP 对于缓解员工压力、改善心理状态、提高经营业绩有十分明显的作用。在重大危机和灾难面前，如果应用得当，EAP 的价值会有更好体现，它被看做是提高组织生产效率、减缓工作压力和促进员工心理健康的良方。

（一）EAP 与心理健康

EAP 在欧洲目的之一即保证员工心理健康，使员工能成为企业发展的因素。EAP 通过咨询、培训等形式帮助员工应对由情绪、压力、人际关系、家庭、酒精、药物、财务、法律等问题引起的分心，并且学会自己控制由此引起的压力（EAPA，1994）。具体表现在缓解工作压力、改善情绪、提高工作效率、有效地处理工作家庭关系以及新员工快速适应环境等。服务目的不是个人的重新建构而是促进个体应对和适应工作和非工作生活。研究表明 EAP 是维持员工心理健康的好策略。200 000 名员工报告说 EAP 有效地减轻了紧张，使他们更有信心。EAP 虽然不能阻止工作压力的产生，但足以应对压力的后果。值得注意的是也有研究表明压力管理不会长期有效，无论是组织还是个人，有效期一般为 3 个月，需要重复进行压力管理。

（二）EAP 与企业效益

EAP 目的之二是维持高效的企业生产效率和适宜的工作环境（EAPA，1994）。EAP 有助于企业节省医疗开支、培训以及招聘费用，降低离职率、缺勤率并提高企业整体效益。EAP 使企业在诸多方面受益，具体表现在三个方面：

第一，激发工作动机、促进工作协调、改善生产效率和工作表现。EAP 通过预防技术，帮助员工解决生活中的起起落落，进而保证企业生长和发展。它有助于改善组织气氛，提高员工士气，增加留职率（尤其核心员工），提高生产效率。鉴于员工个人问题会影响工作表现，EAP 承担帮助组织识别和改善生产问题、维持高效的生产和工作环境的责任(EAPA,1994),主动寻求压力干预的员工,在接受压力管理计划后压力水平降低,工作表现改善。EAP提供保证员工快乐健康的管理服务。员工体会到企业的支持,更倾向于较高的工作表现。

第二,降低离职率/缺勤率/事故率。EAP为需要的员工提供尽早短期干预咨询,在问题可能影响工作之前将其解决。员工被工作、个人、家庭问题困扰时,常有身心、情绪变化,注意力很难集中,导致意外事件。EAP可以阻止这类情况发生,至少阻止它再发生。研究指出抑郁可以诱发缺勤、离职倾向,通过对工作损害、缺勤、整体功能三个变量的调查发现,与非抑郁组相比,抑郁组员工报告了更多的工作缺勤。大约20%抑郁组员工显示出离职倾向,而非抑郁组具有离职倾向的只有7%。最后接受了EAP后两组员工的行为表现和缺勤情况都得到了显著的改善。1994年Marsh & McLennon公司对50家企业做过调查,引进EAP之后员工缺勤率降低了21%,工作事故率降低了17%,而生产率提高了14%。当然EAP效益还取决于计划的类型、工地大小、产业性质和区域。

第三,减少企业花销。EAP可以降低成本,节省培训开支,减少意外事故的医疗花销。有学者报道了美国每1美元EAP投资,就有5至7美元的回报。根据1990年McDonnell Douglas对经济增长的研究报告所示,实施EAP项目四年来共节约成本510万美元。拥有7万员工的美国信托银行引进EAP仅一年在病假的花费上就节约了739 870美元。国外一项关于EAP成本—收益的分析研究发现,EAP有很高的投资回报率,如美国联邦政府卫生和人事服务部员工咨询服务计划的回报率为29%。另外研究表明心理咨询与员工的组织道德信念正相关。

第三节 EAP实施与评估

一、EAP执行模型

在执行EAP时需要考虑诸多因素,首先需要考虑服务焦点或欲解决哪些问题。最初的戒酒计划只是解决酒精和药物使用的问题;20世纪中期发展出了广泛清除计划(Broad-brush),针对所有如情绪、情感、婚姻和家庭、工作压力、酒精和药物、法律、财务等问题;而"健康"计划主要目的为促进健康,提供所有健康问题的治疗和预防。其次企业的规模、企业员工的人数直接影响企业使用EAP的模式。再次企业的地理位置,员工在哪里寻求服务对EAP模型影响很大。另外下列几个方面也能决定EAP的模式,如何识别问题员工;如何使员工注意到EAP;对于那些使用了EAP的员工,保留哪一类的记录。结合上面的各个因素,EAP的执行模型有以下几种:

(一)内置模式

企业内设置专门的EAP部门,可能隶属于人力资源或医学部门,直接对公司负责,服从企业的管理。内置模式为员工及其家人提供服务,服务范围可能从简单的诊断和指导,到专业的心理治疗。一般大型的企业倾向于使用内置模式的EAP。聘请有临床背景的心理健康专业人士如咨询师和培训员,他们是企业的员工的同时为其他员工提供服务。

内置模型的优势在于,聘请专业人士设计EAP,管理者也更倾向于相信EAP能体现企业的人性化并且具有成本效益;由于设置在企业内部,比较容易发现企业的需求,设计的方案也更适合本企业。然而对内置模式的批评主要针对治疗师,即治疗师在面对利害冲突时的保密问题,一方面需要对企业负责,可能会泄露员工的隐私,另一方面职业道德又要求其保密。

(二)外置模式

组织拥有的EAP是由外部机构操作的。中型企业(少于2 000位员工)多采用外置模式为本企业员工提供心理健康服务。服务提供机构提供包括:治疗、管理者训练、诊断、推荐其他治疗机构等服务项目,这种模式实施的地点可以是企业内部也可以是企业外部。

企业选择这种模式原因在于它快捷有效,而且这一模式能够确保处理一些敏感话题上的保密性。这种模式的缺点是缺少对组织的充分了解,服务提供者很难维持对企业责任,也很难进行效果评估。一些研究者指出,由外置模式所提供的广泛清除计划(broad-brush approach)模糊了传统的EAP,缺乏EAP提供者与管理部门之间的密切关系,也不利于尽早发现组织内部问题。

(三)整合模式

指组织内部EAP实施部门与外部的专业机构联合,共同为组织内的员工提供援助项目,是外置模式与内置模式有机结合的模式,兼有内置和外置模式的共同优点。

(四)工会援助模式(Union-based Member Assistance Programs)

以工会为基础,与心理健康福利机构合作,聘用专职人员,直接为员工提供援助,也可通过网络平台间接地为员工提供援助服务,以期望为工会成员内的小型企业员工提供服务。例如美国的国家戒酒机构(NIAAA)。

其他模式还有诸如联合模式,若干企业联合成立一个专门为其员工提供援助的服务机构,该中心专门配备专职人员。共同委托模式,若干个组织共同委托专业员工援助人员与机构,为员工提供援助服务。共同委托模式是组织间资源共享。

当然各个模式各有其优势,内置的EAP比外置模式更能节约成本,能够提供较多的评估、指导服务和健康促进活动;而外置的EAP更倾向于参与解决员工间冲突、提供短期的咨询、组织健康促进活动。工会模式、联合模式以及共同委托模式在节省花销和资源共享方面有很大优势,特别适合规模较小的企业采用。

除了上述各种单一的EAP模式之外,依据EAP实施的地点和提供EAP的机构,可以把 EAP 执行模式分为四类。主要的实施模式的维度见下表。

表 11-1 二维 EAP 执行模式

	内部提供 EAP 和咨询服务	外部签约机构提供 EAP 和咨询服务
现场 EAP 和咨询	1. 一般直接隶属于职业健康或人力资源部门管理	2. 偶尔,但是实际中发现许多服务被再次转包,或者流于形式,效果不佳
在其他地点接受 EAP 和咨询	3. 偶尔,但是能够保证隐私,在相邻的地点接受服务,可能作为整合模式一部分,与外部签约机构是合作伙伴关系	4. 在英国使用较多,在服务提供机构的办公室或者咨询员的咨询室内进行

在美国,内部现场的模式被广泛应用,特别是大企业和政府部门。而在欧洲 EAP 的发展则不同,在那个比较紧张的经济环境下,主要由外部的 EAP 服务提供机构、咨询中心为那些具有相似大小的客户提供服务。

二、EAP 实施步骤与核心要素

(一) EAP 的核心要素

EAP 基本组成部分应反映企业需求,组织可利用的资源,员工的需要,组织大小和配置。EAP 区别于其他咨询服务的核心要素在于:

(1) 对该组织进行有系统的调查,以确定问题的性质、原因以及个人认为问题的严重程度,同时考虑到所有的利益相关者和组织内专家的观点。

(2) 对组织的持续承诺,在最大限度地为困境中的员工提供无责备和无费用保密的辅导、咨询和援助。

(3) 向那些潜在的客户宣传 EAP,特别是强调其保密性和所涉及的问题范围。

(4) 所有工作人员的教育培训,重点在于被困扰(troubled)员工的界定,对健康的职责,管理者在 EAP 中的角色,咨询员的职责和要求。

(5) 与 EAP 或转介咨询进行联系的程序,自我转介的程序细节以及必要的管理转介,转介需要得到员工的同意。

(6) 对问题评估程序的界定,包括诊断途径、保密性的保障、及时性、咨询员培训、组织的认可、权限和组织资料。

(7) 一份关于短期辅导和长期治疗和援助所要达到的程度的说明。

(8) 与其他社区服务或者其他专业资源或支持机制的联系的声明。

(9) 追踪服务和引导员工恰当地使用 EAP 服务。

(10) 服务提供者设计实施的反馈的方法,统计使用情况和 EAP 结果。

(11) 对个人和企业效益的效果进行公正的评估。

（二）EAP 的实施步骤

高效的 EAP 需要多方面积极参与和努力，需要认真做好每一个程序，并深入挖掘问题原因。通常 EAP 的实施大致可以划分为四个阶段。如下图：

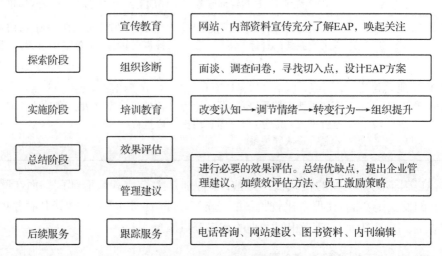

图 11-2　EAP 整体步骤

1. 探索阶段

企业在面对工作绩效下降、员工抱怨、冲突加剧等情况时寻求 EAP 帮助，这些表面现象的真正原因需要调查发现，从而找出一个恰当的诉求点来进行解决。探索阶段主要的目的便是查到消极现象背后的原因，并分析寻求解决的办法。

首先，EAP 开始于宣传教育。应用卡片、海报、网站等媒介宣传心理健康知识和 EAP 项目，提高员工对心理健康的关注，取得 EAP 项目的了解和支持并参与 EAP。实际工作中发现，宣传对于 EAP 整体实施有着重要作用。员工对心理知识和 EAP 项目了解甚少将阻碍具体活动的有效实施。同时通过宣传包括关注心理健康、了解亚健康、工作压力及调试、人际关系、高效工作等小常识，提高员工对心理健康的重视以及教给他们简单的调适应对技巧，这样的宣传教育持续在整个项目的实施过程中。

下一步需要进行组织诊断与评估，主要通过电话访谈、结构式面谈、小组访谈、问卷调查等方式了解组织存在的隐形问题，鉴别影响组织健康、企业绩效的问题，分析原因，了解员工的特点，筛选压力大、满意度低、工作积极向上等类型的员工。组织诊断的目的在于查找企业遇到问题背后的真正的原因，然后分析，设计 EAP 方案，并对设计出的方案反复推敲，为下一步教育培训找到最合适的突破点。

在诊断评估阶段需要的核心技术包括测量与评估和访谈。

（1）测量

测量与评估即保密地评估员工所担心的影响工作表现的事件和行为以及了解员工对企业的意见和建议。心理评估（psychological assessment）本意为应用观察、调查、测验等方法对个体某一心理现象作全面、系统和深入的客观描述的过程。心理测量是心理评估的重要方法之一。

EAP针对性使用自编调查问卷和某些专业测评工具,了解企业存在的突出问题,从心理学和管理学相结合的角度提出相关咨询报告;评估员工能力、创造力、人格、心理健康等各方面心理特点,客观地选拔人才和安置工作;评估员工的职业心理健康状况,如心理健康状况、职业枯竭水平、压力源、压力应对方式、社会支持情况、团队效能、离职倾向、工作满意度等,指导制定心理干预措施;同时根据组织需求制作员工个体心理健康报告,协助组织建立心理健康档案。

(2) 访谈

访谈是以口头言语的形式,根据被调查者的回答客观的搜集事实材料的调查方式。EAP中较多使用电话访谈、半结构面谈、聚焦小组访谈。访谈前需要对被访者背景作必要的了解,设计规范化的访谈提纲。在访谈过程中创设轻松的访谈环境,认真倾听被访者的观点,适时提醒被访者防止偏离主题,对被访者及时的反馈,如点头,注视对方。如果需要录音需征得被访者同意。特别的聚焦小组访谈一般每组8~12人,它比一对一的面谈节省时间。主持人创设和谐的环境,围绕一个核心,鼓励组员说出自己真实想法。

2. 实施阶段

实施阶段主要目的是解决问题,通过第一阶段的评估分析,查找出员工和企业层面存在的问题,为了解决或缓解现有的问题和矛盾,EAP针对性地开展培训、团体辅导和咨询。

(1) 培训

培训是针对特定目标,如自我认识、转变动机态度或行为、快乐工作等所实施的、有目的、有计划的培养和训练活动,EAP培训更多的针对职业心理健康、压力管理系列、工作与生活平衡、人际沟通与自我发展、情绪管理等。培训内容需结合员工的特点和工作性质,培训形式包括:讲授法、案例研讨法、角色扮演法。目前使用较多的是体验式培训。参加培训者在现有认知水平上欣然接受、运用所教授知识的过程。它特别适合处理态度行为转变,在尊重前提下触摸人们深层的信念、态度、价值观。培训的优势在于,能够帮助员工更加深入认知自我、觉察自我和改善自我,促进员工心理健康和应对事件能力的提高;促进企业与员工、管理层与员工层的双向沟通,增强企业凝聚力、员工归属感和责任感,塑造企业文化。摩托罗拉公司向全体雇员提供每年至少40小时的培训,而每1美元培训费可以在3年以内实现40美元的生产效益。

(2) 团体辅导

团体辅导是在团体领导者的带领下,团体成员围绕一个共同关心的话题,通过一定的活动形式和人际互动,相互启发、诱导,进而改变个体的观念、态度和行为。特别针对一些被相同问题困扰的员工,设计专题团体辅导方案,运用活动、感悟、分享,让团队成员共同探讨解决工作、生活、自身等方面的困扰。团体辅导更侧重于在个体活动体验、互相启发诱导、与人交流分享中获得成长和提升。

(3) 心理咨询

心理咨询是由专业人员运用心理学以及相关知识,遵循心理学原则,通过各种技术和方法,帮助求助者解决心理问题。借助语言、文字等媒介,给咨询对象以帮助、启发、暗示和教育。心理咨询主要帮助咨询对象分析解决学习、工作、生活、疾病等方面的心理问题,促使自我调整,更好的适应环境,保持身心健康,但是并不解决咨询对象的具体问题。心理咨询主要的对象是健康人群,或是存在心理问题的亚健康人群。

EAP 常用的咨询形式包括个人面询、电话咨询、网络咨询。通过开通热线电话、网上沟通渠道等方式,鼓励员工寻求心理咨询帮助和服务,同时必须保障员工隐私。其中个体面询服务能够更详细、精确、全面地了解员工的心理状态,提供灵活多元的协助方案。24 小时的电话咨询有利于员工问题及时解决和保密。网络咨询在节约资源上占有优势。另外还有家庭咨询,挖掘家庭内部资源,增强员工的工作动力。EAP 服务的咨询与专业的心理学咨询的差别在于,EAP 咨询更关注那些心理—社会问题,特别是那些影响工作表现的问题。同时 EAP 咨询需要考虑企业文化。在必要的时候一些咨询无法解决的问题需要及时转介。

(4) 危机干预

当面临如下四类事件时个体可能出现危机症状,第一丧失问题,主要涉及亲人、财产、职业、躯体、爱情、地位、尊严等的丧失。例如亲人之故、失窃破产、下岗、致残、失恋、离婚、事业受挫等。第二适应问题,例如当遇到工作变动、退休、结婚等情况时对新环境或状态重新适应。第三矛盾冲突,面临弃学就商、现实的趋俗与良心道德价值观的心理冲突并急需作出决断的矛盾时,可导致心理危机。第四人际关系方面,组织内外紧张的或持续的人事纠纷极易让人陷入心理危机。危机如不能及时缓解,将会导致情感、认知和行为方面的功能失调。

针对发生危机事件,如西安杨森三名高层管理者罹难事件,EAP 还提供及时的危机干预。及时识别危机人群,通过调动处于危机之中的个体自身潜能来重新建立或恢复危机爆发前的心理平衡状态,危机干预日益成为临床心理服务的一个重要分支。广义的危机干预属于心理治疗的范畴,借用简单心理治疗的手段,帮助当事人处理迫在眉睫的问题,恢复心理平衡,安全渡过危机。干预最低目标用各种社会资源,寻求社会支持来保护当事人,预防各种意外。通过危机干预建立希望的感觉、强大的支持系统、控制环境的感觉、增加问题解决和适应环境的信息,这些元素可以帮助避免危机或者其他消极的生活事件所带来的负面影响。让个体意识到愿景、自我效能感对危机或消极事件都有很好的改善作用。

干预的方法有电话危机干预、面谈危机干预,干预技巧既有共性之处,也各有侧重。电话危机干预的最大优势是方便、及时、经济、保密性强。面谈危机干预的基本方法为倾听、评价及干预,通过实施认知调整、应对技巧改善、放松训练、扩大交往,建立支持系统等预防危机可能导致的不良后果。

3. 总结阶段

(1) 主要内容

总结阶段可以为企业的管理者提供一些绩效评估、员工激励的策略。例如根据岗位需求和个人特点进行人一职匹配,完善薪酬激发员工工作动机,科学的设立工作目标等。这部分需根据实际需要进行操作。例:工作动机激励。

(2) 效果评估与分析

总结阶段还有一个任务是进行效果评估与分析。EAP需通过科学的方法和技术来客观的评估其为企业和员工带来的效果。一方面为阶段性效果评估,即对上述某个阶段活动进行评估,对服务模式作出及时调整,使EAP服务更具有针对性和实效性。另一方面为终结性效果评估,即在所有服务项目结束之后,评估EAP的执行是否达到了预定的目标,取得了哪些效益。

尽管EAP已经以不同的形式存在近80年,而且在不同组织内广泛实施,但是对其效果却少有关注。鉴于时间、经历和资金方面的投入,相对疏忽评估其有效性是很遗憾的。疏忽的原因很多,其中包括缺少EAP"成功"的明确定义、EAP提供机构阻碍对他们努力进行评估、涉及客户保密信息,无法获得有利于评估研究的信息以及对EAP效果进行评估的方法上的困难。因此一直以来EAP的服务效果都没有一致的评估标准,更没有普遍适用的行为标准来评价。由于缺乏共同的指标使得对EAP服务效果鉴定和比较变得困难。在EAP服务评价上采取规范化的指标将有益于企业的管理者、员工以及EAP服务的提供者。Arthor提出收集统一的标准的评估指标,可以促进服务之间比较。

对于EAP的评估模式一直没有统一的评估标准,这给进行各个EAP间的比较带来难度。但是仍有一些不同的评估标准已应用于EAP效果评估。French, Zarkin和Bray(1995)概述了EAP研究中的四个评估方式:

① 过程性评估,证明EAP的性质,递送的方式和服务递送的程度。主要评估EAP的落实是否最佳,因此选取积极利益的最大值作为标准。

② 花费分析:主要是收集干预方面的费用开支、时间、人力资源等。据调查,在美国,对EAP每投资1美元,将有5至7美元的回报。根据1990年McDonnell Douglas对经济增长的研究报告所示,实施EAP项目四年来共节约成本510万美元。当然EAP费用还取决于计划的类型、工地大小、产业性质和区域。

③ 结果分析:调查EAP干预的结果。通常使用病假率、缺勤率、事故率、生产率、人际关系、压力情况、抱怨减少等作为评估指标。

④ 成本一效益分析:评估服务的效果和实施项目的花费。主要使用投资回报率进行考核。(投资回报率(ROI)=年利润或年均利润/投资总额×100%)

EAP效果评估不能仅局限于量化指标,还应有质性指标,比如:Becker, Hall,

Fisher和Miller（2000）曾指出质量上的评估标准包括：提高员工的动机、管理者与员工关系和谐、改善组织气氛、减少压力。工作的出勤情况、工作满意度、员工自己评价工作表现是否进步这些标准同样很重要。

很多学者致力于EAP服务的评价研究，提出了三级评估指标。下面是对EAP评估的逐步细化的指标，期望对EAP效果作全面分析评估。

表11-2 三级评估指标

一级指标	二级指标	三级指标	各指标作用
一、结果调查指标（多为质化指标）	1. EAP使用情况指标	EAP服务的便捷性、及时性以及使用率	有助于发现和改善执行中的问题，提高效率。根据这个评估结果可以对EAP的有效性作初步判断
	2. EAP服务满意度指标	一般员工对EAP的满意度，管理者对EAP的满意度	有助于从一般员工和管理者两个角度全面对EAP的有效做初步的满意度分析
	3. EAP对个人改变影响指标	使用了EAP后个人在知识、态度、行为、心理健康、心理成长等方面较使用前的改变	对个人改变的测量有助于进一步分析EAP对组织的影响并最终计算出投资回报率
二、前后对比指标（收集员工首次使用EAP和随后6个月治疗信息数据，多为量化指标）	4. EAP对组织运行影响指标（包括硬性指标和软性指标）	硬性指标包括：生产率、销售额、产品质量、总价值、缺勤率、管理时间、员工赔偿、招聘及培训费用	采用的方法有时间损失法（时间损失的次数和损失的天数）
	5. EAP投资回报率分析	软性指标：人际冲突、沟通关系、员工士气、工作满意度、员工忠诚度、组织气氛等ROI	ROI分析在操作过程中比较复杂而且需要较高成本。因此如果使用企业不提出要求一般不作ROI

摘自：浅析健全员工帮助计划（EAP）评估体系

大多数企业引进EAP都是基于两方面考虑，改善员工健康和减少员工的生产效率和表现问题。如果EAP改善员工健康是成功的，但是生产力问题的减少没实现，那么可能只考虑员工而对企业没有直接益处。如果第二个目的达成但是第一个没有达到，计划就只对企业有利而对员工没有帮助。最令人满意的是两者的目的达成。这为EAP的评估指明方向。因此提出了双重标准。一般而言企业在引进EAP服务时都期待好的结果如：提高员工满意度、解决员工问题、改善工作表现、促进健康和积极性。传统的EAP关注员工和客户的满意度、接受EAP咨询以及特定事件的反馈来证明EAP有效性。因此有必要从双重角度考察EAP效果，这两个角度分别是：

① 从 EAP 使用者/客户和 EAP 顾问的观点来考察，具体包括：提升心理健康，增加工作满意，客户对 EAP 满意度等；

② 从企业角度来考察，包括减少了缺席、降低事故、增加工作数天、减少纪律处分等等。

总而言之，对 EAP 效果的评价很难得出一般性的结论，主要是由于，第一，缺少总结性的评价体系，缺少长远的干预前－干预后的评估，很难收集到与其他干预对比数据，需要多种来自管理者、咨询师、员工的信息资源，各种各样的信息来确保效果，而不是局限于自我报告满意度和经济上的收益。第二，正如 Highley 和 Cooper1994 年阐述 FAP 效果评价有助于更好的评估所有的组织干预，但效果评估研究所面临的主要问题是，界定项目想要达到的目标。正如前面提到的，EAP 经常有多重目标，其中包括提高员工的士气和积极性，促进了该组织的形象、作为其雇员的福利关怀、生产力的提高（例如，减少旷工和迟到，以及直接对工作绩效的影响）和违纪问题减少。此外，EAP 可能被组织用来减少医疗花费和伤残索赔的费用。鉴于上述这些目标在所有的方面都取得显著改善不太可能，评估特定干预是否有成效成为一大挑战。第三，并不是所有的指标都会在短期内体现出效果。常有些效果需要在长期中慢慢体现。尽管现有的研究表明 EAP 可能是维持员工心理健康的策略，但仍需要更多的实证研究。

4. 跟踪服务

尽管经历了诊断、宣传、咨询培训，到最后的效果评估，完整的 EAP 服务还包含一些跟踪服务。例如定期电话咨询、网络咨询、网站宣传材料，分发一些身心健康和压力管理的手册，特别是及时针对可能出现的问题为员工提供些小技巧。同时还要为管理者提供管理意见。通过 EAP 服务，改善管理方式，用心理学的知识来指导管理，以达到更加人性化的管理。EAP 涵盖内容与一般人力资源管理发生了越来越多的重叠。使 EAP 成为主流的组织干预、组织发展以及管理思想的一部分。在对各种压力管理培训效果系统研究时通过观察员工的心理健康和组织变量（如旷工）两个指标，Cart Wright 和 Cooper 发现，如果没有后期的追踪服务，积极的效果可能无法持续。从某种意义上讲，后续的追踪服务也是必要的。

第四节 EAP 未来发展

说到 EAP 未来的发展难免要提到三个方面，对 EAP 作用的清晰界定，现有的理论是否支持这样的作用；确定评估方法；未来 EAP 重要性的问题。

一、EAP 的作用

综合所有对 EAP 的综述看来多数企业普遍加强对工作压力和压力干预的认

识。但是目前的工作是不仅要让人们认同压力管理或者EAP是非常有效的,而是需要认真的考虑"为什么企业引进压力管理?"、"为了谁、期望达到什么结果?""管理者、初级关心小组、外聘专家和员工在认识和实施项目中都是什么角色?"EAP中压力管理可以作为个人应付工作要求的一种资源,但需要注意的是组织结构和文化将限制或间接影响个体思考和行为方式。现实中个体与环境的复杂的匹配,两两间相互作用,因此需要对EAP的角色和作用进行周密的考虑。

另一个问题是对EAP理论项目的发展,缺少压力管理干预的理论研究,可能导致概念界定和原则性困惑,缺少工作与压力之间关系的假设,也就导致不能确定压力干预在什么程度上算作成功。现在需要重新关注EAP理论基础研究,Arthur认为EAP本身不足以应对工作压力的反应,EAP更多的帮助个体认识如何工作,因此需要更多的关注整个过程。以压力为例,压力是一种自然关系,是个体与环境交互作用。它是个体对环境评估过程。这样把EAP的焦点转移到压力过程,从而避免把个体和环境分别看做压力源。这一观点的提出开拓了工作压力和EAP的新视角。强调侧重认知调整,在压力干预时把个体跟环境看做一个可以分析的单元。

二、EAP评估方法

另外一个挑战是EAP的效果评估,效果与理论基础相关,关注压力本质,对其有效性的测量就是必要的,压力干预的成功与否取决于两组方法的微妙的组合,即"自下而上(员工参与)"和"自上而下(高层管理支持)"。也就要求更多的关注证据,关注结果和干预间的困难,识别实施EAP所有的花费和收益,进行定量和定性分析来确认EAP是"更广泛和更全面的办法",做好效果的评估需要对EAP进行系统设计和实施。目前存在这样一个事实就是有时某些症状的缓解与改善后表现的评估相分离,现在又缺少对长期效果的评估。尽管接受EAP的人倾向于对服务作满意的评价,但实际上衡量有效性的困难在于事先没有把EAP的目的说清楚。

三、EAP未来发展方向

(一)立法问题

对于EAP的未来发展,如果能够从立法上规定组织有保障员工健康的职责,那么将改变EAP的被动地位。一方面通过设立符合卫生和安全规范来保障隐私权,知情权。个人有获得信息的权利,同意参加干预是知情权之一。确保知情同意需要注意以下几个方面:项目涉及的范围及持续时间,个人参与的性质,为什么他们被要求参加和在什么基础上他们被邀请,清晰地介绍了可能的风险和对个人的利益;尊重隐私,保密和匿名的问题;如何使用收集的信息,谁有权查看信息和信息保存,参与人拒绝参加、退出的权利。另一方面保障每一个员工及其家属在接受评估、晋升、培训、就业方面的公平、公正和对心理服务的信任。这一切还需要更加强调评价、评价技术和程序。将来EAP还将负责处理家庭平衡与冲突，需要立法规定保障对家庭问题的友好，避免性别、种族、年龄的歧视。

（二）EAP服务内容

EAP从问题解决向积极的预防的策略转移，但是在提供EAP服务时一定还要努力查找管理者感知到的压力到底是什么，组织需要对这些问题负什么样的责任，什么驱使组织引进这样的项目，以及组织是否真正意识到压力是个问题。

在服务内容上企业不仅需要压力管理、情绪调节、职业生涯规划，也需要如健康促进、疾病和伤残管理等服务。组织越来越需要综合多方面的EAP，整合健康、工作生活服务内容于一体，以提高对员工的关心。组织使用EAP、工作生活、健康与绩效管理三个项目的整合来共同改善员工的问题，促进企业的绩效。

在我国，政府部门和企业都有些EAP实践，但实际工作中还是遇到了一些挑战，如管理者对EAP效果持怀疑态度；管理者对于转介和寻求心理咨询的犹豫不决；保密问题；员工忽视心理健康、寻求心理帮助的羞耻感等。如何使心理帮助成为企业、员工及其家庭成员的资源、建立信任确保保密性，打消员工寻求帮助的顾虑，真正让心理服务成为企业的一项福利还任重道远。

第12章 就业能力

按照国际劳工组织(ILO)的定义,就业能力是指个体获得和保持工作,在工作中进步及应对工作中出现的变化的能力。简而言之,其本质就是获取工作的能力。就业能力这一概念早在1909年就被Beveridge提出,到了20世纪五六十年代,就业能力被理解为个体潜在被雇佣的能力,这与现在的概念相似。自20世纪90年代以后,"就业能力"作为欧美劳动力市场分析的重要研究工具,被广泛的用于就业问题的研究。

在"干预篇"中提到就业能力的问题,对于个人和组织都非常有意义,对于任何一个仍旧在职场中工作的个体而言,重要的是培养个人的就业能力,以提高自己抵抗各种职业风险的能力;而对于组织,培养和提高员工的就业能力,也是培养自己的人才,从而为组织服务的策略。

而这个领域的研究,除了职业健康心理学的工作者外,也涉及教育工作者、劳动力经济方面的专家等。

本章主要介绍了就业能力的概念,相关理论,最近进展及未来发展趋势等。

第一节 基本概念

一、定义

employability这一概念在国内多被译为"就业能力",也有一些学者,如谢晋宇、宋国学等将此概念译成"可雇用性",在本章中统一为"就业能力"。这一专业术语在英国被广泛使用,而且提高大学毕业生就业能力的研究在英国的高等教育研究中非常盛行,英国的一些大学将就业能力作为大学毕业生能否合格毕业的一个重要且关键的指标。

但这一概念一直以来都没有一致的界定。Moreland提到就业能力是指一系列的技能、知识以及个人素质,这使得个体更加可靠,并且成功地选择对自己、职工、社会和经济有利的职位。

英国的就业能力研究专家Lee认为就业能力就是个人的潜能,通常表现为学生能够获得和保持工作。从根本上说,就业能力是一种学习能力,尤其是学会怎样学习。就业能力不是一种结果,而是一种终身学习的过程,不仅仅表现为找到一份工作,更确切地说是使学生成为善于思考的人。

Fuguate 认为,就业能力是指个体在其职业期间确认和实现在组织内部和外部职业机会的能力。

Hillage 和 Pollard 认为,就业能力是指获得最初就业、维持就业和必要时获取新的就业所需要的能力。对于个人来说,主要依赖于以下几个方面:包括拥有知识、技能和态度等资本;运用和调度这些资本的方法;对雇主表现为拥有资本的方法;个人环境和他们找寻工作的劳动力市场的联系。

加拿大会议委员会(CBC)将就业能力定义为个体为满足雇主和客户不断变化的要求,从而实现自己在劳动市场的抱负和潜能而应具备的品质和能力。英国教育与就业部(DEE)的定义是就业能力是获得和保持工作的能力,进一步讲,是在劳动力市场内通过充分的就业机会实现潜能的自信。

国内学者胡尊利、刘朔等认为,就业能力是成功就业所需要的知识、技能和个性品质等因素的集合。

尽管上述学者和机构对就业能力的界定不同,但也有基本的共识。我们认为,就业能力是多种能力的综合,它使得人们胜任一定的工作,并体现价值。

二、就业能力理论

就业能力这一概念的产生和发展有其相应理论作为支撑。自20世纪初产生以来,发展了特质因素理论、需要理论、心理动力理论、职业生涯发展理论、职业兴趣理论等众多理论。

(一)特质因素理论

美国波士顿大学教授帕森斯提出特质因素理论(Trait-Factor Theory)又称帕森斯的人—职匹配理论,是最早的职业辅导理论。应用于职业选择、职业指导和职业介绍等。他认为,个人都有自己独特的人格模式,每种人格模式的个体都有其相适应的职业类型。所谓"特质"就是指个人的人格特征,包括能力倾向、兴趣、价值观和人格等,这些都可以通过心理测量工具来加以评定;"因素"则是指在工作上要取得成功所必需具备的条件或资格,这可以通过对工作的分析而得到。

帕森斯还提出选择职业的三大步骤:第一步是评价求职者的生理和心理特点(特质)。通过心理测量及其他测评手段,获得有关求职者的身体状况、能力倾向、兴趣爱好、气质与性格等方面的个人资料,并通过会谈、调查等方法获得有关求职者的家庭背景、学业成绩、工作经历等情况,并对这些资料进行评价;第二步是分析各种职业对人的要求(因素),并向求职者提供有关的职业信息;第三步是人—职匹配。指导人员在了解求职者的特性和职业的各项指标的基础上,帮助求职者进行比较分析,以便选择一种适合其个人特点又有可能得到并能在职业上取得成功的职业。

这一理论首次提出职业决策中人—职匹配的思想,并广泛用于人才测评中,尤其是职业选择方面。特质因素匹配理论产生近百年来经久不衰,为人们的职业设计提供了最基本的原则,各种心理测量工具和美国出版的大量的职业信息书刊也为之提供了良好的支持。这样,由于该理论较强的可操作性,使之被人们广为采用。

(二) 需要层次论

美国心理学家安妮·罗欧于1951年创立了建立在需要层次理论上的职业指导需要理论。该理论的基本观点是个人的需要层次决定着个人选择职业的倾向,职业选择的意义在于满足个人的需要。罗欧认为,人们的职业兴趣并不是在面临升学或就业时才产生,而是从小形成的,是一个过程,即一个人早期所受的养育方式影响着其追求的职业类型和在选择的职业领域中可能达到的水平。她认为,职业指导就是帮助个人识别自己的基本需要,发展满足需要的技术,消除需要发展的障碍。

该理论在我国职业指导中应用较少,只是在个别关于"儿童早期环境"对于未来择业的影响这一理论研究方面有所涉及。

(三) 心理动力论

美国心理学家鲍丁、纳奇曼、施加等人以弗洛伊德个性心理分析理论为基础,吸取了特质因素论和心理咨询理论的一些概念和技术,对职业团体进行了大量的研究,于20世纪60年代后期提出了一种强调个人内在动力和需要等动机因素在个人职业选择过程中的重要性的职业选择和职业指导理论,称之为"心理动力论"。心理动力论者认为职业选择为个人综合快乐原则与现实原则的结果。个人在人格与冲动的引导下,通过升华作用,选择可以满足其需要与冲动的职业。职业指导的重点应着重"自我功能"的增强。若心理问题获得解决,则包括职业选择在内的日常生活问题将可顺利完成而不需再加指导。

该理论由于缺乏可操作性,故较少应用于实际的职业测评中。

(四) 职业发展理论

职业生涯发展理论是研究人的职业心理与职业行为成熟过程的理论。该理论认为,职业发展在个人生活中是一个连续的、长期发展的过程。职业发展如同人的身心发展一样,可以分成几个既相区别又相联系的阶段。每个阶段都有其不同的特点和特定的职业发展任务。如果前一阶段的职业发展任务尚未很好完成,就会影响后一阶段的职业意识与行为的成熟,最后导致职业选择障碍。

美国著名的职业指导专家金斯伯格是职业生涯发展理论的先驱和典型代表人物,他研究的重点是从童年到青少年阶段的职业心理发展过程。他将职业生涯的发展分为幻想期、尝试期和现实期三个阶段。

职业发展理论弥补了特质因素理论的许多不足,把人的职业意识、职业选择、职业适应看成是一个连续不断的长期过程,职业指导也应是一个长期的、系统的工作,并贯穿在人生的各个阶段。这些观点特别是对学校职业指导具有特殊的意义,促进了学校教育的改革、为学校职业指导提供了理论依据。

(五)职业兴趣理论

美国职业指导专家 Holland 于 20 世纪 60 年代创立了职业兴趣理论,也称为人格—职业匹配理论(Personality-job Fit Theory)。认为人的人格类型、兴趣与职业密切相关,兴趣是人们活动的巨大动力,凡是具有职业兴趣的职业,都可以提高人们的积极性,促使人们积极地、愉快地从事该职业,且职业兴趣与人格之间存在很高的相关性。

Holland 认为人格可分为现实型、研究型、艺术型、社会型、企业型和传统型六种,相应的,职业也就被分为了六种类型。尽管大多数人的人格类型可以主要划分为某一类型,但个人又有着广泛的适应力,也就是说,经过努力,有些人还可能适应其他职业类型。该理论自提出以来,还在不断的发展和完善,Holland 以职业兴趣理论为基础,先后编制了职业偏好量表(Vocational Preference Inventory)和自我导向搜寻表(Self-directed Search)两种职业兴趣量表,作为职业兴趣的测查工具。他的理论和量表被广泛应用于企业招募人才、职业选择和职业价值分析中。

综上所述,所有的就业能力理论都要求人与职业的一致性,这也称为就业指导的基本原则。直至目前,Holland 职业兴趣理论是最具影响力的职业发展理论和职业分类体系,也成为就业指导最常用到的理论。由此编制的多种测查量表也都遵循了这一理论的基本思想,也将进一步的充实和完善。

第二节 就业能力的研究

一、就业能力研究方法

为了将就业能力转化为可操作性的就业技能,国外学者 Lee Harvey 等提出了测量和定义就业能力的具体程序:

(1) 定义理论概念;

(2) 将这一概念分割成一些可以包含此概念意义的维度(dimension);

(3) 为每个维度鉴别指标范围;

(4) 从每个维度中挑选一个或多个指标;

(5) 设计为每个指标收集信息的工具;

(6) 确定是否需要多维度指标,是否需要指标列阵或者单一指标,如果可行,将多个指标合并到一个指标中。

多数的研究者沿用了此方法来确定就业能力的维度(要素),或者是对这一方法的简化或变形,总体来说这些方法归纳为:查阅资料或访问用人单位确定基本要素——问卷调查结果因素分析或对现行理论框架分析——得出结论。

二、就业能力构成要素及其模型

(一)构成要素

不同的研究者由于采用不同的研究方法(因素分析或者 AHP 法等)或者选择不同的被试(毕业生或者企业)得出了不同的就业能力要素,但总体来说这些要素有相同或交叉的部分,均体现了较为积极的人格特质。

早期将就业能力以要素的形式解释的当属 Qutin,他提出就业能力由四个要素组成,这四个要素影响着个人保持在劳动力市场中活力的机会,它们是:个体品德、特定职业技能、劳动力市场形式以及政府及雇佣者的培训政策。

瑞士联邦大学高等教育中心主任戈德斯密德教授曾就大学毕业生获得职业成功的问题作过大规模的调查研究,包括工程学、建筑学、医学、法律、经济学、心理学等不同专业的 3 400 多名毕业生参与了此项调查。与此同时,还访问了部分用人单位的人事部门及主要领导,得到并归纳出使毕业生顺利就业并取得职业成功的五个要素:(1) 就业动机及良好的个人素质,包括坚韧不拔的毅力,严谨的工作作风,充沛的体力和精力,自我管理的自主性,灵活的应变能力等;(2) 人际关系技巧,包括交际能力,适应能力,与人合作能力等;(3) 掌握丰富的科学知识,即具有广博的、综合性、跨学科的知识组合,及多元文化的教育背景;(4) 有效的工作方法,具有分析问题和解决问题的能力,策划运筹能力,自我管理能力;(5) 敏锐的、广阔的视野,即具备创业者及企业家精神,能站在全球的角度以多向思维甚至批判性思维方式分析和处理问题,能在世界各地寻求发展,开拓事业。

Mitchell 在他一项综合性研究中提到,就业能力是指能够强化就业能力的知识、技能和态度,包括:(1) 智力能力,即诊断、分析、创新和学会学习智力(或者学术)能力;(2) 社会和人际交往能力,包括沟通、决策、团队工作和适应性、积极态度与行为、设想和卸下责任的能力在内的社会和人际能力;(3) 规划和创业能力,即在工作中冒险精神的发展、创造力和创新性、辨识和创造机会、应对危机的能力,也包括对于生产力和规划的理解以及对于自我就业的认识;(4) 多元技术技能,即一系列与岗位相联系的能力,以增强职业流动性。

Mcquaid 和 Lindsay 分析现行的理论框架,提出了关于就业能力要素的观点,认为就业能力包括 6 个方面内容:(1) 本质属性(如基本社会技能,信赖等);(2) 个人品质(勤奋、动机、自信等);(3) 基本可转换技能(包括阅读和计算能力);(4) 关键的可转换技能(问题解决的技能、沟通、工作程序管理、团队工作技能);(5) 高水平的可转换技能(包括自我管理、商业意识、高级技能的掌握等);(6) 资格和教育程度、工作知识背景(包括工作经验和职业技能)以及劳动力市场等。

美国培训和开发协会(ASTD)提出就业能力包括6个类别和16项技能：(1)基本技能(阅读、写作和计算)；(2)沟通技能(听、说)；(3)适应能力(问题解决能力、创造性思考)；(4)自我发展技能(自尊、动力、目标设定和职业生涯规划)；(5)群体交往技能(人际关系技能、团队工作能力和协调能力)；(6)影响能力(理解组织文化、分享领导能力)。

辽宁师范大学教育学院的张丽华、刘晟楠两位研究者通过自编的就业能力自评问卷(经测验具有良好的信度和效度)，对450名辽宁师范大学学生进行施测，得出大学生就业能力包含五个因素：思维能力；社会适应能力；自主能力；社会实践能力；应聘能力。此外还得出大学生的就业能力具有显著的年级差异，就业能力的发展既有共性，又有差异性，并随年级的升高而不断发展。

华南理工大学的李颖、刘善仕、翁赛珠三位研究者选择华南理工大学、中山大学、华南师范大学、广东工业大学等四所高校14个系已签约的应届本科毕业生进行问卷调查，根据有关文献资料选取20项就业能力的条目，采取likert 4点自评量表形式作为被调查者对自身就业能力评价的标准。大学生就业能力结构分为内在素质、处理工作能力、社交领导能力三个维度。

与前两位学者的出发点不同，清华大学教科所唐燕儿选择企业作为调查对象，随机选取全国大型企业和中外合资企业的厂长或人事科长进行问卷调查，将就业能力分解为9个相对独立的因素：(1)组织表达能力；(2)性格特征；(3)独立自主能力；(4)思想品德；(5)身心健康；(6)经营能力；(7)专业基础知识；(8)科研创新能力；(9)实际工作能力。

北京林业大学于2005年对218家用人单位进行问卷调查，请用人单位对招聘毕业生时主要考虑的因素，包括思想道德、责任感、专业知识、适应能力、创新能力、组织管理能力、团队协作精神、交流沟通能力、继续学习能力、实践经历10项内容，按重要程度排序。划分出三个层次：(1)基本就业能力即毕业生就业的基本素质，包含专业知识、思想道德修养、责任感；(2)核心就业能力即毕业生就业的中层素质，包括团体协作精神、继续学习能力、适应能力；(3)创新及持续发展能力即毕业生就业的精英素质，包括创新精神、实践经历、交流沟通能力、组织管理能力。这三个层次是递进关系，可以理解为：合格的毕业生——可列入考虑名单——可被雇用。

(二)就业能力模型

为了对就业能力要素之间关系作出更全面的诠释，国外学者纷纷提出就业能力模型。

1. 以个性为中心的心理—社会性建构(psycho-social construct)就业能力结构模型

Fugate提出以个性为中心的心理—社会性建构(psycho-social construct)就业能力结构模型，如图12-1所示。在这个模型中，就业能力包括职业认同(career identity)、个人适应性(personal adaptability)、社会和人力资本(social and human capital)3个维度。

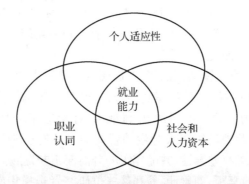

图 12-1 Fugate 就业能力结构图

他认为就业能力摄取这三个维度每个部分,以使个体鉴别和实现组织中的职业生涯机会。

职业认同类似于角色认同(role identity)、职业认同(occupational identity)以及组织认同(organizational identity),这些都涉及人如何在特定的工作情境中定义自身。

个人适应性是指改变个人因素,如知识和技能,以及个人行为以满足环境需要的意愿和能力,包括乐观主义(optimism)、学习意愿(propensity to learn)、开放性(openness)、内控特质(internal locus of control)及一般自我效能(generalized self-efficacy)。

社会和人力资本是指个人拥有的,可以用以拓展个人身份和影响职业生涯机会的社会网络。

2. USEM 模型

Knight 和 Yorke 在为高等教育机构提升学生就业力的研究中,从心理学角度构建了就业能力模型(见图 12-2),这是对 Knight 在 2001 年提出的就业能力模型的修订,形成了就业能力研究领域最著名并被广泛引用的 USEM 模型。

理解力(Understanding)是对专业知识的理解;技能(Skills)在这里指技能的锻炼和娴熟的实践,包括关键技能和常规技能;自我效能(Efficacy Beliefs)主要表现为个体有能力完成某项工作的信心;元认知(Metacognition)是关于个人对思维和学习活动的知识和控制。可见就业能力是综合以上四个要素的结果,除了技能知识外,个人品质也起到了重要的作用。

3. CareerEDGE 模型

英国中央兰开夏大学(University of Central Lancashire)就业能力中心研究者 Pool 和 Sewell,在总结现有理论和作者自身经验的基础上,提出了一个比 USEM 模型简单通俗且实用的就业能力模型,即 CareerEDGE 模型。(见图 12-3)

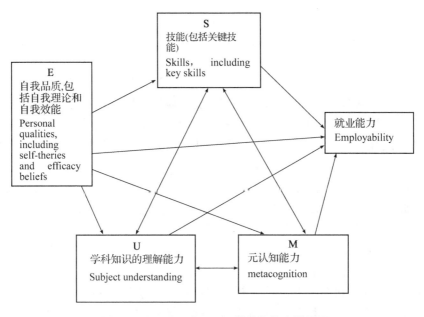

图 12-2 Knight 和 Yorke 的就业能力模型图

他建议,提供机会,使他们获得并发展底层的基本能力,来反映和评价经验,进而发展更高层次的、也是就业能力的关键环节:自我效能感,自信心和自尊心。

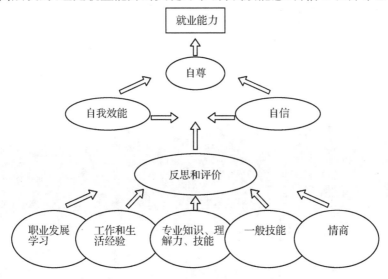

图 12-3 Career EDGE 就业能力模型

(三) 就业能力研究展望

现有的研究已经不再局限于就业能力的要素和框架之类的界定,而将这一概念深化,如 Rothwell 等人的研究:"自我报告的就业能力:大学生量表的建构和初步验证"。文章考察来自三所英国大学的本科毕业生对于就业能力的期望和自我认知,以及与其他测量方式的关系的。这个有16个项目的就业能力自陈量表是基于一个来自于文献综述的影响因素矩阵。该量表对于未测量度具有较好的内部信度(a=.75),与其他新的测量方式如大学评论等具有明显的效度。内部和外部影响得到了区分,后者与对大学品牌强度的认知、外部劳务市场和对于专业的需求程度有关。对于未来的就业能力的认知很意外的只起到适度效果,尤其是那些被认为最强的职位上,暗示这种自我认知可能是相关社会期望的产物,和职位冲突理论相一致。

我国的现有研究比较薄弱,对就业能力结构的实证性研究较少,且缺乏具体模型。此外,无论中西方学者都没有对就业能力这一概念提出较为一致的定义或模型,也就是说这一概念还在不断的发展和深化,以使其真正作为指导提升就业能力、获取合适工作的方法。

如今在我国,就业难已是事实,就业后就业能力较低也就成了这一现象的内在因素,越来越受到有关方面的重视。我们需要有明确而可行的理论来作为指导,有意识培养和自我培养以具备应有的就业能力,如何进一步指导择业及工作适应,这些问题都是未来进一步研究的方向。

参考文献

（中文文献以拼音字母为序，英文文献以英文字母为序）

1. 邓雪.论组织的工作－家庭平衡计划.企业活力.2007,8:44－45
2. 宫火良,张慧.工作－家庭冲突研究综述.心理科学.2006,29:124－126
3. 谷向东,郑日昌.员工援助计划:解决组织中心理健康问题的途径.中国心理卫生杂志.2004, 8:398－399
4. 黄逸群,潘陆山.工作和家庭关系研究的新思路——工作－家庭丰富研究综述.技术经济. 2007,26:11－13
5. 李晔.工作－家庭冲突的影响因素研究.人类工效学.2003,9:4－7
6. 李永鑫,黄宏强.国外工作家庭冲突研究综述.华北水利水电学院学报(社科版).2007,23: 84－95
7. 刘磊.职业生涯发展与工作家庭平衡计划.中国人才.2002,7:35－36
8. 刘杨,张建军.员工工作家庭冲突研究综述.无锡商业职业技术学院学报.2008,8:58－63
9. 刘永强,赵曙明,王永贵.工作－家庭平衡的企业制度安排.中国工业经济.2008,2:85－94
10. 陆佳芳,时勘.工作家庭冲突的初步研究.应用心理学.2008,8:45－50
11. 罗耀平,范会勇,张进辅.工作－家庭冲突的前因、后果及干预策略.心理科学进展.2007, 15:930－937
12. 梁宝勇.精神压力、应对与健康:应激与应对的临床心理学研究.北京:教育科学出版社, 2006,11－24
13. 宁元元,张晓辉,朱月龙.浅析健全员工帮助计划 EAP 评估体系.经济与管理.2006,20:76－78
14. 潘习龙,何芸.情感性劳动中的角色误区.商业研究.2004,288:168－169
15. 王西,廖建桥.工作家庭冲突的组织支持策略研究综述.人类工效学.2006,12:69－71
16. 王永丽,何熟珍.工作家庭冲突研究综述:跨文化视角.人力资源管理.2008,20:21－27
17. 谢雅萍.外派员工工作－家庭平衡的组织支持研究.华东经济管理.2008,22:96－100
18. 谢义忠,曾垂凯,时勘.工作家庭冲突对电讯人员工作倦怠和心理健康的影响.心理科学. 2007,40:940－943
19. 湛华.工作家庭冲突及其相关研究.洛阳师范学院学报.2007,5:168－170
20. 张伶,张大伟.工作－家庭冲突研究:国际进展与展望.人力资源.2006,9:55－63
21. 张秀娟,刘义趁,申文果.情感性劳动及其激励因素.现代管理科学.2007,10:37－39
22. Akerstedt T, Knutsson A. Cardiovascular disease and shift work. Scandinavian Journal of Work, Environment and Health. 1997,23:241－242
23. Anderson N, West M A. The team climate inventory: Development of the TCI and its appli-

cations in team-building for innovation. European Journal of Work and Organizational Psychology. 1996, 5: 53 − 66

24. Arendt J, Deacon S. Treatment of circadian rhythm disorders-metatonin. Chronobiology International. 1997, 14:185 − 204
25. Ashforth B F, Humphrey R H. Emotional labor in service roles: The influence of identity. Academy of Management Review. 1993, 18: 88 − 115
26. Aust B, Peter R, Siegrist J. Stress management in bus drivers: A pilot study based on the model of the effort − reward imbalance. International Journal of Stress Management. 1997, 4: 297 − 305
27. Badura B, Litsch M, Vetter C. Fehlzeiten-Report 2000. Berlin: Springer, 2000. 176 − 190
28. Ball G A, Trevino L K, Sims H P. Just and unjust punishment: Influences on subordinate performance and citizenship. Academy of Management Journal. 1994, 37: 299 − 322
29. Barger P B, Grandey A A. Service with a smile and encounter satisfaction: Emotional contagion and appraisal mechanisms. Academy of Management Journal. 2006, 49: 1229 − 1238
30. Barreto S M, Swerdlow A J, Smith P G, et al. Risk of death from motor-vehicle injury in Brazilian steelworkers: A nested case-control study. International Journal of Epidemiology. 1997, 26: 814 − 821
31. Barrick M R, Mount M K. The Big Five personality dimensions and job performance: A meta-analysis. Personnel Psychology. 1991, 44: 1 − 26
32. Barton J. Choosing to work at night: A moderating influence on individual tolerance to shiftwork. Journal of Applied Psychology. 1994, 79: 449 − 454
33. Barton J, Folklard S. Advancing versus delaying shift systems. Ergonomics. 1993, 36: 59 − 64
34. Barton J, Smith L, Totterdell P, et al. Does individual choice determine shift system acceptability? Ergonomics. 1993, 36: 93 − 99
35. Barton J, Spelten E, Totterdell P, et al. The standard Shiftwork Index-A battery of questionnaires for assessing shiftwork-related problems. Work & Stress. 1995, 9: 4 − 30
36. Bass B M. From transactional transformational leadership: Learning to share the vision. Organizational Dynamics. 1990, 18: 19 − 31
37. Baxter P, Adams P H, Cockcroft A, et al. Hunter's diseases of occupations. 9th. London: Arnold, 2000. 581 − 589
38. Beal D J, Trougakos J P, Weiss H M, et al. Episodic processes in emotional labor: Perceptions of affective delivery and regulation strategies. Journal of Applied Psychology. 2006, 91: 1053 − 1065
39. Beaty J C, Cleveland J N, Murphy K R. The relation between personality and contextual performance in "strong" versus "weak" situations. Human Performance. 2001, 14: 125 − 148
40. Beekun R I. Assessing the effectiveness of sociotechnical interventions: Antidote or fad? Human Relations. 1989, 10: 877 − 897
41. Bennett W J, Lance C, Woehr D. Performance measurement: Current perspectives and future challenges. Mahwah, NJ: Lawrence Erlbaum Associates, 2006. 125 − 143

42. Bittner A C, Champney P C. Advances in industrial ergonomics and safety. London: Taylor and Francis, 1995. 923 − 929
43. Bøggild H, Knutsson A. Shift work, risk factors and cardiovascular disease. Scandinavian Journal of Work, Environment and Health. 1999, 25: 85 − 99
44. Bohle P, Tilley A J. Early experience of shiftwork: Influences on attitudes. Journal of Occupational and Organizational Psychology. 1998, 71: 61 − 74
45. Bosma H, Marmot M, Hemingway H, et al. Low job control and risk of coronary heart disease in Whitehall II study. British Medical Journal. 1997, 314: 558 − 565
46. Boudouxhe M A, Queinnec Y, Granger D, et al. Aging and shiftwork: The effects of 20 years of rotating 12 hour shifts among petroleum refinery operators. Experimental Aging Research. 1999, 25: 323 − 329
47. Breakwell G M, Hammond S, Fife-Schaw C. Research methods in psychology. London: Sage, 2000. 2 − 4
48. Briner T B, Kuhn K, Kompier M. The costs, benefits, and limitations of organizational level stress interventions. Journal of Organizational Behavior. 1999, 20: 647 − 664
49. Brotheridge C M, Lee R T. Development and validation of the emotional labour scale. Journal of Occupational and Organizational Psychology. 2003, 76: 365 − 379
50. Brotheridge C M, Grandey A A. Emotional labor and burnout: Comparing two perspectives of "people work". Journal of Vocational Behavior. 2000, 60: 17 − 39
51. Brotheridge C M, Lee R T. Testing a conservation of resources model of the dynamics of emotional labor. Journal of Occupational Health Psychology. 2000, 7: 57 − 67
52. Brown R L, Holmes H. The use of a factor-analytic procedure for assessing the validity of an employee safety climate model. Accident Analysis and Prevention. 1986, 18: 455 − 470
53. Brunner E, Davey S G, Marmot M, et al. Childhood social circumstances and psychosocial and behavioural factors as determinates of plasma fibrinogen. Lancet. 1996, 347: 1008 − 1013
54. Budnick L D, Lerman S E, Nicolich M J. An evaluation of scheduled bright light and darkness on rotating shiftworkers: trial and limitations. Journal of Industrial Medicine. 1995, 27: 71 − 82
55. Bunce D, Stephenson K. Statistical considerations in the interpretation of research on occupational stress management interventions. Work & Stress. 2000, 14: 197 − 212
56. Büssing A, Bissels T, Fuchs V, et al. A dynamic model of work satisfaction: qualitative approaches. Human Relations. 1999, 52: 999 − 1028
57. Campion M A. Interdisciplinary approaches to job design: A constructive replication with extensions. Journal of Applied Psychology. 1988, 73: 467 − 481
58. Campion M A, McClelland C L. Follow-up and extension of the interdisciplinary costs and benefits of enlarged jobs. Journal of Applied Psychology. 1993, 78: 339 − 351
59. Cannon B. Sartre and existential psychoanalysis. Humanistic Psychologist. 1999, 27: 23 − 50
60. Caplan R D, Vinokur A D, Price R H, et al. Job seeking, reemployment and mental health: randomized field experiment in coping with job loss. Journal of Applied Psychology. 1989,

74: 759-769
61. Chan D. The conceptualization and analysis of change over time: An integrative approach incorporating longitudinal mean and covariance structures analysis (LMACS) and multiple indicator latent growth modeling (MLGM). Organizational Research Methods. 1998, 1: 421-483
62. Chan D, Ramey S. Ramey C, et al. Modeling intraindividual changes in children's social skills at home and at school: a multivariate latent growth approach to understanding between-settings differences in children's social skill development. Multivariate Behavioral Research. 2000, 35: 365-396
63. Cherns A B. The principles of socio-technical design revisited. Human Relations. 1987, 40: 153-162
64. Cooper C L. Theories of organizational stress. Oxford: Oxford University Press, 1998. 153-169, 190-204
65. Cooper C L, Robertson I T. International Review of Industrial & Organizational Psychology. Chichester, UK: Wiley & Sons. 2000. 55-93, 95-148, 213-245
66. Cooper M D. Towards a model of safety culture. Safety Science. 2000, 36: 111-136
67. Cooper M D, Philips R A, Sutherland V J, et al. Reducing accidents using goal setting and feedback: A field study. Journal of Occupational and Organizational Psychology. 1994, 67: 219-240
68. Costa G, Cesana G, Kogi K, et al. Shiftwork: Health, sleep and performance. Frankfurt am Main: Peter Lang, 1990. 137-142
69. Costa G. The impact of shift and night work on health. Applied Ergonomics. 1996, 27: 9-16
70. Costa G, Cesana G, Kogi K, et al. Shiftwork: Health, sleep, and performance. Frankfurt: Peter Lang, 1999. 646-650
71. Cox S J, Cheyne A J. Assessing safety culture in offshore environments. Safety Science. 2000, 34: 111-129
72. Cox S J, Flin R. Safety culture: Philosopher's stone or man of straw? Work & Stress. 1998, 12: 189-201
73. Coyle I R, Sleeman S D, Adams N. Safety climate. Journal of Safety Research. 1995, 26: 247-254
74. Cranny C J, Smith S C, Stone E F. Job satisfaction: How people feel about their jobs and how it affects their performance. New York: Lexington, 1992. 123-163
75. Cummings L L. Staw B M. Research in organizational behavior. Greenwich CT: JAI Press, 1985. 1-37
76. David C M, Jennifer M K. Do worksite stress management programs attract the employees who need them and are they effective? International Journal of Stress Management. 1997, 1: 1-11
77. Dedobbeleer N, Beland F. A safety climate measure for construction sites. Journal of Safety Research. 1991, 22: 97-103

78. Demitrack M A, Dale J K, Straus S E, et al. Evidence for impaired activation of the hypothalamic-pituitary-adrenal axis in patients with chronic fatigue syndrome. Journal of clinical Endocrinology and Metabolism. 1991, 73: 1224 − 1234
79. De Rijk A E, Le Blanc P M, Schaufeli W B. Active coping and need for control as moderators of the job demand-control model: Effects on burnout. Journal of Occupational and Organizational Psychology. 1998, 71: 1 − 18
80. Dewe P, Leiter M, Cox T. Coping, health and organizational stressors. London: Taylor & Francis, 2000. 191 − 209
81. Diefendorff J M, Richard E. Antecedents and consequences of emotional display rule perceptions. Journal of Applied Psychology. 2003, 88: 284 − 294
82. Diefendorff J M, Gosserand R H. Understanding the emotional labor process: A control theory perspective. Journal of Organizational Behavior. 2003, 24: 945 − 959
83. Diefendorff J M, Croyle M H, Gosserand R H. The dimensionality and antecedents of emotional labor strategies. Journal of Vocational Behavior. 2005, 66: 339 − 357
84. Diener E. Assessing subjective well-being: Progress and opportunities. Social Indicators Research. 1994, 31: 103 − 157
85. DiMartino V. Preventing stress at work. Geveva: International Labour Office, 1992. 197 − 203
86. Dormann C, Zapf D. Social support, social stressors at work, and depressive symptoms: Testing for main and moderating effects with structural equation in a three-wave longitudinal study. Journal of Applied Psychology. 1999, 84: 874 − 884
87. Dormann C, Zapf D. Social stressors at work, irritation, and depressive symptoms: Accounting for unmeasured third variables in a multi-wave study. Journal of Occupational and Organizational Psychology. 2002, 75: 33 − 58
88. Drasgow F, Schmitt N. Measuring and analyzing behavior in organizations. San Francisco, CA: Jossey-Bass, 2001. 401 − 445
89. Drazin R, Glynn M A, Kazanjian R K. Multilevel theorizing about creativity in organizations: A sensemaking perspective. Academy of Management Review. 1999, 24: 286 − 307
90. Drenth P J D, Thierry H, de Wolff C J. Handbook of work and organizational psychology. 2nd ed. Hove, UK: Psychology Press, 1998. 5 − 33
91. Dunham R B, Pierce J L, Castaneda M B. Alternative work schedules: Two field quasi-experiments. Personnel Psychology. 1987, 40: 215 − 242
92. Dunnette M D, Hough L M. Handbook of industrial and organizational psychology. 2nd ed. Palo Alto, CA: Consulting Psychologists Press, 1990. 491 − 576, 577 − 650, 719 − 822
93. Eastman C I. Circadian rhythms and bright light: Recommendations for shift work. Work & Stress. 1990, 210: 1264 − 1267
94. Edling C, Wahlstedt K. Organizational changes at a postal sorting terminal: Their effects upon work satisfaction, psychosomatic complaints and sick leave. Work & Stress. 1997, 11: 279 − 291
95. Erdheim E, Wang J, Zickar M J. Linking the Big Five personality constructs to organizational

commitment. Personality and Individual differences. 2006,41: 959 – 970
96. Evans G W, Johansson G., Rydstedt L. Hassles on the job: A study of a job intervention with urban bus drivers. Journal of Organizational Behavior. 1999,20: 199 – 208
97. Fathallah F A, Brogmus G E. Hourly trends in workers' compensation claims. Ergonomics. 1999,42: 196 – 207
98. Flin R, Mearns P, O'Connor R, et al. Measuring safety climate: Identifying the common feature. Safety Science. 2000,34: 177 – 192
99. Folklard S, Monk T H. Hours of work: Temporal factors in work-scheduling. New York: John Wiley & Sons, 1985. 29 – 35, 185 – 198, 263 – 276
100. Folklard S. Is there a 'best compromise' shift system? Ergonomics. 1993,36: 1453 – 1463
101. Folklard S, Barton J. Does the 'forbidden zone' for sleep onset influence morning shift sleep duration? Ergonomics. 1993,36: 85 – 91
102. Folkow B, Schmidt T, vnas-Moberg K U. Stress, health and the social environment. Henry's Ethologic Approach to Medicine, Reflected by Recent Research in Animals and Man. Acta Physiologica Scandinavica. 1997,640 Suppl.:107 – 111
103. Frankenhaeuser M, Johansson G. Stress at work: Psychobiological and psychosocial aspects. International Review of Applied Psychology. 1986,35: 287 – 299
104. Frankenhaeuser M, Lundberg U. Women, work, and health: Stress and opportunities. The plenum series on stress and coping. New York: Plenum Press, 1991. 157 – 169
105. Frese M. Social support as a moderator of the relationship between work stressors and psychological dysfunctioning: A longitudinal study with objective measures. Journal of Occupational Health Psychology. 1999,4: 179 – 192
106. Frese M, Semmer N. Shiftwork, stress and psychosomatic complaints: A comparison between workers in different shift work schedules. Ergonomics. 1986,29: 99 – 114
107. Fried Y, Ferris G R. The validity of the job characteristics model: A review and meta-analysis. Personnel Psychology. 1987,40: 287 – 322
108. Gebhardt D L, Crump C E. Employee fitness and wellness programs in the workplace. American Psychologists. 1990,45: 262 – 272
109. Geertje van Daalen a, Tineke M W, Karin S. Reducing work-family conflict through different sources of social support. Journal of Vocational Behavior. 2006,69: 462 – 476
110. Geller E S, Roberts D S, Glimore M R. Predicting propensity to actively care for occupational safety. Journal of Safety Research. 1996,27: 1 – 8
111. Glick W H. Organizations are not central tendencies: Shadowsboxing in the dark, Round 2. Academy of Management Review. 1988,13: 133 – 137
112. Glomb T M, Kammeyer M, Rotundo J M. Emotional Labor Demands and Compensating Wage Differentials. Journal of Applied Psychology. 2004,89: 700 – 714
113. Goldberg L S, Grandey A A. Display rules versus display autonomy: Emotional regulation, emotional exhaustion, and task performance in a call center simulation. Journal of Occupational Health Psychology. 2007,12: 301 – 318
114. Gorgievski D, Bakker M J, Schaufeli A B, et al. Finances and well-being: A dynamic equi-

librium model of resources. Journal of Occupational Health Psychology. 2005,10: 210－224
115. Gosserand R H, Diefendorff J M. Emotional display rules and emotional labor: The moderating role of commitment. Journal of Applied Psychology. 2005,90: 1256－1264
116. Grandey A A. Emotion regulation in the workplace: A new way to conceptualize emotional labor. Journal of Occupational Health Psychology. 2000,5: 95－110
117. Grandey A A. When "the smile must go on": Surface acting and deep acting as determinants of emotional exhaustion and peer-rated service delivery. Academy of Management Journal. 2003,46: 86－96
118. Grandey A A, Fisk G M, Steiner D D. Must "service with a smile" be stressful? The moderating role of personal control for American and French employees. Journal of Applied Psychology. 2005,90: 893－904
119. Grandey A A, Fisk G M, Mattila A S, et al. Is "service with a smile" enough? Authenticity of positive displays during service encounters. Organizational Behavior and Human Decision Processes. 2005,96: 38－55
120. Griffiths, A. Organizational interventions: Facing the limits of the natural science paradigm. Scandinavian Journal of Work, Environment, and Health. 1999,25: 589－596
121. Grossi G, Theorell T, Jurisoo M, et al. Psychophysiological correlates of Organizational change and threat of unemployment among police inspections. Integrative Physiological and Behavioral Science. 1999,1: 30－42
122. Gross J. The emerging field of emotion regulation: An integrative review. Review of General Psychology. 1998,2: 271－299
123. Gulenmund, F W. The nature of safety culture: A review of theory and research. Safety Science. 2000,34: 215－257
124. Hackett R D, Bycio P. An evaluation of employee absenteeism as a coping mechanism among hospital nurses. Journal of Occupational and Organizational Psychology. 1998,69: 327－338
125. Hantula D. Safety culture and behavioral safety: From contingencies to meta-contingencies. Proceedings of the ASSE symposium on best practices in safety management. Philadelphia, PA: ASSE, 1999. 190－206
126. Härmä M. Individual differences in tolerance to shiftwork: a review. Ergonomics. 1993, 36: 101－109
127. Härmä M. Ageing, physical fitness and shiftwork tolerance. Applied Ergonomics. 1996, 27: 25－29
128. Hatch M C, Figa-Talamanca I, Salerno S. Work stress and menstrual patterns among American and Italian nurses. Scandinavian Journal of Work, Environment and Health. 1999, 25: 144－150
129. Heaney C A, Price F H, Rafferty J. Increasing coping resources at work: A field experiment to increase social support, improve work team functioning, and enhance employee mental health. Journal of Organizational Behavior. 1995,16: 325－352
130. Hennig T T, Groth M, Paul M, et al. Are all smiles created equal? How emotional contagion

and emotional labor affect service relationships. Journal of Marketing. 2006,70: 58 – 73

131. Hertting A, Theorell T. Physiological changes associated with downsizing of personnel and reorganization in the health care sector. Psychotherapy and psychosomatics. 2001, 71: 117 – 122

132. Homberger S, Knauth P, Costa G, et al. Shiftwork in the 21st century. New York: Peter Lang, 2000. 181 – 184

133. Hornbergre S, Knauth H, Costa G, et al. Shiftwork in the 21st century. New York: Peter Lang, 2000. 113 – 118, 155 – 160

134. Houkes I, Janssen P P M. , de Jonge J, et al. Specific relationships between work characteristics and intrinsic work motivation, burnout and turnover intention: A multi-sample analysis. European Journal of Work and Organizational Psychology. 2001,10: 1 – 23

135. Isaksson K, Hogstedt C, Eriksson C, et al. Health effects of the new labour market. New York: Kluwer Academic/Plenum Press, 2000. 85 – 101, 105 – 117

136. Isaksson K, Hogstedt C, Ericksson C, et al. Health effects of the new labor market. New York: Kluwer Academic/Plenum Press, 2000.

137. Iskra-Golec I, Marek T, Noworol C. Interactive effect of individual factors on nurses: health and sleep. Work & Stress. 1995, 9: 256 – 261

138. Israel B A, Baker E A, Goldenbar L M, et al. Occupational stress, safety, and health: Conceptual framework and principles for effective prevention interventions. Journal of Occupational Health Psychology. 1996, 1: 261 – 286

139. Ivancevich J M, Matteson M T, Freedman S M, et al. Worksite stress management interventions. American Psychologists. 1990, 45: 252 – 261

140. Ivancevich J M, Ganster D C. Job Stress: From theory to suggestions. New York: Haworth Press, 1987. 229 – 248

141. Jacobson N S, Revenstorf D. Statistics for assessing the clinical significance of psychotherapy techniques: Issues, problems and new developments. Behavioral Assessment. 1988, 10: 133 – 145

142. Jahoda M. Economic recession and mental health: Some conceptual issues. Journal of Social Issues. 1988, 44: 13 – 24

143. James C Q, Tetrick L E. Handbook of Occupational Health Psychology. New York: American Psychological Association, 2003. 293 – 295

144. James L R, Demaree R G, Wolf G R. An assessment of within-group inter-rater agreement. Journal of Applied Psychology. 1993, 78: 306 – 309

145. Jimmieson N L. Employee reactions to behavioral control under conditions of stress: The moderating role of self-efficacy. Work & Stress. 2000, 14: 262 – 280

146. Johanna R, Ulla K, Taru F, et al. Work-family conflict and psychological well-being: Stability and cross-lagged relations within one- and six-year follow-ups. Journal of Vocational Behavior. 2008, 73: 37 – 51

147. Johnson J V, Stewart W, Hall E, et al. Long-term Psychosocial work environment and cardiovascular mortality among Swedish men. American Journal of Public Health. 1996, 86:

324 — 331

148. Johnson J V, Hall E M. Smoking and sedentary behaviour as related to work organization. Social Science Medicine. 1997, 32: 837 — 846
149. Johnson M D, Sharit J. Impact of a change from an 8-h to a 12-h shift schedule on workers and occupational injury rates. International Journal of Industrial Ergonomics. 2001, 27: 303 — 319
150. Johnson H M, Spector P E. Service with a smile: Do emotional intelligence, gender, and autonomy moderate the emotional labor process? Journal of Occupational Health Psychology. 2007, 12: 319 — 333
151. Judge T A, Thoresen C J, Bono J E, et al. The job satisfaction-job performance relationship: A qualitative and quantitative review. Psychological Bulletin. 2001, 127: 376 — 407
152. Judge T A, Heller D, Mount M K. Five-Factor model of personality and job satisfaction: A meta-analysis. Journal of Applied Psychology. 2002, 87: 530 — 541
153. Kahnemann D, Diener E, Schwarz N. Well-being: The foundations of hedonic psychology. New York: Russell Sage Foundation, 1999. 392 — 412
154. Kaliterna L, Vidacek S, Prizmic Z, et al. Is tolerance to shift-work predictable from individual difference measures? Work & Stress. 1995, 9: 140 — 147
155. Kandolin I. Burnout of female and male nurses in shiftwork. Ergonomics. 1993, 36: 141 — 147
156. Kasl S V, Cooper C L. Research methods in stress and health psychology. Chichester, UK: Wiley. 1987. 79 — 112
157. Kawakami N, Araki S, Kawashiwa M, et al. Effects of work-related stress reduction on depressive symptoms among Japanese blue-collar workers. Scandinavian Journal of Work, Environment, and Health. 1997, 23: 54 — 59
158. Kessler R C, Turner J B, House J S. Intervening progress in the relationship between unemployment and health. Psychological Medicine. 1987, 17: 949 — 961
159. Klein K J, Dansereau F, Hall R J. Levels issues in theory development, data collection, and analysis. Academy of Management Review. 1994, 19: 195 — 229
160. Klein K J, Kozlowski S W. Multilevel theory, research, and methods in organizations. San Francisco: Jossy-Bass, 2000. 467 — 511
161. Knauth P. Design of shift systems. Ergonomics. 1993, 36: 15 — 28
162. Knauth P. Changing schedules: Shiftwork. Chronobiology International. 1997, 14: 159 — 171
163. Knutsson A, Åkerstedt T, Jonsson B G, et al. Increased risk of ischemic heart disease in shift workers. Lancet. 1986, 2: 89 — 92
164. Kogi K, Thurman J E. Trends in approaches to night and shiftwork and new international standards. Ergonomics. 1993, 36: 3 — 13
165. Kogi K. International regulations on the organization of shift work. Scandinavian Journal of Work, Environment and Health. 1998, 24: 7 — 12
166. Kompier M A, Geurts S A E, Grundemann R, et al. Cases in stress prevention: The success of a participative stepwise approach. Stress Medicine. 1998, 14: 144 — 168

167. Kompier M A, Cooper C L. Preventing stress, improving productivity. European case studies in the workplace. London: Routledge, 1999. 86 − 120, 195 − 221, 222 − 241, 297 − 311
168. Kompier M A, Aust B, van den Berg A M, et al. Stress prevention in bus drivers: Evaluation of 13 national experiments. Journal of Occupational Health Psychology. 2000, 5: 11 − 31
169. Kornadt U, Schmook R., Wilm A, et al. Health circles for teleworkers: Selective results on stress, strain and coping styles. Health Education Research. 2000, 15: 327 − 338
170. Kostreva M, McNelis E, Clemens E. Using circadian rhythms model to evaluate shift schedules. Ergonomics. 2002, 45: 739 − 763
171. Kozlowski S W J, Chao G T, Smith E M, et al. Organizational downsizing: Strategies, interventions, and research implication. International Review of Industrial and Organizational Psychology, 1993, 8: 263 − 332
172. Kragt H. Enhancing industrial performance. London: Taylor & Prancis, 1992. 245 − 258
173. Kristin B. A meta-analytic review of work-family conflict and its antecedents. Journal of Vocational Behavior. 2005, 67: 169 − 198
174. Lamal P A. Behavioral analysis of societies and culture practices. Washington, DC: Hemisphere, 1991. 39 − 73
175. Landsbergis P A, Vivona-Vaughan E. Evaluation of an occupation stress intervention in a public agency. Journal of Organizational Behavior. 1995, 16: 29 − 48
176. Lennernäs M, Hambraeus L, Åkerstedt T. Nutrient intake in day workers and shift works. Work & Stress. 1994, 8: 332 − 342
177. Levine S, Ursin H. Coping and Health. New York: Plenum Press, 1980. 259 − 279
178. Lewicki R J, Sheppard B H, Bazerman M H. Research on negotiations in organizations. Greenwich, CT: JAI Press, 1986. 43 − 55
179. Lieberman H R, Wurtman J J, Teicher M H. Aging, nutrient choice, activity, and behavioral responses to nutrients. Annuals of the New York Academy of Sciences. 1989, 561: 196 − 208
180. Lorsch J W. Handbook of organizational behavior. Englewood Cliffs, NJ: Prentice-Hall, 1987. 272 − 285
181. Lowden A, Kecklund G, Axelsson J, et al. Change from an 8-hour shift to a 12-hour shift, attitudes, sleep, sleepiness and performance. Scandinavian Journal of Work, Environment, and Health. 1998, 24: 69 − 75
182. Luna T D, French J, Mitcha J L. A study of USAF air traffic controller shiftwork: Sleep, fatigue, activity, and mood analyses. Aviation Space and Environmental Medicine. 1997, 68: 18 − 23
183. Marmot M G, Theorell T. Social class and cardiovascular disease: the contribution of work. International Journal of Health Services. 1988, 18: 659 − 647
184. Marmot M. Wilkinson R G. Social determinants of health. Oxford: Oxford University Press, 1999. 105 − 131
185. Maynard D C, Thorsteinson T J, Parfyonova N M. Reasons for working part-time: Subgroup differences in job attitudes and turnover intentions. Career Development Internation-

al. 2006, 11: 145 − 162
186. McAfee R B, Winn A R. The use of incentives and feedback to enhance work place safety: A critique of the literature. Journal of Safety Research. 1989, 20: 7 − 19
187. McEwen B S. Protective and damaging effects of stress mediators. Seminars in medicine of the Beth Israel Deaconess Medical Centre. 1998, 338: 171 − 179
188. McGrath J E, Beehr T A. Time and the stress process: Some temporal issues in the conceptualization and measurement of stress. Stress Medicine. 1990, 6: 93 − 104
189. Mearns K, Flin R, Gordon R M, et al. Measuring safety climate on offshore installations. Work & Stress. 1998, 12: 235 − 254
190. Melady P, Paula M C, Ulrike S, et al. The Relevance of an Employee Assistance Program to the Treatment of Workplace Depression. Journal of Workplace Behavioral Health. 2005, 21: 67 − 77
191. Melamed S. Repetitive work, work underload and coronary heart disease risk factors among blue-collar workers: The Cordis study. Journal of Psychosomatic Research. 1995, 39: 19 − 29
192. Meredith W, Tisak J. Latent curve analysis. Psychometrika. 1990, 55: 107 − 122
193. Merrick E S, Volpe-Vartanian J, Horgan C M, et al. Alcohol & drug abuse: Revisiting Employee Assistance Programs and Substance Use Problems in the Workplace: Key Issues and a Research Agenda. Psychiatric Services. 2007, 58: 1262 − 1264
194. Michael T F, Gary A Z, Jeremy W B, et al. Hartwell. cost of employee assistant program: comparison od national estimates from 1993 and 1995. The Journal of Behavioral Health Services & Research. 1999, 26: 95 − 103
195. Mikkelsen A, Saksvik PØ, Landisbergis P. The impact of a participatory organizational intervention on job stress in community health care institutions. Work & Stress. 2000, 14: 156 − 170
196. Mitchell R J, Williamson A M. Evaluation of an 8 hour versus a 12 hour shift roster on employees at a power station. Applied Ergonomics. 2000, 31: 83 − 93
197. Monk T H. Human factors implications of shiftwork. International Review of Ergonomics. 1989, 3: 111 − 128
198. Monk T H, Folkard S, Wedderburn A I. Maintaining safety and high performance on shiftwork. Applied Ergonomics. 1996, 27: 17 − 23
199. Moorman R H. Relationship between organizational justice and Organizational citizenship behaviors: do fairness perceptions influence employee citizenship. Journal of Applied Psychology. 1991, 76: 845 − 855
200. Morris J A, Feldman D C. The dimensions, antecedents, and consequences of emotional labor. Academy of Management Review. 1996, 21: 986 − 1010
201. Murphy L R, Hurrell J J, Sauter S L, et al. Job stress interventions. Washington, DC: American Psychological Association, 1995. 235 − 263
202. Murphy L R. Stress management in work settings: A critical review of the health effects. American Journal of Health Promotion. 1996, 11: 112 − 135

203. Mutsuhiro N, Mariko N, Satoru S. A 2-year cohort study on the impact of an Employee Assistance Programme (EAP) on depression and suicidal thoughts in male Japanese workers. Int Arch Occup Environ Health. 2007, 81:151 − 157
204. Nachreiner F. Individual and social determinants of shiftwork tolerance. Scandinavian Journal National Safety Council. 1999, 24: 35 − 42
205. Niskanen T. Safety climate in the road administration. Safety Science. 1994, 17: 237 − 255
206. North F M, Syme S L, Feeney A, et al. Psychosocial environment and sickness absence among British civil servants: The Whitehall II study. American Journal of Public Health. 1996, 86: 332 − 340
207. Nurminen T. Shift work, fetal development and course of pregnancy. Scandinavian Journal of Work, Environment and Health. 1989, 15: 395 − 403
208. Nytro K, Saksvik PØ, Mikkelsen A, et al. An appraisal of key factors in the implementation of occupational stress intervention. Work & Stress. 2000, 14: 213 − 225
209. O'Brien G E, Feather N T. The relative effects of unemployment and quality of employment on the affect, work values and personal control of adolescents. Journal of Occupational Psychology. 1990, 63: 151 − 165
210. O'Donnell M P. Health promotion in the workplace. 3rd ed. Albany, NY: Delmar, 2002. 459 − 492
211. Ogińska H, Pokorski J, Ogińslo A. Gender, aging, and shiftwork intolerance. Ergonomics. 1993, 36: 161 − 168
212. Oginski A, Pokorski J, Rutenfranz J. Contemporary advances in shiftwork research. Krakow: Medical Academy, 1987. 99 − 106
213. O'Hara K, Johnson C M, Beehr T A. Organizational behavior management in the private sector: A review of empirical research. Academy of Management Review. 1985, 10: 848 − 864
214. Ones D S, Viswesvaran C, Schimidt F L. Comprehensive meta-analysis of integrity test validities findings and implications for personnel selection and theories of job performance. Journal of Applied Psychology. 1993, 78: 679 − 703
215. Orth-Gomer K, Eriksson I, Moser V, et al. Lipid lowering through work stress reduction. International Journal of Behavioral Medicine. 1994, 1: 204 − 214
216. O'Reilly C A. Organizational behavior: where we've been, where we're going. Annual Review of Psychology. 1991, 42: 427 − 458
217. Ostrom L, Wolhelmsen C, Kaplan B. Assessing safety culture. Nuclear Safety. 1993, 34: 163 − 172
218. Parker S K, Chmiel N, Wall T. Work characteristics and employee well-being within a context of strategic downsizing. Journal of Occupational Health Psychology. 1997, 2: 289 − 303
219. Parker S K, Sprigg C A. Minimizing strain and maximizing learning: the role of job demands, job control and proactive personality. Journal of Applied Psychology. 1999, 84: 925 − 939
220. Parkes K R. Locus of control as moderator: An explanation for additive versus interactive

findings in the demand-discretion model of work stress? British Journal of Psychology. 1991,82: 291－312

221. Parkes K R. Shiftwork and environment as interactive predictors of work perceptions. Journal of Occupational Health Psychology. 2003,8: 266－281

222. Pate-Cornell M E. Organizational aspects of engineering system safety: the case of offshore platforms. Science. 1990,250: 1210－1217

223. Patterson M, Payne R, West M. Collective climates: A test of their sociopsychological significance. Academy of Management Journal. 1996,39: 1675－1691

224. Payne R. Madness in our method: A comment on Jakofsky and Slocum's paper A longitudinal analysis of climate. Journal of Organizational Behavior. 1990,11: 77－80

225. Pederson N L, Gatz M, Plomin R, et al. Individual differences in locus of control during the second half of the life span for identical and fraternal twins reared apart and reared together. Journal of Gerontology. 1989,44: 100－105

226. Peter R, Alfredsson L, Knutsson A, et al. Does a stressful psychosocial work environment mediate the effects of shift work on cardiovascular risk factors? Scandinavian Journal of Work, Environment and Health. 1999,25: 376－381

227. Price W J, Holley D C. Shiftwork and safety in aviation. Occupational Medicine. 1990,5: 343－377

228. Pugh S D. Service with a smile: emotional contagion in the service encounter. Journal of Vocational Behavior. 2001,63: 490－509

229. Quick J C, Bhagat R S, Dalton J E, et al. Work stress: Health care systems in the workplace. London: Routledge,1987. 171－194

230. Quick J C, Tetrick L E. Handbook of occupational health psychology. Washington, D. C.: American Psychological Association,2003. 163－183

231. Rafaeli A, Sutton R I. Expression of emotion as part of the work role. Academy of Management Review. 1987,12: 23－37

232. Rafaeli A, Sutton R I. The expression of emotion in organizational life. Research in Organizational Behavior. 1989,11: 1－43

233. Rasmussen J. The role of error in organizing behavior. Ergonomics. 1990,3: 1185－1199

234. Reinberg A, Motohashi Y, Bourdeleau P, et al. Alteration of period and amplitude of circadian rhythms in shift workers. European Journal of Applied Physiology. 1988,57: 15－25

235. Reinberg A, Motohashi Y, Bourdeleau P, et al. Internal desynchronization of circadian rhythms and tolerance of shiftwork. Chronobiologica. 1989,16: 21－34

236. Renlsch J R. Climate and culture: Interaction and qualitative differences in organizational meanings. Journal of Applied Psychology. 1990,75: 668－681

237. Rick C. What We Are Doing in the Employee Assistance Program: Meeting the Challenge of the Integrated Model of Practice. Journal of Workplace Behavioral Health. 2005,21: 11－22

238. Rochlin G I. Safe operations as a social construct. Ergonomics. 1999,42: 1549－1560

239. Rosa R R, Colligan M. Plain language about shiftwork. Washington, D. C.: U. S. Govern-

ment Printing Office. 1997. 97 − 145
240. Rubin R T, Poland R E, Lesser I M, et al. Neuroendocrine aspects of primary endogenous depression. I. Cortisol secretory dynamics in patients and matched controls. Archives of General Psychiatry. 1987, 44: 328 − 336
241. Rutte C G, Messick D M. An integrated model of perceived unfairness in organizations. Social Justice Research. 1995, 8: 239 − 261
242. Rydstedt L W, Johansson G, Evans G W. The human side of the road: Improving the working conditions of urban bus drivers. Journal of Occupational Health Psychology. 1998, 3: 1611 − 171
243. Saari J, Nasanen M. The effect of positive feedback on industrial housekeeping and accidents. International Journal of Industrial Ergonomics. 1989, 4: 201 − 211
244. Sakai K, Watanabe A, Kogi K. Educational and intervention strategies for improving a shift system: An experience in a disabled person's facility. Ergonomics. 1993, 36: 219 − 225
245. Saucier G. Mini-markers: A brief version of Goldberg's unipolar Big-Five markers. Journal of Personality and Assessment 1994, 63: 506 − 516
246. Schabracq M J, Winnubst J A, Cooper C L. Handbook of work and health psychology. Chichester, UK: Wiley, 1996. 51 − 86
247. Schaubroeck J, Green S G. Confirmatory factor analytic procedures for assessing change during organizational entry. Journal of Applied Psychology. 1989, 74: 892 − 900
248. Schaubroeck J, Ganster D C, Sime W E, et al. A field experiment testing supervisory role clarification. Personnel Psychology. 1993, 46: 1 − 25
249. Schaubroeck J, Merritt D E. Divergent effects of job control on coping with work stressors: The key role of self-efficacy. Academy of Management Journal. 1997, 40: 738 − 754
250. Schnall P, Landsbergis P, Baker D. Job strain and cardiovascular disease. Annual Review of Public Health. 1994, 15: 381 − 411
251. Schnall P, Belkie K, Landsbergis P, et al. The workplace and cardiovascular disease. Philadelphia: Hanley & Belfus, 2000. 139 − 146, 163 − 188
252. Schneider B, Bowen D E. Employee and customer perceptions of service in banks: Replication and extension. Journal of Applied Psychology. 1985, 70: 423 − 433
253. Schneider B. The people make the place. Personnel Psychology. 1987, 40: 437 − 453
254. Schneider B, White S, Paul M C. Linking service climate and customer perceptions of service quality: Test of a causal model. Journal of Applied Psychology. 1998, 83: 150 − 163
255. Schneider B. Organizational climate and culture. San Francisco: Jossey-Bass, 1999. 40 − 84, 193 − 236, 319 − 344
256. Schwartz J, Pieper C, Karasek R. A procedure for linking job characteristics to health surveys. American Journal of Public Health. 1988, 78: 904 − 909
257. Schweiger D M, DeNisi A S. Communication with employees following a merger: A longitudinal field experiment. Academy of Management Journal. 1991, 34, 110 − 135
258. Scott A J. Chronobiological considerations in shiftworker sleep and performance and shiftwork scheduling. Human Performance. 1994, 7: 207 − 233

259. Shacilicki D P, Folger R. Retaliation in the workplace: The roles of distributive, procedural, and interactional justice. Journal of Applied Psychology. 1997, 82: 434 − 443
260. Shannon H S, Mayer J, Haines T. Overview of the relationship between organizational and workplace factors and injury rates. Safety Science. 1997, 26: 201 − 217
261. Shultz K S, Adams G A. Aging and work in the 21st century. Mahwah, NJ: Lawrence Erlbaum Associates, Publishers, 2007. 199 − 223
262. Siegrist J. Adverse health effects of high − effort/low-reward conditions. Journal of Occupational Health Psychology. 1996, 1: 27 − 41
263. Smith C R, Rosekind M R, Buccino K R, et al. Rotating shiftwork schedule: Can we enhance physician adaptation to night shifts? Academic Emergency Medicine. 1997, 4: 951 − 961
264. Smith C S, Reilly C, Midiff K. Evaluation of three circadian rhythm questionnaires with suggestions for an improved measure of morningness. Journal of Applied Psychology. 1989, 74: 728 − 738
265. Smith E, Merrick L, Joanna C, et al. Revisiting Employee Assistance Programs and Substance Use Problems in the Workplace: Key Issues and a Research Agenda. Psychologic Services. 2007, 58: 1262 − 1264
266. Smith F L. Statistical significance testing and cumulative knowledge in psychology: Implications for training of researchers. Psychological Methods. 1996, 1: 115 − 129
267. Smith L, Folkard S. The perceptions and feelings of shiftworkers' partners. Ergonomics. 1993, 35: 299 − 305
268. Smith L, Folkard S, Poole C J M. Increased injuries on the night shift. The Lancet. 1994, 344: 1137 − 1139
269. Smith L, Folkard S, Tucker P, et al. Work shift duration: A review comparing eight hour and twelve hour shift systems. Occupational and Environmental Medicine. 1998, 55: 217 − 229
270. Sparks K, Cooper C L, Fried Y, et al. The effects of hours of work on health: A meta-analytic review. Journal of Occupational and Organizational Psychology. 1997, 70: 391 − 408
271. Spector P E, Jex S M. Development of four self-report measures of job stressors and strain: Interpersonal Conflict at Work Scale, Organizational Constrains Scale, Quantitative Workload Inventory, and Physical Symptoms Inventory. Journal of Occupational Health Psychology. 1998, 3: 356 − 367
272. Spelten E, Barton J, Folklard S. Have we underestimated shiftworkers' problems? Evidence from a 'reminiscence' study. Ergonomics. 1993, 36: 307 − 312
273. Spelten E, Totterdell P, Barton J, et al. Effects of age and domestic commitment on the sleep and alertness of female shiftworkers. Work & Stress. 1995, 9: 165 − 175
274. Sprigg C A, Jackson P R, Parker S K. Production teamworking: the importance of interdependent and autonomy for employee strain and satisfaction. Human Relations. 2000, 53: 1519 − 1543
275. Spurgeon A, Harrington J M, Cooper C L. Health and safety problems associated with long working hours: A review of the current position. Occupational and Environmental Medicine. 1997, 54: 367 − 375

276. Steele M T, Ma O J, Watson W A, et al. Emergency medicine residents' shiftwork tolerance and preference. Academic Emergency Medicine. 2000, 7: 670 − 673
277. Stewart K T, Hayes B C, Eastman C I. Light treatment for NASA shiftworkers. Chronobiology International. 1995, 12: 141 − 151
278. Steptoe A, Appels A. Stress, personal control and health. Chichester, UK: John Wiley & Sons, 1989. 3 − 18
279. Stuter S L, Murphy L R, Hurrell J J. Prevention of work-related psychological disorders: A national strategy proposed by the National Institute for Occupational Safety and Health (NIOSH). American Psychologist, 1990, 45: 1146 − 1158
280. Tankova I, Adan A, Buela-Casal G. Circadian typology and individual differences-A review. Personality and individual Differences. 1994, 16: 671 − 673
281. Tannenbaum S I, Yukl G. Training and development in work organizations. Annual Review of Psychology. 1992, 43: 399 − 441
282. Taris T W. Bricks without clay: On urban myths in occupational health psychology. Work & Stress. 2006, 20: 99 − 104
283. Teasdale E L. Workplace stress. Psychiatry. 2006, 7: 251 − 254
284. Tepas D I, Armstrong D R, Carlson M L, et al. Changing industry to continuous operations: Different strokes for different plants. Behavior Research Methods, Instruments, and Computers. 1985, 17: 670 − 684
285. Tepas D I, Mahan R P. The many meanings of sleep. Work & Stress. 1989, 3: 93 − 102
286. Tepas D I, Carvalhais A B. Sleep patterns of shiftworkers. Occupational Medicine: State of Art Review. 1990, 5: 199 − 208
287. Tepas D I. Educational programmes for shiftworkers their families, and prospective shiftworkers. Ergonomics. 1993, 36: 199 − 209
288. Tepas D I, Duchon J C, Gersten A H. Shiftwork and the older worker. Experimental Aging Research. 1993, 19: 295 − 320
289. Totterdell P, Spelten E, Smith L. Recover from work shift: How long does it take? Journal of Applied Psychology. 1995, 80: 43 − 57
290. Totterdell P, Holman D. Emotional regulation in customer service roles: Testing a model of emotional labor. Journal of Occupational Health Psychology. 2003, 8: 55 − 73
291. Tyler T R, Lind E A. A relational model of authority in groups. Advances in Experimental Social Psychology. 1992, 25: 115 − 191
292. Theorell T, Karasek R A, Eneroth P. Job strain variations in relation to plasma testosterone fluctuations in working men-A longitudinal study. Journal of International Medicine. 1990, 227: 31 − 36
293. Theorell T, Tsutsumi A, Hallquist J, et al. Decision latitude, job strain and myocardial infarction: A study of working men in Stockholm. American Journal of Public Health. 1998, 88: 382 − 388
294. Theorell T, Alfredsson L, Westernholm P, et al. Coping with unfair treatment at work-What is the relationship between coping and hypertension in middle-aged men and women?

Psychotherapy and Psychosomatics. 2000,69: 86 − 94
295. Theorell T, Hasselhorn H M, Vingard E, et al. Interleukin 6 and cortisol in acute musculoskeletal disorders: Resultes from at case-referent study in Sweden. Stress Medicine. 2000, 16: 27 − 35
296. Thompson R C, Hunt J G. Inside the black box alpha, beta, and gamma change: Using a cognitive-processing model to assess attitude structure. Academy of Management Review. 1996,21: 655 − 690
297. Tisak J, Tisak M S. Permanency and ephemerality of psychological measures with application to organizational commitment. Psychological Methods. 2000,5:175 − 198
298. Tsutsumi A, Theorell T, Hallqvist J, et al. Association between job characteristics and plasma fibrinogen in a normal working population: A cross sectional analysis in referents of the SHEEP study. Journal of Epidemiology & Community Health. 1990,53: 348 − 354
299. Tucker P, Smith L, Macdonald I, et al. Effects of direction of rotation in continuous and discontinuous eight hour shift systems. Occupational Environmental Medicine. 2000, 53: 678 − 684
300. Ursin H. Sensitization. somatization, and subjective health complaints. International Journal of Behavioral Medicine. 1997,4: 105 − 116
301. Van der Doef M P, Maes S. The job demand-control (-support) model and psychological well-being: a review of 20 years of empirical research. Work & Stress. 1999,13: 87 − 114
302. Van der Klink J J L, Blonk R W B, Schene A H, et al. The benefits of interventions for work-related stress. American Journal of Public Health. 2001,91: 270 − 276
303. Vener K J, Szabo S, Moore J G. The effect of shift work on gastrointestinal (GI) function: A review. Chronobiologia. 1989,16: 421 − 439
304. Vingard E, Alfredsson L, Hagberg M, et al. To what extent do current and past physical and psychosocial occupational factors explain care-seeking for low back pain in a working population? Results from the Musculos keletal Intervention Ceter-Norrtalje Study. Spine. 2000,25: 493 − 500
305. Vink P, Kompier M A J. Improving office work: A participator ergonomic experiment in a naturalistic setting. Ergonomics. 1997,40: 435 − 449
306. Vinokur A D, Schul Y, Vouri J, et al. Two years after a job loss: Long-term impact of the JOBS program on re-employment and mental health. Journal of Occupational Health Psychology. 2000,5: 32 − 47
307. Wahlstedt K G I, Edling C. Organizational changes at a postal sorting terminal - Their effects upon work satisfaction, psychosomatic complains and sick leave. Work & Stress. 1997,11:279 − 291
308. Waldenstrom M, Josephson M, Persson C, et al. Interview reliability for assessing mental work demands. Journal of Occupational Health Psychology. 1998,3: 209 − 216
309. Wall T D, Corbett M J, Martin R, et al. Advanced manufacturing technology, work design and performance: A change study. Journal of Applied Psychology. 1990,75: 691 − 697
310. Walsh J K. Using pharmacological aids to improve waking function and sleep while work-

ing at night. Work & Stress. 1990,4: 237 − 243

311. Wang M. Profiling retirees in the retirement transition and adjustment process: Examining the longitudinal change patterns of retirees' psychological well-being. Journal of Applied Psychology. 2007,92: 455 − 474

312. Wang M. A message from the membership committee. Society for Occupational Health Psychology Newsletter. 2008,3:8

313. Wang M, Bodner T E. Growth mixture modeling: Identifying and predicting unobserved subpopulations with longitudinal data. Organizational Research Methods. 2007, 10: 635 − 656

314. Warr T D, Kemp N J, Jackson P R, et al. An outcome evaluation of autonomous work groups: A long-term field experiment. Academy of Management Journal. 1986,29: 280 − 304

315. Wedderburn A A. How fast should the night shift rotate? A rejoinder. Ergonomics. 1992, 35:1447 − 1451

316. Wedderburn A I, Scholarios D. Guidelines for shiftworkers: Trials and errors? Ergonomics. 1993,36: 211 − 217

317. West M A. Handbook of work group psychology. Chichester, UK: Wiley, 1996. 225 − 246,345 − 367

318. Westerberg, L. , & Theorell, T. Working conditions and family situation in relation to functional gastrointestinal disorders. The Swedish Dyspepsia Projetc. Scandinavian Journal of Primary Health Care, 1997,15(2),76 − 81.

319. Wilk S L, Moynihan L M. Display rule "regulators": The relationship between supervisors and workers emotional exhausion. Academy of Management Journal. 2005, 44: 1018 − 1027

320. Wilkinson R T. How fast should the night shift rotate? Ergonomics. 1992,35:1425 − 1446

321. Willett J B, Sayer A G. Using covariance structure analysis to detect correlates and predictors of individual change over time. Psychological Bulletin. 1994,116: 363 − 381

322. Williamson A M, Gower C G I, Clarke B C. Changing the hours of shiftwork: A comparison of 8- and 12- hour shift rosters in a group of computer operators. Ergonomics. 1994, 37:287 − 298

323. Williamson A M, Feyer A M, Cairns D, et al. The development of safety climate: The role of safety perceptions and attitudes. Safety Science. 1997,25:15 − 27

324. Wilson J R, Corlett E R. Evaluation of human work. New York: Taylor and Francis, 1991. 755 − 778

325. Zedneck S, Jackson S E, Summers E. Shift work schedules and their relationship to health, adaptation, satisfaction, and turnover intention. Academy of Management Journal. 1993, 26: 297 − 310

326. Zohar D. Modifying supervisory practices to improve sub-unit safety: A leadership-based intervention model. Journal of Applied Psychology. 2000,87: 156 − 163

327. Zohar D. A group-level model of safety climate: testing the effect of group climate on micro-accidents in manufacturing jobs. Journal of Applied Psychology. 2000,87: 587 − 596